薛益忠著

URBAN GEOGRAPHY

都市

地理學

三民書局

第 2 章　都市的定義、產生與發展

照片 2-1　北京城牆一景

照片 2-2　巨大都市（上海）

照片 2-3　世界都市（紐約）

補充 2-1　德國的山谷小村

補充 2-2　丹麥的小漁村

補充 2-3　中國北京外圍盧溝橋旁的集村

補充 2-4　德國的小鎮

補充 2-5　大都市（高雄）

第3章　都市化

照片 3-1　臺灣鄉村一景

照片 3-2　臺北市郊區住宅中的神壇

照片 3-3　臺北市郊區街上的喪禮

第4章 都市景觀

照片 4-1　舊金山九曲花街

照片 4-2　巴黎的公園綠地

照片 4-3　義大利威尼斯的都市景觀

照片 4-4　比利時布魯塞爾的都市景觀

照片 4-5　上海十里洋場的歐式建築

照片 4-6　上海城隍廟的中國式建築

照片 4-7　加拿大魁北克的都市景觀

照片 4-8　美國華盛頓林肯紀念堂前

照片 4-9　美國華盛頓國會大廈前

照片 4-10　桃園大溪老街

照片 4-11　新竹湖口老街

照片 4–12　丹麥哥本哈根的都市景觀

照片 4–13　中國蘇州周莊鎮一景

照片 4–14　在中國同里鎮觀光的外國
　　　　　　觀光客

第5章　都市機能及分類

照片 5-1　法國坎城的都市景觀

照片 5-2　法國尼斯的海水浴場

補充 5-1　英國劍橋的大學城

補充 5-2　德國海德堡的大學城

補充 5-3　希臘雅典外港

第9章　都市的商業

照片 9-1　日本東京淺草區的傳統購物
　　　　　街一景

照片 9-3　美國公路旁的汽車餐廳

照片 9-2　日本東京銀座的街道

照片 9-4　美國舊金山 CBD 的三度空
　　　　　間發展

照片 9-5　加拿大多倫多的唐人街

照片 9-6 臺北市迪化街一景

補充 9-1 希臘雅典老市區的跳蚤市場

補充 9-2 日本東京的淺草商店街

補充 9-3 巴黎聖母堂前的小攤販

補充 9-4 巴黎塞納河旁的舊書攤

補充 9-5 美國舊金山漁人碼頭的海產小販

補充 9-6　丹麥哥本哈根的街頭藝人

補充 9-7　德國科隆市區的行人徒步區

補充 9-8　奧地利維也納的街頭咖啡座

第10章　都市的工業

照片 10-1　臺南市郊區的市區工業

照片 10-2　臺北市林口區的新市鎮工業區

照片 10-3　加拿大湯普森的鎳礦工廠

照片 10-4　加拿大湯普森因工業汙染
造成的霧雲

補充 10-1　高雄市大發工業區

第 11 章　都市的居住

照片 11-1　紐約曼哈頓哈林區一景

照片 11-2　臺北市林口區的林口新市
鎮住宅區

補充 11-1　雅典郊區住宅一景

補充 11-2　加拿大溫尼伯市區的獨院
住宅區

補充 11-3　北京舊市區的巷弄樣貌

補充 11-4　美國舊金山市區的老住宅區

第 12 章　都市的運輸

照片 12-1　日本東京有樂町站的高架
捷運

補充 12-1　奧地利維也納的公車

補充 12-2　加拿大蒙特利的地下鐵

補充 12-3　美國舊金山的纜車

補充 12-4　丹麥哥本哈根的腳踏車

補充 12-5　臺北市的高架捷運

補充 12-6　希臘雅典的雙節公車

補充 12-7　荷蘭阿姆斯特丹運河的船隻

補充 12-8　中國北京的三輪車

補充 12-9　義大利威尼斯的貢多拉

第 13 章　城鄉間與都市之間的移動與互動

照片 13-1　苗栗縣大湖鄉的觀光草莓園

照片 13-2　彰化縣田尾鄉的公路花園

補充 13-1　英國牛津的市集

補充 13-2　中國北京的市集

第 14 章　都市在區域發展上的角色

補充 14-1　彰化縣田尾鄉的花卉專作區

補充 14-2　南投縣竹山鄉的鄉村工業

補充 14-3　彰化縣二林鄉的葡萄園

補充 14-4　彰化縣田尾鄉的菊花園

補充 14-5　臺南市偏遠農村的沒落景色

補充 14-6　荷蘭圩田區的運河

二版說明

　　薛益忠教授編著的《都市地理學》自出版後，深受讀者好評，書中涵蓋都市地理學的主要概念、理論、實證及研究結果，並對國內外多項研究實例進行深入淺出的分析，尤其著重在臺灣個案與西方理論的比較結果，供地理系及都市相關學系的學生或對都市地理有興趣的讀者閱讀及參考使用。

　　總結本書有以下幾點特色：

一、圖文對照：使用圖片輔助說明，增進讀者對理論及實例的了解　　與應用。

二、系統性整理：整理國內外知名的研究與理論，並依序從都市的　　形成、發展過程、都市化、都市機能，以及都市在區域發展上　　的角色進行系統性的說明，增進讀者對都市的概念。

三、臺灣案例的比較性研究：比較臺灣個案與西方理論的異同，以　　增進讀者對理論知識的理解，也可從中觀察到臺灣的都市發展　　歷程。

　　此外，為使內容更加與時俱進，此次再版更新了近幾年的相關資料，而且為符合現今讀者的閱讀習慣，也調整了版式與字體編排，希望能幫助讀者更輕鬆、舒適的閱讀本書。

2022 年 8 月

編輯部謹誌

自 序

　　都市地理學在地理學中雖屬於較年輕的一門學科，但發展快速，研究者甚夥，已成為地理學的一門顯學。其內容龐大而繁雜，且日新月異，但近二十幾年來卻未見新的「都市地理學」（中文）出版，作者仍不揣簡陋，毛遂自薦向三民書局提出撰寫構想，承蒙三民書局允予出版，即下決心撰寫。

　　因本書主要提供大學部學生使用，屬入門性質，因此，取材方面以都市地理學中的主要概念為主。理論舉其犖犖大者，盡量納入，以求完整。此外，為了詮釋主要概念及理論，本書廣泛收集各種書籍與期刊的實證研究，以及作者之個人經驗作為範例，並加以說明，其中特別側重在臺灣方面之相關研究，讓讀者可以比較西方之理論與臺灣實證研究結果間的差異，收到知己知彼的效果。還有一點要提出的是，所有的專有名詞、外國地名和人名，均附上原文，以便置疑時，作為對照之用。

　　本書得以付梓，首先要感謝三民書局之慨允出版，特別要感謝其陣容堅強之編輯群，他們包辦了打字、編輯、美工設計及校對，使本書更具精確性與美觀性，其中，於撰寫過程負責居中聯繫各種工作的編輯小姐，作者也要表示由衷的謝意。其次，也要感謝文大地理系楊凱傑助教及碩士生羅佳雯同學協助繪製地圖與統計圖。本書約百張的圖中，除了其中的五、六張是羅同學所繪製之外，其餘九十幾張均由楊助教包辦，他們精湛的電腦繪圖技術，將作者所交付的草圖繪製得清楚而亮麗，不僅增加版面的美觀外，更有助於讀者對內容的了解。另外，為了增加可讀性，作者從歷年來到各地開會或旅遊所親自拍攝的照片中，挑選出與

內文有關的照片，整理成照片集錦，希望讀者能與內文對照，以增加閱讀的理解和樂趣。

　　由於都市地理學涉及範圍廣泛，撰寫的取材難免有所遺漏，或論述可能有不夠周延的地方。在校對方面，作者也曾親自參與三次，但如古人所說的：「校對如掃落葉，隨掃隨生」，錯字或誤植可能還是存在。當然，所有上述的缺失均應由作者獨自負責，也希望方家先進不吝指正，則銘感無量。

薛益忠

2006 年 7 月
謹識於中國文化大學地理系

目次

第❶章　緒　論

第❷章　都市的定義、產生與發展

第1章
緒　論

第一節　都市地理學的崛起與發展

在現代地理學的發展中，都市地理學 (Urban Geography) 成為獨立的一門學科，是在二次大戰以後的事。和地理學門中一些歷史悠久的獨立學科（如地形學、氣候學）相較，都市地理學算是一門很年輕的學科，但這並不代表戰前的地理學從不探討都市地理方面的事物。事實上，當時將都市地理學探討的東西歸屬於聚落地理學 (Settlement Geography)。聚落地理學討論的內容涵蓋了鄉村聚落 (rural settlement) 與都市聚落 (urban settlement)，其中關於鄉村聚落的內容還比都市聚落多。換句話說，早期聚落地理學的主軸是在鄉村聚落，而非都市聚落。當時對於都市地理方面的探討主要是強調都市聚落的地點 (site) 與位置 (situation)。

這種情形隨著都市化的發展，產生戲劇性的改變。由於工業化使都市化快速的成長，進步的西方國家早在戰前，其都市化就已發展到相當高的程度，都市因而成為西方世界主要的人類活動舞臺，集中政治、經濟、文化、教育、社交與娛樂等活動於一身。因此在戰前，都市早已成為西方進步國家的社會重心，有關都市的活動變成社會焦點所在；但另一方面，都市發展所衍生的種種問題，如汙染、治安、犯罪等，也變成社會的主要問題。因此，對於都市的研究是具有時代的需要性，不同的相關學科，如經濟學、社會學、人口學等，都紛紛投入都市的研究，地

理學者也不例外。這種西方學者對都市的研究熱潮在戰前已累積了相當豐富的成果，包括理論的建立與實證的探討，使關於都市地理方面的研究與著作大大超越了對鄉村聚落的研究，這種趨勢在戰後更為加強。

戰後的都市化由已發展國家 (developed countries) 擴散至發展中國家 (developing countries)❶，雖然發展中國家快速都市化的主要原因並非如已發展國家是由工業化所導致，但都市的快速成長卻與戰前已發展國家如出一轍，甚至有過之而無不及，於是都市化在戰後變成一個世界性的現象。在已發展國家，都市人口占總人口的比例均高達 70 或 80% 以上，而發展中國家都市人口的比例雖然低了很多，但都市在發展中國家所扮演的角色卻與已發展國家雷同，都具有主導社會的影響力，因此也吸引了不同學科的學者對發展中國家的都市作更深入的研究。

在這樣的時空背景下，有關都市地理方面的研究與著作累積了足夠的能量，在二次大戰後，自然從傳統的聚落地理學中獨立出來，單獨成為一門嶄新的學科。獨立成為一門學科後的都市地理學快速的發展，使都市地理學遠遠超越了聚落地理學，可謂青出於藍而勝於藍，使都市地理學成為一門顯學，也是地理學門中很重要的一門學科之一。這一點可以從西方地理學術期刊所刊登的論文中，有關都市地理方面的論文占了相當多的比例看出，甚至有專門討論都市地理的期刊出現，如《都市研究》(Urban Studies)。另一方面，也可以從大學地理學系課程的結構中展現出來，多數大學地理學系皆將都市地理學列為必修或選修課程。另外，許多課程雖然名稱不叫都市地理學，但內容所討論的卻是都市地理相關的某些面向。

---

❶ "developed countries" 與 "developing countries" 以往譯為「已開發國家」與「開發中國家」，但此譯名與原文不太貼切，因為原文是根據發展程度加以區分，故晚近把發展已成熟之進步國家稱為「已發展國家」，而第三世紀的國家則尚在發展中的階段，故稱為「發展中國家」。本書採用晚近常用的譯名。

第二節　都市地理學研究的主要內容

　　都市地理學的簡單定義是，從地理學的觀點去探討與都市有關的人為活動及都市與環境互動關係的學問。在這個簡單的定義中，有二個要點值得提出：首先，並不是所有與都市有關的事物及活動都是都市地理學要研究的對象，例如，都市行政管理就不是地理學者的專長與興趣所在，因此不屬於都市地理學所探討的範疇。其次，即使對同一種都市現象的研究，都市地理學者與其他學門的研究者也會有不同的觀點與分析方法，例如，對於都市經濟活動的研究，經濟學者可能強調產業的關聯或產業活動帶來的經濟效益分析等，但都市地理學者可能會根據地理學的觀點，特別重視經濟活動的空間分布及其對都市環境的衝擊等。

　　具體來說，都市地理學的主要研究內容大致涵蓋下列幾個面向：

一、都市形成條件和都市形態的研究

　　如上所述，早在都市地理尚未獨立成為一門學科時，當時對於都市的研究特別強調都市的地點與位置。這個觀點主要是源自地理學中「人地關係」(man-land relation) 的傳統。

　　都市的地點是指一個都市所占據的地方。會影響到都市的形成與發展的主要地點特徵包括：地形、坡度、水陸面積形狀、海岸線、地層岩石支撐力、排水、微氣候條件和受到地震、山崩、水患或其他災害侵襲的情形等。而位置是指一個都市與四周廣大區域間的相對關係。

　　許多研究者從一個都市的地點與位置去進一步探討該都市的形成、發展與土地利用。如愛默生 (Emerson, 1908) 根據地點探討紐約的發展；有些則從都市的災害條件，如容易發生水患地區、地震帶、山崩區等，討論其對都市土地利用的影響。另外，一都市地點所在的氣候都可以影

響到其發展與土地利用，如美國陽光地帶 (sun belt) 的都市快速成長與當地的氣候有關；即使在同一個都市之內，微氣候也常影響到都市內土地利用形態與地價，如舊金山灣區的霧氣、洛杉磯的煙霧 (smog) 及其他許多地方的空氣汙染，都可成為都市地理學者研究的課題。

從都市的地點與位置可以推論在一個廣大區域中城鎮的規模與分布形態，1950 年代克里司徒勒 (W.Christaller) 的中地理論可說是城鎮規模分布研究中演繹理論的先驅者。

1950 年代初，都市形態的研究受到重視，運用傳統歷史和地理的研究方法來對不同時代，各類城鎮的形態進行分析研究。與之相關的都市景觀 (townscape)，主要是研究都市內部布局，如房屋建築形式、街道的布局和都市土地利用。透過實地考察和分析，探索都市形態的形成、分類及都市內部的主要差異，像這樣專門研究都市形態的學科，稱為都市形態學 (Urban Morphology)。

之後，都市地理學的研究從探討自然環境與都市發展間的關係，逐漸轉向人、地間的相互關係，從注意非生物景觀轉向注意人類及其活動和都市環境間的關係。

二、都市生態和土地利用模式的研究

都市地理研究者把生物界共生與競爭的自然現象應用到都市地理的研究中，特別是都市生態與都市土地利用的研究。

隨著工業化與都市化的發展，都市環境往往受到破壞，因此從 1960 年代起，研究者對都市生態系統日益關懷，產生了都市生態學 (Urban Ecology)，研究人與都市環境間的相互作用，如都市土地利用、人口結構變化及其對都市生態的影響等。有一點值得注意的是，在都市生態系統分析中，人的角色逐漸受到重視，也就是說，人為活動是影響都市形態變化的主要因素。由此可以看出把都市作為區域地理研究的趨向正在

減弱，而把都市放在「社會經濟政治」系統中的趨勢則日益加強。

　　美國芝加哥學派從人文生態 (human ecology) 角度，考察了經濟與社會因素對都市土地利用及都市內部結構的地域性差異的影響，提出描述性模式，主要有同心圓理論 (concentric theory)、扇形理論 (sector theory)、及多核心理論 (multiple-nuclei theory)（見第 8 章）。

　　另外，也有從「向心力」(centripetal) 與「離心力」(centrifugal) 觀念提出對都市土地利用形態解釋的模式，認為都市土地利用形態實際上是由兩組相反的力量：向心力與離心力，交互作用而逐漸形成。有些活動傾向往市中心或市區聚集以得到較大利益（向心力），而有些活動則反而較傾向往都市郊區或外圍發展（離心力）。

三、都市機能和分類的研究

　　都市機能與分類的研究也是都市地理研究中很重要的課題之一；早期的研究比較偏向經濟機能的分析，後來擴大到非經濟機能的探討。

　　為了解都市發展的過程與其在政治、經濟、文化等各方面所扮演的角色，以及預測都市未來發展趨勢，因此對都市進行分類是十分必要的。對於都市的分類可以從不同角度，如都市的諸多因素：人口規模、產業結構、都市形態、地點與位置、都市的設置年代等，進行不同的分類。卡特 (Carter, 1981) 把都市機能作為都市分類的方法分為五個階段，實際上大致已概括了都市機能分類方法發展的全部過程：

（一）一般性描述 (general description)

　　這是都市機能分類最早的階段；以描述方式分類，然後根據主觀判斷加以歸類，因分類缺乏客觀標準依據而最受質疑與評判。

（二）統計描述 (statistical description)

　　這個階段與一般性描述不同的地方在於，引進較客觀的統計資料作為都市機能分類的參考標準。統計描述最常使用的資料為職業或就業比

例，因就業群 (employment group) 與都市機能間有顯著的關聯。某一就業群在整個都市就業人口中所占的比例，比絕對就業人數更為有用，也就是說，都市的機能分類最常依據某行業就業人口占總就業人口的比例作為分類標準，而不是該行業的絕對就業人數。

這種統計描述的方法雖然使用了一些數據作為分類的依據，好像具有客觀性，但這些數據的訂定，常是根據對某些地方或國家的個案研究得出的一個具有「主觀」判斷的標準，如哈里斯 (C.D.Harris) 就將都市依機能分類（見第 5 章）。但不同機能就業人口比例要多大才可稱為該機能的都市，則有不同標準，這些標準的依據並沒有理論基礎作根據，皆由美國都市的個案研究中主觀判斷而訂定出來，並不具說服力。

（三）統計分析 (statistical analysis)

為了消除類似哈里斯的統計描述分類法的缺點，下一個階段採用統計分析方法。如納爾遜 (H.J.Nelson) 的分類法即屬於此階段的方法，利用某機能比例在所有都市中的標準差 (standard deviation) 作為分類標準，然後根據各都市某機能占該市總就業人口比例與標準差比較，按差額的大小將都市機能分類（見第 5 章）。

（四）都市經濟基礎研究 (urban economic base studies)

這個方法是根據經濟基礎理論而來，認為一個都市的經濟活動可分為：「基本性活動」，即都市自足；與「非基本性活動」，隨基本活動發展衍伸的活動，可分為滿足基本活動的需求與滿足本市居民生活的需求。馬提拉與湯姆森 (Mattila and Thompson, 1955) 提出一個「多餘工人指標」(index of surplus workers)，所謂「多餘工人」是指滿足都市本身需求以外多出的工人，也就是用來生產輸出的工人，其公式為：

$$S = ei - \frac{et}{Et} Ei$$

S：多餘工人指標

ei：某都市從事某產業的人數

et：某都市的總就業人數

Ei：全國某產業就業人數

Et：全國總就業人數

　　根據各都市某產業的 S 值按大小排列後，再加以區分成若干類型。

（五）多變量分析法 (multivariate analysis)

　　將可以表示都市特徵的各種因素，包括經濟與非經濟因素，利用多變量分析方法，如因子分析、主因子分析等，加以歸類作為都市分類（見第 5 章）。這方法的最大優點在於，可根據不同因素來表現都市的複雜多面性特徵，現在許多對都市分類之研究都採用多變量分析法。

四、都市化和都市體系的研究

　　1960 年代以來都市化與都市體系的研究面向愈來愈受到重視。主要是戰後的都市化已變成世界性的現象，特別在發展中國家都市化發展得更快速，引起各學科的極大關注。不同學科的研究者從不同角度探究都市化的機制及其影響。地理學者則較關心的是都市化對都市本身的影響，以及都市在空間結構上的變化。

五、都市問題的研究

　　主要研究都市常見的一些問題，如環境、交通、住宅、貧民窟、城鄉互動等問題。探討形成這些問題的成因、空間分布、對都市的影響及解決的對策。這些針對都市問題的研究，可提供作為政策制定與規劃的參考，具有實用價值。

第三節　都市地理學的研究方法

對於都市地理學的研究可以根據分析的面向、分析範圍及不同哲學觀點而有不同的方法與著重點，分列如下：

一、從分析的面向區分

（一）空間傳統 (spatial tradition)

從空間面向來分析事物雖非地理學所獨有，但毫無疑問，這是地理學研究最強調的傳統之一，也是最能凸顯地理學特色的研究面向，甚至有人誇大的說：「地理學是研究空間的科學」。這句話不完全正確，卻點出了地理學強調空間的研究特點。在 1970 年代時，地理學界對於空間的強調，更是蔚為風潮。

地理學者對於空間的研究不僅止於靜態的空間分布，還涉及到動態的空間變遷與空間擴散，例如，就都市地理學而言，研究者從空間區位來分析經濟活動的空間分布，如商業街、工業區以及這些活動的變遷，如零售業與工業的郊區化。

由於都市地理學者強調空間觀點的分析，使其研究與其他學科的研究，迥然不同。例如，對臺北都會區之城鄉移民的研究，人口學者或社會學者可能會對這些由外縣市移居臺北都會區的人口組成與適應情形作較深入的分析，但都市地理學者會更有興趣在於這些移入人口從哪裡來？主要移入臺北都會區的是哪些地區？在空間分布上是否有些規律性或形態？原因為何？舉例來說，雲林縣沿海地區的鄉鎮有許多人移民至臺北都會區，但大多聚集在新北市的三重區、新莊區及鄰近地區，很少到臺北都會區南邊的永和區、文山區等地區。這種移民的空間形態會引起地理學者的興趣而進一步追究其原因。

又如對臺北都會區犯罪的研究，社會學者可能對犯罪人口年齡的結構與變化、犯罪與人口特徵（如教育程度、所得、職業）的關係，犯罪者的家庭因素（如單親家庭、低所得家庭、犯罪者父母的情況）等較有興趣。但都市地理學者從空間的觀點，可能會強調在臺北都會區內各地區犯罪的空間差異性，如各行政區犯罪率高低、犯罪形態差異、犯罪率與各地區社經與人口結構間的關係。

在都市地理學研究裡，處處可見從空間觀點分析都市事物的情形。比方說，都市土地利用形態的空間分布及其變化；各種經濟與非經濟活動的區位與變遷；空間擴散，如某些連鎖店（麥當勞、7–11 便利商店等）在一個都市內或一個國家的都市體系內擴散；空間互動 (spatial interaction)，如都市內的流動，都市間的互動及城鄉間的交流。這些例子有些是屬於靜態的空間分析，有些則為動態的空間互動，但皆是從空間面向切入的研究與分析。

（二）人地關係傳統 (man-land relation tradition)

人地關係是現代地理學研究中另一個很重要的面向。地指的是環境，在地理學的傳統裡人與地是互動的，也就是說，環境（地）固然可以影響到人的各種活動與生活，但反過來說，人在較小的範圍內也可以影響到環境。十九世紀現代地理學在德國崛起時，由於當初主要影響現代地理學產生的德國學者都來自於自然科學方面的領域，如氣候、生物、地質等，往往過度強調自然環境對人的影響，逐漸產生了所謂的「環境決定論」(environmental determinism)。雷次兒 (Ratzel) 就是決定論的先驅者，這種決定論的思想，後來藉由雷次兒的學生珊普 (Semple) 女士帶到美國發揚光大，曾經變成一股主流（鄭勝華等譯，2005）。但環境決定論後來受到質疑，而有法國學派的「可能性論」(possibilism) 興起。環境決定論者認為自然環境具有主導人活動的影響力，但可能性論則較有彈性，認為環境固然有其影響力，但同樣的環境下，人可以根據其科技、經濟、文化來選擇不同的適應方式。

　　現在已很少人接受環境決定論，但並不否認環境對人有影響，反過來說，也認為人可以在某一程度下改變環境，這種人類改變環境的能力隨著科技的發展，愈來愈大。因而人地關係的概念，隨著近代環保意識的提升，也愈來愈受重視，在都市地理學的研究方面，有相當多的研究就是從「人地關係」的傳統來分析都市發展所產生的各種環境問題，如「熱島效應」(heat island effect) 的研究就是個很好的例子。此外，如研究都市化對環境的影響，包括微氣候、土壤、及各種汙染等，都隨著環保意識的抬頭，以及國際情勢如《京都議定書》和《巴黎協定》的簽署等，而日益強化。

　　過去都市與都市化的發展較偏重在工程層面，而忽略了對環境的衝擊，使其發展往往超過環境的承載力 (carrying capacity)，導致環境品質的惡化。以臺北市的發展為例，在日治時代，臺北市都市計畫的飽和人口為 60 萬人（張景森，1993）。戰後初期臺北市人口才 30 幾萬人，但戰後短短幾十年，2021 年臺北市人口已增加到接近 260 萬人，而整個臺北都會區超過 600 多萬人，造成臺北盆地過度都市化，也導致環境品質的惡化。

　　以往許多都市用地的開發只由工程師主導，根據工程的觀點 (engineering viewpoint) 加以規劃開發。例如臺北市的關渡平原在二、三十年以前市政府就有意開發，委託專家與學術單位作了開發計畫書，當初朝向高密度發展，把關渡平原規畫為可容納 20 萬人的副都會區，這個計畫純粹是從工程的觀點出發，如果從地理學的「人地關係」來分析，這個開發計畫是過度而不適宜的。因為關渡平原是臺北盆地僅存的一塊最大的未開發地，位於臺北盆地通往淡水河出口的風口，附近原有廣大防洪用地，一旦高密度開發後，帶來的人潮、車潮與建築物，對環境的衝擊是無法估計的。所幸，由於環保意識的崛起，將來即使開發，也應朝向較低密度開發的方向，這方面地理學者應該可以根據「人地關係」來深入分析，提供規劃者作為參考。

　　又如都市周邊山坡地的開發，許多都市計畫常依據工程觀點，劃分土地利用的區位，例如：根據坡度、岩石性質、地質構造、植被等幾個因素，把山坡地分為建地、林地、保護地等。但問題是，列為建地的山坡地，即使工程沒有危險，是否就可以完全開放作為建築用地？從「人地關係」的觀點來分析，這是令人質疑且值得深入研究的。

（三）區域傳統 (regional tradition)

　　地理學還有一個重要的研究面向，就是從區域傳統切入。不同區域有其特殊的自然與人文條件以及歷史發展，使得不同區域的都市常有其各自特徵，就都市地理學的研究而言，都市區域特徵本身就是個很值得研究的課題。

　　現代都市地理學的論述，包括其中的理論與模式，幾乎都是源自歐美幾個地理學較發達國家的學者，在歐美地區所作的個案研究而歸納出來的。因此，這些教科書上的理論常難以對應到非西方國家的都市，例如郊區化的現象是北美洲都市戰後一個很重要的發展，但在發展中國家的都市中，卻很難找到類似的發展。又以美國都市來說，靠近市中心附近的住宅區多為低所得的貧戶，而中產階段或高級住宅則分布於郊區，但在發展中國家的都市，貧戶或貧民窟一般分布在都市市區邊緣的郊區，而有錢人反而較多住在市中心附近。

　　上述情形對於發展中國家的都市地理學者來說，是件相當無奈的事。問題的癥結在於，以往對於發展中國家都市的研究太過貧乏，無法歸納出一套屬於發展中國家都市的理論與模式。其實，即使同屬於發展中國家，由於文化、經濟與自然條件不同，彼此之間的差異也不會比發展中國家與已發展國家之間的差異來得小，例如：中東阿拉伯世界的都市與中國都市之間就有如天壤之別。因此，從區域傳統的觀點去分析不同文化圈或經濟圈區域的都市，應是值得鼓勵，也有實際的需要。

二、從研究範圍區分

（一）大範圍的研究

當我們進行大範圍的都市研究時，常把都市當作一個點，分析在廣大地區中都市的分布形態及其他空間的互動情形，例如中地理論、都市大小分布、都市化、都市體系及城鄉間或都市間的互動等。這個研究範圍可以大至全世界、全國，小至一國內的某個區域。比方說，我們可以作全世界都市分布形態的比較、臺灣都市體系的研究及蘭陽平原中地的探討。在作歷史地理研究時，也常利用這個方法，根據不同時代的資料，觀察都市空間分布的變化。章生道 (Sen-dou Chang, 1963) 即曾研究中國文化的空間擴散，他利用各種史籍資料，將中國從秦漢以下各主要朝代的縣城點繪出來，他的理論是，縣城的建立代表當地的統治已日趨穩定，人口也增加到某一程度，才會設立縣治行政單位。每個縣城代表一個點，根據各主要朝代縣城的空間分布及其變化，得出結論：「中國文化由中原、華北平原向長江流域，再向華南地區次第擴散。」這個結論是眾所知曉的史實，但其研究的特色在於利用都市（縣城）在空間上的變化作為中國文化擴散的具體指標。

（二）小範圍的研究

把都市本身當作一個區域，研究都市內部本身的各種現象。這方面的研究如：研究都市的土地利用、機能、區位及都市內的流動等。其研究對象可以是整個都市，也可以是小到一條街或一個市場。這方面的題材非常多樣而豐富，所以從小範圍把都市本身當作一個區域，分析其中各種現象的研究，其份量遠比大範圍的研究來得多。都市是個龐大而複雜的社會個體，人的活動非常頻繁，不但提供無數都市地理的研究題材，而且這些題材不斷在變化，從都市地理研究者的觀點來看，實為精采絕倫。例如，就臺北市而言，可以研究臺北市的商業、工業或開放空間與

公園綠地；研究迪化街或重慶南路等專業街；研究士林夜市或五分埔市場；研究士林區便利商店區位；研究臺北市麥當勞連鎖店的空間擴散。

三、從不同哲學觀點區分研究方法

戰後都市地理學的研究，根據不同的理念可以大致歸納為下列幾個研究面向 (Hartshorn, 1992)：

（一）區位學派 (locational school) 研究

興起於 1950 年代的 「區位學派」 研究 ， 強調有系統的定量分析 (quantitative analysis)，藉以產生較強的理論基礎，對都市地理研究有莫大幫助。由於後來有更精細的統計資料及更具分析能力的電腦出現，使 1970 年代都市的研究在地理學中屬於佼佼者。

因為利用歸納統計 (inductive statistics) 與電腦， 更多變數可以用來分析，以詮釋各種都市現象的空間分析。隨後採用數學與統計模式來作為解釋與預測都市現象。 此外 ， 還利用模擬模式 (simulation models) 與系統分析 (systems analysis) 對都市地理學的一些問題作分析探討。

在 1960 年代前許多都市地理研究先驅者都具有經濟地理或經濟學研究的背景，因此把一些經濟模式帶入都市地理中是很自然的事。

1950 年代到 1960 年代初，地理學研究的「計量革命」達到了高峰。1930 年代克里司徒勒的中地理論中雖沒有明確引用都市系統的概念，到了 1960 年代時，計量地理學者貝里 (B.J.L.Berry) 利用數學統計方法對中地理論作了許多實證研究，把都市人口分布與中地等級聯繫起來，成為都市系統研究的一個重要轉折點。因此計量革命使都市地理研究轉移到空間的分析上，構成了重要的研究主軸之一。

（二）行為研究 (behavioral studies)

1970 年代起，一些具有社會學與行為研究背景的地理學者，開始從行為決策 (decision making) 出發來探討都市地理學的課題。在這一時期，

對都市地理學研究影響較大的主要是社會科學。

　　行為研究的主要焦點是在決策。我們對區位與空間的理解，無法單獨從其所呈現出來的實質要素 (physical element) 看出來，因為在實質的表徵下，真正造成表徵的是決策行為的過程。因此，檢驗造成空間現象的過程反而比空間現象本身更有意義。

　　段義孚 (Yi-Fu Tuan, 1977) 運用行為科學與現象等，對個人性格如何影響到家庭和房屋的裝飾作分析，集合一個社會中，所有個人形成的集體性格，此集體性格可影響到文化景觀。他強調「地方」(place) 這個概念不只是一個空間 (space)，而是包括了人地間的關係。在都市地理的研究中，段義孚特別提出都市內居民與其鄰里區域所產生的親切感、疏離感與冷漠感，也就是從「人」出發，擴大了都市地理學的研究領域。

　　行為學派認為區位學派的研究，把人地關係物化，忽視了人在塑造空間結構上的作用，包括人的態度 (attitude) 與識覺 (perception)。因此，行為學派強調，要分析空間形成，首先必須先分析個人的決策過程。

（三）結構性研究 (structural approach)

　　由於對都市改變的傳統解釋不滿意，促使 1970 與 1980 年代都市地理學的研究尋求一個新的方向，這個修正研究是強調探討都市的不平衡發展與政治經濟是了解都市結構與改變的關鍵因素，在這個結構性研究中，特別重視私人部門的資金投資在都市結構的改變上扮演的角色。比方說，資本投資從市中心轉往郊區的現象，與這幾十年來郊區的快速成長及市中心衰退有密切關係。在高科技時代，以資金取代勞力的趨勢就是個例子，也就是為了節省勞力而投資增設新的設備，如自動化生產，導致生產結構的改變，進而反映到都市的空間結構。

　　結構性研究同時也強調，當政府藉補貼政策或資源重組干預都市結構，有時會造成不穩定性的衝擊，加劇都市問題。

　　結構性研究對都市地理學最重要的貢獻在於都市房地產、工業發展、

及與工業資訊時代的都市經濟轉型等研究上。例如：在房地產領域方面，愈來愈多的研究文獻是關於仕紳化 (gentrification)、無家可歸問題、種族與文化問題等，這些問題影響都市結構改變，也對房地產產生影響。

（四）歷史都市研究 (historical urban research)

地理學者利用歷史都市研究傳統來檢驗現代都市形式的起源、聚落形態演變、族群角色、運輸作為都市的形成力量以及其他。

這種從都市歷史發展中，去探討、分析都市許多現象的研究方法，可說是根源於歷史地理的研究。這種研究最大困難是，過去歷史發展資料的可得性。以臺灣都市研究為例，日治時代以後的各種資料還算比較齊全，但清治以前就殘缺不全，從歷史都市研究想研究清治的臺灣都市，常會因為資料不夠而顯得力不從心，至於更早的鄭氏與荷西時期的都市研究，更加力有未逮。

（五）都市自然環境研究 (urban physical environmental approach)

地理學橫跨社會科學與自然科學領域，因此地理學的研究中，也有相當豐富的都市自然環境研究。地理學者同時接受人文與自然地理的訓練，相較於其他學門，地理學者具有獨特的見解以從事都市人與環境間互動的研究。自然地理在現代地理學崛起於德國時，曾是地理學研究的主軸與焦點，特別在「環境決定論」流行時代。環境決定論認為所有的現象都可以藉由自然環境變數來解釋。後來，由於環境決定論過於強調環境的影響力而受到批評，加上人文地理，特別是芝加哥學派的人文生態盛行，使美國地理學愈來愈傾向社會科學化。不過近年來，由於汙染問題及生態系統受到重創，環保意識愈來愈高漲，使都市地理學者又開始重視對都市環境的研究，也就是從環境面向去研究都市地理的問題。例如，都市的熱島效應、汙染及生態系統等研究愈來愈多，而變成都市地理研究中另一個日趨重要的課題。

以上五種對都市地理學的研究方法，彼此之間並不是相互排斥，而

是互有關聯。例如：研究一都市內某連鎖商店的區位選擇，可能採用行為研究方法，根據個人投資者對區位的考慮因素作選擇；其範圍為一都市內，即把都市當作一個區域來研究；而由於研究主題為連鎖店的區位，屬於空間傳統的研究面向。

第四節　都市地理學與相關學科的關係

　　都市地理學屬於廣義人文地理學的一支，但由於都市地理學研究的對象為都市，而都市是人與人類社會經濟活動的聚集地，是一個極為人為化的世界。雖然都市地理學也討論到都市與自然環境之間的關係，但都市的主體畢竟是人及其活動，其作用機制固然也受自然影響，不過更重要的還是受社會經濟規律所支配。所以，相較於地理學整體而言，都市地理學較偏向社會科學的性質，充其量也只是自然科學的邊緣學科。

　　不過，都市地理學如同地理學也是屬於一綜合性學科，其所討論的課題非常廣泛，與其他學科常有密切的互動關係，下列就與都市地理學較相關的學科分述：

一、都市地理學與都市經濟學的關係

　　都市經濟學研究的問題大多與都市發展有關，例如都市土地利用、房地產、產業活動等研究。而都市地理學研究都市時，把經濟當作一影響因素來分析，或是從地理學的觀點來解剖各種都市的經濟活動。所以都市地理學常引用許多都市經濟學的成果，反之，都市經濟學也可以從都市地理學的研究成果得到回饋。舉例來說，都市地理學引用都市經濟學地租的概念來分析產業活動的區位，邱念農業土地利用理論應用到都市土地利用都是很好的例子。其他像是對都市房地產的分析也是應用一些經濟學的分析模式。

二、都市地理學與都市社會學

　　都市社會學以研究都市社會問題為主，重視社會實踐、探討促進社會發展的具體政策；而都市地理學也研究都市問題，卻是從地理觀點著手，探討其規律性與空間性。兩者的研究對象均為都市社會問題，但方法與目標有顯著不同，不過其研究成果可相互引用，豐富各自的研究內涵。例如，都市地理學談到內部結構理論時，主要的理論如同心圓、扇形與多核心等理論，都是引用自芝加哥學派社會學者的研究成果。

三、都市地理學與都市規畫學

　　都市地理學與都市規畫學在學科的性質與研究方法上都有顯著的不同。基本上，都市規畫學是偏向技術的一門科學，主要為都市建設與管理提供實質規畫藍圖；都市地理學則是研究都市地域狀態與分布規律，較偏向理論性。兩者的相互關聯也是十分密切的，都市地理學可以從都市規畫學中汲取養分，作為補充或修正其內容與理論的材料；都市規畫學則可從都市地理學的知識加強與充實其設計的理論，進而應用於實際的規畫上。

四、都市地理學與都市生態學

　　都市生態學是研究都市生態系統的科學，以生態來比擬社會現象，認為都市內部的土地利用與居民活動中,存在著與生態學中相似的模式。由於都市問題愈來愈嚴重，對都市生態學的研究也日益重視。都市地理學從都市生態學中引進了生態學的「系統」與「平衡」的觀念，融合在都市地理學的研究中，如都市體系、城鄉關係等研究。芝加哥學派把生態學觀念引進社會學，創立了人文生態 (human ecology) 的都市土地利用模式，即同心圓、扇形與多核心理論，而都市地理學引入這些人文生態

的土地利用模式，成為都市地理學的重要理論之一。

五、都市地理學與都市形態學

　　都市形態學研究的中心為都市景觀 (townscape)，都市地理學引進都市形態學的都市景觀內容，使兩者在研究內容上有些重疊，但研究重點卻有所不同。都市形態學主要是從歷史發展角度，研究構成都市景觀的要素，如建物風格、街道設計與機能所表現出來的土地利用等的相互關係與影響，及其所造成的都市形態演化；都市地理學則是透過都市內部形態的變化，研究都市地域結構的演變規律。許多都市地理學者是從研究都市形態入手，進入都市地理學的領域（許學強等，2001）。

第五節　都市地理學的研究趨勢

　　近年來，都市地理學的研究隨著時代的需要與科技發展，產生了幾個重要的研究趨勢：

一、由傳統的靜態 (static) 研究趨向動態 (dynamic) 研究

　　早期都市地理的研究比較偏向靜態研究，即研究在一定時間內某些都市現象的空間分布及其所表現出來的形態 (pattern)，近年來轉向動態研究，即加入時間因素，研究具有「時空」(time space) 特性的變遷，也就是由形態研究轉為對「過程」(process) 的研究。

　　例如，研究一都市的專業街，傳統的靜態研究會專注在專業街的空間分布，及各專業街的商店組成，但動態研究可能會進一步探討過去一段時間內，專業街的空間分布如何產生變化？有些舊有的專業街可能逐漸沒落萎縮，但有些新的專業街卻在新的區位慢慢形成。而且，各專業街的商店組成可能也會隨著時間而產生質變。在動態研究中，不只是展

現這些動態的變化，還要去探索造成這些變化的原因及其過程。

又如研究西方都市居住帶分布，若從靜態研究現代西方都市區位的空間分布，則中產階級與有錢人主要在郊區，而窮人多集中在近市中心附近。但戰前空間分布形態其實剛好相反：有錢人住在市中心附近，窮人則多居住在邊緣郊區。隨著各種客觀條件及居民對居住環境要求的改變，使西方都市居住帶的空間分布，在短短幾十年產生巨大改變。作為動態研究者，會探討這種空間分布形態改變的成因及其過程。

二、由傳統偏重理論的探討轉而注意到實際問題的應用

傳統上都市地理學的研究比較偏重在對都市現象的描述與解釋，以及理論的建構，而較忽略對都市實際問題的應用面。但隨著都市化發展，都市問題愈趨嚴重與複雜，都市地理學者開始將都市地理學的理論和概念，應用到實際都市問題與都市規畫上。

舉例來說，中地理論對中地空間安排的原則可以應用到大規模新生地（如荷蘭圩田）開發時作為聚落（中地）空間規畫的參考。而中地理論的門檻與最大旅程概念，可以應用到區位的規畫（見第 7 章）。

其他的都市影響圈及城鄉互動也可應用到區域規畫上，尤其是傳統上許多都市計畫或區域計畫往往過度偏重在工程觀點上，而忽略了對環境的衝擊，因此都市地理學中所強調的「人地關係」傳統，可以提供都市與區域規畫作參考。

三、引進計量方法與新技術

包括數學與統計模式及一些新的技術，如航照、遙測、地理資訊系統 (Geographical Information System, GIS) 等方法來幫助分析資料，這些方法上的改進，使都市地理學研究可以更好的協助解決實際問題。

有許多都市現象之間的關係由傳統的觀察方法，難免有主觀判斷上

的錯覺，如果應用統計學上的檢定方法，可以更具有科學性的客觀衡量，使研究結果更具有說服力。

　　航照與遙測可以精確地提供研究者過去都市發展的實際情形，如土地利用與都市擴張。野外實查大部分只能調查到現狀，如土地利用，但十年前的土地利用形態，已無法從現在的野外實查得到；政府機構的統計資料，如當時的地權與地目資料，常不夠完整。如果有十年前的航照，則研究者可以對整個都市土地利用形態有個全盤了解，而且比較不同年代的航照，可更清楚看出土地利用變化，對研究者提供不少幫助。

　　至於 GIS 強大的儲存資料能力，特別是其套疊特性，對於研究者更是很大的利器。套疊特性就是研究者可以根據需要，把相關資料套疊而選出最適合所需要的地區。假設選擇某地作為工業的地址條件為：地勢平坦且平均坡度低於 15%；排水良好，無水患之慮；接近重要交通要道；現有地面沒有已存在的聚落。於是研究者可以根據上述條件，從 GIS 庫存資料中找出地形坡度圖、淹水地方分布圖、交通分布圖及聚落分布圖等，將這些圖套疊後，選出最合乎上述條件的地區，作為未來規劃工業區的地址。

第2章
都市的定義、產生與發展

第一節　都市的概念及定義

在中文裡，都市的「都」是指人口聚集的地方，而「市」意為交易。簡單來說，都市為人口眾多且為貨物交易的所在。中國古代許多都市皆建有城牆，又稱為「城市」。「都市」與「城市」常交互使用，視為同義詞。世界上許多國家的都市都沒有城牆，即使古代深受中國文化影響的日本，其古老都市也都沒有城牆，只有城堡。

英文中的都市 (city) 源自拉丁語根，意指「文明」(civilization)，也就是都市屬於文明世界 (civilized world)，而都市以外的地方為不文明 (uncivilized)，甚至是野蠻的世界。都市常是一個廣大區域的政治、經濟、文化、教育及社交中心。在都市裡有政府及金融機構、優質的教育機構、多姿多彩的藝文活動、多樣的工作機會、豪華的購物中心及豐富的生活內涵等，使都市成為人們嚮往的地方；另一方面，由於都市不斷擴大，特別是工業革命後，造成許多都市問題，如過於擁擠、各種環境汙染、犯罪率上升及地價昂貴等，使都市成為另一些人眼中不宜居住的地方。總之，人們對於都市的態度充滿了爭議與分歧。同樣是倫敦，英國詩人雪萊 (Shelly) 對它嫌惡而說出這樣的話：「地獄就是像倫敦這樣的一個都市。」(Hell is a city just like London.)；但文豪詹森 (Johnson) 卻認為：「當一個人厭倦倫敦時，他就是厭倦人生。」(When a man is tired of

London, he is tired of life.) (Jones, 1976, p.1)。

　　擺開人們對都市看法的爭議性，把問題拉回到最基本的定義本身，何謂「都市」？在概念上，這個問題不難解決。根據聚落地理學，聚落由小而大可區分為：小村 (hamlet)、村莊 (village)、鎮 (town)、都市 (city)、都會 (metropolis) 及大都會帶 (megalopolis)。其中，大都會帶是地理學家戈特曼 (Jean Gottmann) 在研究了美國東北部大西洋沿岸的都會群（由波士頓至華盛頓，包括紐約、費城）之後，於 1957 年所提出的名詞。這個地帶涵蓋了許多大小都市，形成一個高度都市化的地區，人口超過 3,000 萬人（許學強等，2001）。一般把鎮以上的聚落稱為「都市聚落」(urban settlement)，而小村及村莊則稱為「鄉村聚落」(rural settlement)（圖 2-1）。

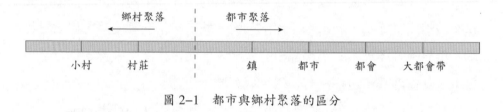

圖 2-1　都市與鄉村聚落的區分

　　其實，鄉村聚落與都市聚落之間並非截然二分，而是呈現連續性，也就是中間有個漸進而過渡的地帶。在概念上，區別都市聚落與鄉村聚落似乎是輕而易舉的事。實際上，目前世界上並沒有一個統一的標準來界定都市聚落，各國根據各自的社會經濟發展特點，制訂了不同的「都市聚落」定義標準。不同的是，有些國家的標準側重於強調某一個特徵或幾個特徵；有的有明確的數量指標，有的只有定性指標，下列是常見用來界定都市聚落的標準：

一、根據聚落的人口數

　　這是個明確而簡便的界定都市聚落的方法，但各國國情懸殊，其界定都市的最少人口數相差甚大。地廣人稀的北歐國家，如瑞典、丹麥、

芬蘭，其標準為 200 人；加拿大為 1,000 人，美國為 2,500 人；而日本卻高達 50,000 人（表 2–1）。

　　根據聚落的人口數來界定都市聚落固然簡便明確，但也產生了問題。有些發展中國家的聚落人口超過 5,000 人，甚至更多，但依然是鄉村聚落，因為其就業人口中大部分是從事第一級產業活動，而且缺乏都市應有的各種公共設施。

　　另外一個使用聚落人口數作為界定都市指標的困惑是，一般聚落人口數屬於行政區劃的統計資料，地理學上的都市區 (urban area) 指的是都市的建成區 (built-up area)，兩者往往有出入。有時都市的建成區超過都市的行政市界，稱為「溢出界外」(overbounded) 都市；反之，都市建成區只占行政市界的一部分，稱為「界內有餘」(underbounded) 都市（陳伯中，1983, p.15 Hartshorn, 1992, p.5）。

表 2–1　各國界定都市聚落的人口數

國家	最少人口數
瑞典	200
丹麥	200
寮國	600
加拿大	1,000
捷克	2,000
阿根廷	2,000
以色列	2,000
法國	2,000
古巴	2,000
美國	2,500
辛巴威	2,500
墨西哥	2,500
比利時	5,000
伊朗	5,000
澳洲	10,000
西班牙	10,000
奈及利亞	20,000
土耳其	20,000
日本	50,000
中國	100,000

資料來源：*UN World Urbanization Prospects 2018* (2019)

二、根據聚落的機能

　　除了聚落的人口數外，聚落機能也常被用來當作界定都市的指標。聚落機能依據就業人口劃分，一般把第一級產業活動當作鄉村機能，而二、三級產業活動作為都市機能。因而界定都市時，常根據其從事二、三級就業人口（也就是非農業就業人口）比率必須超過某百分比才合乎標準。然而各國的標準不盡相同，如印度對都市聚落的界定條件之一，

是其從事非農人口要超過總就業人口的 75%；以色列的標準中，家庭主人從事農業者必須少於三分之一。

三、根據聚落的人口密度

有的國家也把人口密度作為區分鄉村聚落與都市聚落的標準。從普通常識就可以知道，都市的人口密度一般大於鄉村的人口密度。不過，到底一個聚落的人口密度要多少才可以稱為都市聚落?各國標準也不同，如印度的標準為人口密度必須超過每平方英哩 1,000 人。通常，一般國家較少使用人口密度作為界定都市聚落的標準。

四、根據行政命令

許多國家有時也根據行政命令來界定都市聚落，如土耳其、捷克、多明尼加、阿拉伯聯合大公國、阿爾及利亞、日本、突尼西亞及英國 (Harthshorn, 1992)。臺灣也使用過行政命令來界定都市，例如：嘉義市因升格為省轄市而從嘉義縣分離出來後，嘉義縣政府遷至太保鄉，太保鄉改為太保市。同樣的，新竹縣市分治後，新竹縣政府遷至竹北鄉，竹北鄉即改為竹北市。

五、採用以上混合的標準

有的國家綜合二個或以上的標準作為界定都市聚落的標準。例如：在印度一個都市聚落必須人口數超過 5,000 人，人口密度大於每平方英哩 1,000 人，以及就業人口中從事非農的比例要大於 75% 等三個條件都達到標準才可以。又如以色列的都市聚落必須人口數大於 2,000 人，而且家庭主人從事農業的比例要少於三分之一。

臺灣迄今並沒有統一的都市定義，不同學者從事有關臺灣都市之研究時各有自己的定義，莫衷一是（如陳正祥與孫得雄 (1958)、Mei-Ling

Hsu (1965)、林鈞祥 (1966)、李棟明 (1970)、劉克智 (1975)、及李瑞麟 (1973)）。即使在官方，不同單位往往也採用不同的界定標準。下面列舉幾個例子加以說明。

（一）戶籍統計定義：這是現有官方作戶籍統計時的定義。歷年戶政機關的人口統計中，將市與鎮看成是都市，其轄區內的人口為都市人口；鄉看作鄉村，其境內人口為鄉村人口。當初政府規定人口十萬以上的地方得設縣轄市，人口五萬以上設鎮，五萬以下設鄉（李瑞麟，1982, p.40）。將人口數作為區分都市與鄉村聚落的標準，但由於市鎮的行政範圍太大，許多市鎮內存在廣大鄉村地區，形成「界內有餘」(underbounded) 的形態，如臺南市安南區還有相當大比例的地方屬於鄉村聚落。

（二）林鈞祥在其《臺灣都市人口之研究》（林鈞祥，1966）中，認為凡是市或鎮符合下列一項標準者，其行政轄區人口皆為都市人口：1. 人口達 50,000 人以上，2.都市型職業（即二、三級就業人口）就業人口占 50% 以上者，3.若人口數在 50,000 人以下者，其都市型職業就業人口占 70% 以上。

（三）陳正祥與孫得雄 (1958) 認為都市聚落必須具有以下條件：1. 居民人口數大於 2,500 人，2.必須有一明顯的街道，其長度在 100 公尺以上，商店率達 50% 或以上，3.對鄰近農村有商業上的集散與供應機能。

（四）劉克智 (1975) 接受行政院經濟設計委員會都市規劃委託，研究都市人口定義時，認為合於以下標準之一者，不論是單獨村里或是若干村里聚集者，稱為都市性的聚集地：1.就業人口中有 60% 以上為非農者，2.人口密度每平方公里超過 2,000 人，3.具有下列任三項都市特徵者：(1)幼稚園、(2)國民小學、(3)國民中學或高中、(4)大專院校、(5)醫院、(6)診所、(7)郵局、(8)電影院、(9)娛樂中心、(10)公園，4.未達以上標準但為鄉鎮公所之所在地的村里，5.未達前四項標準之村里，但其四面或三

面為合於上述定義之村里所包圍者。

　　總而言之，不論是世界各國或臺灣，對都市的界定差異性甚大。值得一提的是，中國對於都市的劃定相當繁雜，有所謂「市轄縣」或「市轄鎮」，與一般的認知相差甚鉅，大都市往往涵蓋四周廣大的鄉村地區，如重慶市包括以前附近十二個縣；上海市合併了鄰近十個縣；北京市也是把四周十個縣併入。換句話說，較大都市常涵蓋了相當大的鄉村地區。因此，當比較不同國家的都市化程度時，所採用的都市人口數往往缺乏客觀的標準，只能作參考，不宜太斤斤計較。

第二節　都市的崛起與發展

　　根據西方學者的研究，一般認為世界最早的都市起源於西元前 3000 年至 4000 年，也就是距今約五、六千年前出現在以今日以伊拉克為中心的平原地區，這個地區是由底格里斯河 (Tigris) 與幼發拉底河 (Euphrates) 沖積形成的「美索不達米亞平原」（Mesopotamia, Meso 為 between（中間），Potamia 為 Rivers（河流），合起來意為位於兩河之間的平原）（圖 2–2），靠近波斯灣與地中海邊的巴力斯坦連成「肥沃月彎」(The Fertile Crescent)。其中，埃里都 (Eridu) 被認為是已知最古老的都市。兩河流域上的這些古老都市，現在大部分已消失了好幾個世紀，只有大馬士革（Damascus，今敘利亞首都）還存在，可能是今日世界上最古老且仍然繼續存在的都市（圖 2–3）。

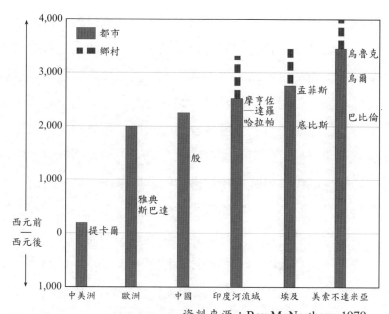

資料來源：Ray M. Northam, 1979。

圖 2-2　世界都市的起源時間

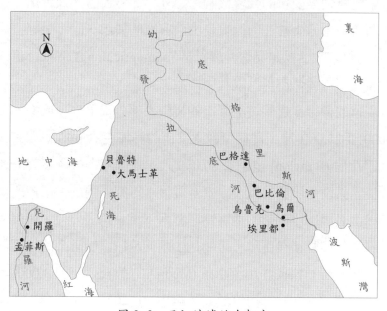

圖 2-3　兩河流域的古都市

　　這些西亞古老都市有許多是宗教中心，但一般來說，兩河流域都市的發展，其先決條件在於有效率的農業生產，使其能生產多餘的食物以支持非農階級，如從事建築、手工藝工人、商人及管理階層的官員。同時，在這個時期，相關技術的發展，如牛拖的犁、有輪子的車、帆船、冶金技術等都已發明，再加上灌溉技術的改進、新作物（如棗椰）的出現，使農業生產更加有效率，從而釋放出更多人力從事非農工作。在新環境下，農業生產剩餘可維持相當數量的非農工作。另一方面，因為缺乏製作農耕工具的材料、主要建築木材、金屬和石塊，使兩河流域的沖積平原不能完全自給自足，因此刺激了早期貿易的需求。

　　村莊慢慢變成行政中心，並且成為物品交易、儲存和再分配的地方。不過，如果認為第一個都市生活的崛起純粹是經濟現象，那是不正確的。因為都市的發展也是個社會過程：運輸的改善使餘糧可以集中在都市，如何分配物質則需要新的社會機制。另外，從考古證據顯示出，最早發生在兩河流域平原上村莊的改變是由於寺廟的興起，而不是經濟與技術的改變，可見宗教活動是凝聚非農社群 (non-agricultural community) 最重要的力量之一，使都市得以成長與擴散。

　　以現代的標準，這些古老都市的規模大部分都很小，典型的不會超過 15,000 至 25,000 人。即使是較大都市的烏魯克 (Uruk) 也只有 50,000人，而巴比倫 (Babylon) 也不過 80,000 人。是因為提供「適宜的運輸網路」、「淡水與衛生服務」以及「安全維護」等問題限制了都市的規模。

　　第二個最早出現都市的地區為尼羅河下游三角洲一帶，較美索不達米亞平原的都市晚了幾百年，可能是由兩河流域擴散出來的。兩個最重要的都市底比斯 (Thebes) 和孟菲斯 (Memphis) 約在西元前 3,000 年，也就是五千多年前，在尼羅河流域繁榮起來。尼羅河三角洲與兩河流域平原都是由河川沖積而成的氾濫平原，不同之處在於，美索不達米亞平原是由高山雪水融化時所造成的氾濫沖積平原，尼羅河三角洲則由尼羅河

源頭之一的藍尼羅河 (Blue Nile)，在夏季時自上游東非地區帶來大量降水量，流至出海口三角洲附近造成氾濫平原。兩者均為肥沃的平原，有利於農耕，間接促成都市的興起。

埃及的都市以紀念性建築物著稱，如金字塔。不過，埃及人善於藝術與都市設計，其特殊的都市特徵包括一連串長而平行的街道，創造了正式的都市規劃。

接著大約在西元前 2500 年前，也就是四千多年前，第三個最早出現都市的地區在印度河中下游地區（今巴基斯坦與印度交界一帶）。據學者的推論，這些都市的產生可能是自西南亞文化爐 (Cultural Hearth) 擴散而來。其中，摩亨佐─達羅 (Mohenjo-Daro) 與哈拉帕 (Harappa) 這兩個印度河流域上的都市都是相當具規模的行政兼宗教中心，各有約 40,000 人口。兩個都市都呈現方格狀的街道設計。由於印度河中下游地區現今是鄰近塔爾沙漠的乾燥地區，很難讓人想像到四千多年前這裡曾有過充滿財富與繁榮的都市。最早在這地區種植棉花，也發展出印度半島著名的紡織業，一直到十八世紀中葉工業革命前，印度的紡織品甚至威脅到英國紡織業，迫使英國立法保護自己的紡織業，而這些傳統的紡織業對都市的發展也有相當程度的助益。然而因土地沙漠化，印度河下游的古老都市逐漸荒廢了幾個世紀。直到二十世紀早期，考古工作才開始發掘這些古老的都市。

中國黃河流域也是古老都市的起源地之一。不過相較於兩河流域的都市晚了許多，最早的都市約在三千多年前，崛起於黃河中游的肥沃黃土沖積平原，根據可靠的信史，中國在商代時期（約西元前 1900～1050 年），因人口增加及商業活躍形成都市，其中又以安陽較為重要。據中國學者的研究，截至 2020 年已發現十六座商代的都市遺址，其中八座位於黃河中下游地區外，另外八座則位於長江流域，如湖北黃陂的盤龍城和四川廣漢的三星堆古城。總而言之，商代都市數量不多，規模也不大，

且早期都市的功能以政治、軍事為主。周朝初期的都市,主要仍然分布在黃河中下游地區,但向北已擴展至太原、北京附近,向南則至漢水、淮河流域(照片 2–1),也就是說,中國都市大體以黃河中下游為中心,逐漸向四周發展(許學強等,2001)。

希臘於西元前七世紀至八世紀,也就是近三千年前,首先形成都市,在其後的二百年內廣泛擴散到整個愛琴海地區,甚至向西至義大利、西班牙及法國。不同於上述幾個古文明皆發展於河川的沖積平原上,希臘屬於石灰岩地形,陸地崎嶇,交通不便,土壤因溶蝕作用使養分流失而較為貧瘠,形成許多以都市為中心而各自發展其獨特文化的「城邦」(City-State),如雅典、斯巴達。這種地形特徵使農業的發展受到一定的限制,糧食常無法自給自足。另一方面,因愛琴海島嶼羅列,而地中海又屬於無潮汐的內陸海,有利於早期的航行貿易,更有助於都市的發展。根據古希臘盲詩人荷馬 (Homer) 史詩中敘述,克利特島 (Crete) 甚至在史前時即已形成繁榮的都市,透過活躍的貿易通商,環地中海地區紛紛建立起古老都市。

另外一個建立古老都市的地方為中美洲,中美洲都市的發展時間較兩河流域晚了近三千年,卻是完全獨立發展的都市。西方學者的研究一般認為,最早的都市崛起於美索不達米亞平原(兩河流域),再由此地擴散至古埃及尼羅河與印度河流域。雖然缺乏特別證據,不過根據學者的合理推論,地中海、中亞、中國和東南亞的都市很可能是由兩河流域擴展形成。中美洲最早的都市大約形成於距今二千多年前,曾經出現過馬雅 (Maya)、阿茲特克 (Aztecs) 等古文明及都市。這些都市雖然大多不位於河流旁,卻因玉米的種植而產生了相當多的剩餘糧食,供都市居民生活所需。而且所有古老都市中,皆有強大的宗教與政治力量影響其經濟與行政組織。總之,儘管在時間、位置和都市形式上有所差異,新、舊大陸間的都市社會演變卻有相當程度的相似性。兩者都有宗教刺激都市

發展，且軍事與政府對都市的成長也有影響。此外，新、舊都市中皆有類似的貿易組織與政治霸權 (political hegemony)。很顯然，都市生活的產生需要一般社會的再結構 (restructuring of society) (Johnson, 1975)。

第三節　都市產生的理論

一、制度學派理論 (institutional theories)

對於都市的產生有許多不同的看法，大致分為下列幾種：

（一）經濟說

這派學者認為，都市是人類社會勞動大分工，即農業和手工業分離後的產物，這意味著農業生產力的發展是都市興起與成長的前提。都市是非農人口集聚地，即從事第二、三級產業人口集中的地方。這種第二、三級產業之的出現與聚集，加強了生產的社會化與專業化。而農業生產效率的改進，一方面可以讓農產品在維持農業人口本身的需求以外，提供非農工作者的需要；另一方面，還可釋放人力轉移至非農的二、三級產業。因此，農業生產力的提升是都市形成的前提。皮爾內 (Pierenne) 在研究歐洲中古世紀的都市時，認為都市是因商人階級從事商業活動而出現的自治地區。韓森 (Hansen) 則認為，都市如同一部經濟機器 (economic mechanism)，是因為較其他地點優越且具規模經濟、專業化分工，而成為生產及消費最有效率的地方（辛晚教，1982, p.3）。

（二）宗教說

此說認為都市原是一個排斥外人的宗教社區。如前所述，在古老都市崛起的過程中，宗教扮演一個非常重要的角色，許多原本只是個宗教祭祠的地方，但透過宗教崇拜與相關活動，匯集了人潮，形成市集，終至演變成市鎮。

（三）軍事與政治說

　　持這個論點的學者認為，都市的崛起常是因為該地區原為防禦的堡壘與軍事基地，而後慢慢演變成市鎮。中國古代許多原先是邊防的關口或要塞，後來常演變成貨物交易的市集聚落。臺灣西部嘉南平原上，有許多地名有「營」或「鎮」的地區，多是原先為鄭成功時代屯兵地點，而後發展起來的。

　　另外，有許多都市的產生是由於行政機能，作為權力或統治的中心。中國歷史上的王朝，在開疆闢土一段時間後，常在新墾殖的地方設置如縣治等行政中心，作為管理地方事務的中心。這些原為行政機能的地方，漸漸發展出其他工商機能，進而形成都市。

二、都市產生、發展與區域地理條件

　　地理條件中的自然地理條件、區域經濟地理條件及都市地理位置等對於都市的產生與發展，具有相當的影響力。

（一）自然地理條件

　　自然地理條件如地質、地形、氣候、水文、土壤與植被等構成人類生存環境。因此，不同地區的自然地理條件常影響人口分布，進而影響都市的形成與發展。大多數的都市分布，多少會受到自然地理條件的影響。一般來說，大都市對自然條件的依存關係較非特殊機能的小市鎮要緊密得多。因此，大都市在空間分布上較具規律性，如世界百萬人口以上都市的分布，平均緯度在 1920 年代初期是在 44°30′，在 1950 年代為 36°20′，1970 年代則為 34°50′，具有由中緯度向低緯度方向緩慢移動的趨勢（許學強等，2001）。

　　大多數都市分布在氣溫較適中且有適度降水的地區，太乾旱或太寒冷的地方，由於生產的自然條件基礎太差，無法維持較多人口，因此影響到都市的形成，特別是較大的都市。例如，中國主要的人口與都市多

集中在東半部受季風影響而較溼潤的地區。美國 10 萬人口以上的都市，
大多數分布在年均降水量 762～1,270 mm 的較溼潤地區，中西部乾旱地
區則為人口稀少地區，都市不但為數較少且規模也較小。不過，自從
1950 年代起，美國都市人口持續幾十年從北方較寒冷的地帶遷移至南方
所謂的「陽光地帶」(Sunny Belt)，如加州、亞里桑那、新墨西哥等地，
這些地方氣候上雖然比較乾燥，卻較為溫暖，適合許多居住北方的退休
人員或老年人口遷居。

　　地形對都市的分布也有著密切的關係，大多數都市都分布在海拔
200 公尺以下的平地，如臺灣都市多位於平原、盆地或縱谷等較低平的
地區。有些低緯度的地區，因氣候過於溼熱反而不適人居，因此，人口
與都市多分布在氣候較涼爽的高原地區，如中美洲國家的墨西哥等。

（二）區域經濟地理條件

　　區域經濟地理條件所涵蓋的內容更豐富且具有多樣性，包括像礦產、
能源、水資源、動植物、基本設施 (infrastructure)、勞力的質與量、經濟
發展的歷史傳統、現代發展的水準與結構，以及未來的發展潛力等，這
些條件都可以影響到該區域的都市發展。區域經濟地理條件有些是由自
然地理條件衍生而來，而有些則屬人文、歷史發展的產物。

　　都市與區域經濟地理條件之間的關係是密切且具互動的。傳統上，
都市從鄰近區域取得所需的食物、水資源、原料、勞力、乃至於娛樂遊
憩資源；相對的，都市也為鄰近區域提供產品和各種服務。這種雙向的
互動關係無時無刻不進行。從某觀點來看，都市是區域的縮影、區域的
中心與焦點，一個區域的歷史特殊性，深深影響到區域內的都市特性。

（三）都市地理位置

　　都市的地理位置是都市及其外部的自然、經濟、政治等客觀事物在
空間上結合的特點，有利的結合可形成優越的都市地理位置，促進都市
的發展。例如：位於港口、交通要道、節點中心、不同地形交界點、關

口等，較容易形成都市。

　　這種都市與附近廣大地區之間的相互關係、互動而呈現的位置，又稱為相對位置 (relative location)。都市相對位置的重要性常隨著自然或人文環境的改變而改變。如揚州因位於長江與大運河的交會點而興起，但後來大運河淤塞，且之後興建的平漢鐵路與津浦鐵路皆未經過揚州，導致揚州的沒落。上海作為一個港口的地點並不好，但因位於中國沿岸中點及長江流域出海口的優越位置，使其發展成中國最大港市。臺灣的鹿港在清朝時是重要的港口，所謂「一府二鹿三艋舺」，但後來由於海岸堆積喪失了港口機能，加上日治時期興建的縱貫鐵路與縱貫公路皆經過彰化而不經過鹿港，導致鹿港衰退而彰化興起。類似的例子不勝枚舉，也可凸顯出地理位置對都市崛起與發展的重要性。

第四節　現代都市的發展

一、巨型都市的產生

　　十八世紀中葉的工業革命，揭開了現代都市發展的一個嶄新的時期。工業革命不但使都市的數目快速成長，也加大都市的規模。由於工業革命的崛起，生產方式慢慢由機器取代傳統手工，使都市中經濟活動的社會化及生產的專業化擴散到更廣泛的範圍。企業為了尋求聚集經濟效益和增強競爭力，在空間分布上相對集中在都市地區，有助於都市本身的擴大。

　　十九世紀時，由於運輸的進步（蒸汽機與鐵路的使用）、建築技術（鋼鐵、水電的使用），以及工人生產力提升，使都市轉變成一個充滿機會與效率的地方，因而產生了大都市。如倫敦、巴黎和紐約在 1800 年代中期就已達到 100 萬人口，這樣的百萬人口大都市在工業革命以前是沒

有的，雖然有些中國歷史學家根據各種史書的描述，推估唐代時其長安
的人口超過 100 萬人，甚至有些人高估到近 200 萬人。不過，由於缺乏
可靠的統計資料與科學方法分析，這種推斷僅能作為參考。即使中國史
學者的推論是正確的，唐朝的長安也可能是僅有的例外。因為在一個
100 多萬人的都市，以一千多年前的科技而言，如何規劃解決這些人密
集生活在狹小空間中，可能產生的都市問題？包括居住、日常用品及食
物供水等供應、垃圾與汙水處理、交通運輸及工作問題等。

到了二十世紀，大都市的成長更為快速，如 1980 年代中期，全世界
已有 250 個都市的人口達到 100 萬人以上。隨著時間的發展，大都市愈
來愈多，且規模愈來愈大，許多數百萬人口，甚至上千萬人口的超級大
型都市都陸續產生，這是現代都市發展第一個最大的特色。

這些超大型都市不只存在於高度發展的進步國家，也快速的擴散至
第三世界國家。許學強等 (2001) 把百萬人口以上的都市稱為特大都市，
而 400 萬人以上的都市稱為超級都市，由此觀察從 1960 至 2000 年間，
特大都市與超級都市在已發展與發展中國家的分布分別如表 2-2 與表
2-3 所示。從表 2-2 可看出百萬人口以上的都市在 1960 年有 62 個
(54.38%) 在已發展國家，而 52 個在發展中國家 (45.61%)，顯然已發展國
家還是比較多。

表 2-2　世界特大都市分布 (1960～2018)

單位：個

年分	世界	已發展國家	發展中國家
1960	114	62	52
1980	222	103	119
2000	408	129	279
2018	1,780	403	1,377

資料來源：許學強等，2001、*UN World Urbanization Prospects 2018* (2019)。

表 2-3 世界 400 萬人以上都市分布

單位：個

年分	世界	已發展國家	發展中國家
1960	19	10	9
1980	35	13	22
2000	66	16	50
2018	76	21	55

資料來源：同表 2-2。

但到 2000 年，已發展國家為 129 個，其比例下降為 31.61%，而發展中國家則增加到 279 個，占 68.38%，超過了已發展國家。至於 400 萬人口以上的超級都市，在已發展與發展中國家分布的消長則更為明顯。如 1960 年，已發展國家與發展中國家各有 10 個與 9 個超級都市，分別占 52.63% 與 47.36%；但 2000 年，已發展國家的超級都市增加到 16 個，其比例反而下降至 24.24%，而發展中國家超級都市增加得更快，由原來的 9 個增加至 50 個，比例激增至 75.75%。換句話說，100 萬人口或 400 萬人口以上的都市分布在發展中國家反而比較多，特別是 400 萬人以上的超級都市更為明顯。

至於接近或超過千萬人口的巨大都市 (megacity) 已超過十幾個，還在增加中，也快速擴散至發展中國家，現在發展中國家的巨大都市已超過已發展國家，如墨西哥市（墨西哥）、聖保羅（巴西）、布宜諾斯艾利斯（阿根廷）、首爾（南韓）及中國的重慶、北京、上海等（照片 2-2）。

二、大都會帶的形成

大都會帶 (megalopolis) 為戈特曼提出的一個新名詞，用來形容美國東北部高度都市化的地帶。megalopolis 一字源自希臘文，mega 意為聚集，polis 為都市，表示許多大大小小都市聚集在一個廣大的區域內。這

些緊鄰的都市群之間有著密切的關聯，人、貨與資訊在都市間高度流動。換句話說，大都會帶並非指傳統上的一個獨立都市，而是許多大小都市緊密聚集在同一個廣大空間內的都市集團。

　　毫無疑問的，大都會帶是現代都市發展的產物，主要產於二次大戰之後。但戈特曼並沒有針對大都會帶提出具體的界定標準。因此，不同學者對於當今世界的大都會帶的認定，常有些微差異（如 Hartshore 與許學強等就有些不同）。綜合來說，大家較一致認定的大都會帶，主要如下：

（一）美國東北部沿大西洋岸的大都會帶

　　美國東北部是戈特曼當初提出大都會帶這個概念時，作為範例的地方。大都會帶北從波士頓，經紐約、費城、巴爾的摩、至華盛頓首府，形成一條都市走廊，有 7 個超過 100 萬人口以上的都市，及 30 個以上的中小都市聚集而成，總人口達三至四千萬人。包括了美國的首都（華盛頓）及最大都市（紐約），是美國最早開發的地區，呈現高度工業化與都市化現象，也是美國最主要的經濟、文化、金融與教育中心。

（二）日本本州東南沿太平洋岸的大都會帶

　　由日本首都東京大都會，經橫濱、名古屋、京都、大阪至神戶。涵蓋了關東與關西地區，涵蓋關東平原、濃尾平原與近畿平原。人口約五千多萬人，為境內最大的大都會帶。包含日本首都及最大都市的東京，第二與第三大都市的大阪和橫濱及日本古都京都，是日本最大的政治、經濟、金融、文化與教育樞紐（圖 2-4）。

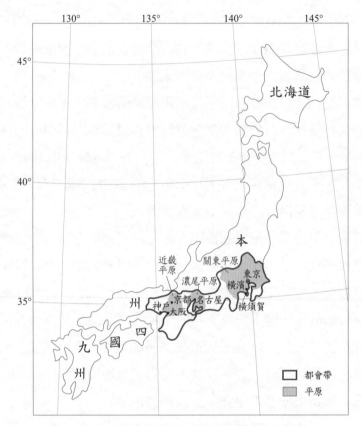

圖 2-4　日本本州東南沿太平洋岸的大都會帶

（三）西歐大都會帶

　　西歐大都會帶主要分布在二處：一為德國萊茵地區，即沿下萊茵河谷 (Lower Rhine Valley)，由多特蒙德 (Dortmund) 經埃森 (Essen) 與杜塞爾多夫 (Dusseldorf)；另一為在荷蘭境內，由海牙經鹿特丹，到阿姆斯特丹。包括了荷蘭的首都與最大港口，及德國萊茵河谷工業地帶。這也是西歐傳統高度工業化與都市化的地區。

（四）英國東南大都會帶

　　由倫敦至利物浦一帶，是個歷史悠久的工業與都市地區，倫敦為英國的首都與第一大都市，也是經濟、政治、文化與金融中心。

（五）美國五大湖區大都會帶

　　由密爾瓦基 (Milwaukee) 與芝加哥向東至匹茲堡，包括底特律、夫林特 (Flint)、托雷多 (Toledo)、克利夫蘭等，這個大都會帶包括了美國第三大都市芝加哥及五大湖的工業地帶，又稱為芝加哥匹茲堡走廊，簡稱為「芝匹走廊」(Chi-Pills Corridor)。

（六）美國西部太平洋沿岸大都會帶

　　包括了由聖地牙哥 (San Diego) 經美國第二大都市洛杉磯，至主要港口舊金山 (San Francisco)。這個大都會帶的崛起較晚，但發展很快。除了工商發展以外，因臨近太平洋沿岸吸引眾多來自亞洲的移民，而且這一帶屬於陽光充足的地中海型氣候區，吸引美國北部許多都市居民，有助於這個大都會帶的快速發展。此大都會帶又簡稱為「聖三走廊」(San-San Corridor)。

　　除了上述六個較重要的大都會帶外，還有下列幾個正在形成，或已接近成熟的大都會帶：

（七）美國東南佛羅里達大都會帶

　　由邁阿密經勞德代爾堡 (Fort Landerdale) 至西棕櫚灘地區 (West Palm Beach Area)。大都會帶中，觀光遊憩事業是促進該大都會帶發展的重要產業之一。

（八）中國長江三角洲大都會帶

　　以上海為樞紐，包括杭州、無錫、崑山、蘇州到南京這個地帶。自1978 年開放政策起，由於條件優越，加上上海近代以來一直是中國最大港口與都市，充分發揮其港口機能及國際化的歷史傳統，對外國投資者而言相當具有吸引力，使得依附在上海附近的三角洲地區在近二十幾年來快速工業化與都市化，已慢慢形成大都會帶。

（九）巴西南部沿海大都會帶

　　從聖保羅至里約熱內盧一帶，在二次大戰後也快速工業化與都市化，

聚集了約 2,500 萬人口，正慢慢形成大都會帶。

　　綜觀上述大都會帶的分布，可以歸納出幾個特點：首先，除了中國長江三角洲與巴西南部沿海地區以外，早已形成的大都會帶都位在較進步的工業國家，這一點與巨型都市的分布相當不同，如上述所言，巨型都市在二次大戰後有往發展中國家擴散的趨勢，實際上，發展中國家的巨型都市數量已經比已發展國家多；其次，大都會帶幾乎都是由具全國性甚至國際性的政治與經濟樞紐都市所帶動發展；第三個特點是，這些大都會帶都成帶狀分布。往往許多大都會帶都是沿兩個或更多重要大都會之間發展起來，當然，也可能受到自然環境，如地形或運輸發展的影響而形成都市走廊 (urban corridor)，最後成為大都會帶。

三、世界都市的形成

　　現代都市發展中還有另一個特色是世界都市 (world city) 的形成。戰後由於交通與通訊的快速發展，加上跨國企業迅速增加，導致全球化現象。世界貿易組織 (WTO) 就是經濟全球化的一個具體組織。透過全球化，整個世界更緊密連結在一起，不但在經濟上是如此，即使其他非經濟層次，如文化與政治，也是一樣。在全球化過程中，世界各國既分工又合作，各種國際的流動與跨國企業（transnational corporations, TNCs，又稱多國企業，multinational corporations, MNCs）的操作，是促進全球化很重要的因素。

　　由於主要的跨國企業幾乎都出自於較進步的工業國家，如美、日、及歐洲，加上各種國際的交流，不管是經濟、資訊、文化或政治，也都操控在進步國家手中。有些進步國家的重要都市常成為這些跨國企業總部所在，也是國際性金融、貿易、文化、資訊與政治交流的中心。於是，少數具有統御這些世界交流的大都市，就慢慢發展出具有全世界影響力的「世界都市」。例如，紐約、東京、倫敦、巴黎都是舉世公認的世界都

市，這些大都市因為擁有許多行政管理和決策總部，對世界經濟有著重要的影響力（照片 2–3）。此外，這些世界都市也是世界金融中心，以銀行資產排名為例，從 1980 年至 1989 年，東京、紐約、巴黎、與倫敦都名列前十名以內，如表 2–4，其中東京在銀行資產方面更是遙遙領先。

表 2–4　銀行資產排名前十名的都會區

排名	1980 年		1986 年		1989 年	
	都會區	資產（10 億美元）	都會區	資產（10 億美元）	都會區	資產（10 億美元）
1	東京	718.0	東京	2,213.1	東京	3,269.2
2	巴黎	576.2	巴黎	852.5	大阪	1,074.4
3	紐約	412.3	大阪	722.1	法蘭克福	807.3
4	倫敦	326.5	紐約	617.8	倫敦	787.3
5	法蘭克福	271.8	法蘭克福	529.9	巴黎	720.1
6	大阪	249.0	倫敦	467.8	紐約	694.4
7	舊金山	147.8	布魯塞爾	206.0	布魯塞爾	325.9
8	布魯塞爾	142.6	羅馬	195.9	羅馬	307.2
9	慕尼黑	137.2	慕尼黑	190.0	米蘭	291.8
10	阿姆斯特丹	132.0	阿姆斯特丹	186.8	慕尼黑	291.0

資料來源：李梅（譯）(1999)，《經濟地理》，pp.75～76。

其中有值得注意的一點，可以稱得上是世界都市的都會區都位於北美、日本與歐洲。稱得上世界都市或具有國際影響力的大都市，與該都市的人口大小不一定成必然關係。如上所述，許多發展中國家的都市都超過一千萬人口，成為世界上最大的都市之一。但它們對世界經濟、文化與政治卻不具有重大的影響，僅能成為區域或國內的中心，無法稱為世界都市。反之，在進步國家中，一些規模較小的中等都市比發展中國家的巨型都市影響力還大，如洛杉磯、多倫多、羅馬、雪梨等。

第3章
都市化

第一節 　都市化的定義

　　都市化是當今世界上重要的社會、經濟現象之一。儘管國際學術界對於都市化的研究已有幾十年的歷史，但是由於不同學科對於都市化的理解不一，到目前為止，還沒有一個放諸四海皆準的統一解釋。

一、不同角度對都市化有不同的理解

　　蒂利 (Tilly, 1974) 以「地域」、「人口特徵」及「人口活動」三個特徵來說明都市化的過程，不同學派對於都市化有不同的認知（圖 3–1）。

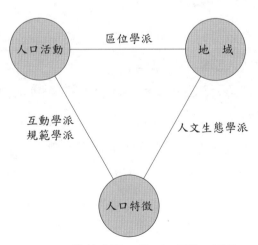

資料來源：Charles Tilly, 1974。

圖 3–1　不同學派對都市化的理解

　　人文生態學派 (human ecology approach) 研究都市化問題時，注重研究人口特徵與地域之間的關係，認為都市化是指隨時間推移，人口逐漸向高人口密度區集中的過程。

　　社會學中的規範學派 (normative approach) 則著重在研究人口特徵與人口活動之間的關係，這個學派強調的不在人口多少，而在於不同社區的人口參與不同活動時，建立起來的共同規範，認為都市化是都市規範，或者說都市生活方式擴散的傳播過程。

　　另外，社會學中的「互動學派」(interactional approach) 討論都市化時，也側重在人口特徵與人口活動間的關係。不同的是，互動學派強調人參與不同活動而建立的人際關係網絡，認為都市化是由鄉村社群網 (rural social network) 轉化成都市社群網 (urban social network) 的過程。

　　至於「區位學派」(locational approach) 探討都市化時著重在「研究地域與人口活動」之間的關係，強調人類活動性質的改變，認為都市化是人口由從事農業活動轉向非農活動，並趨向集中群居的過程，換句話說，都市化是指整個社會產業結構的變遷，由農業社會逐步轉變為都市社會。

二、對都市化的綜合定義

　　綜合上述不同學派對都市化的理解，可將都市化的定義歸納如下：

（一）都市化指「人口集中的過程」

　　當都市化進行時，人口傾向集中在少數地區，如圖 3-2 中 A 地人口分布較均勻，表示都市化程度較低，充分展現出鄉村地區的人口分布特徵，但 B 地的人口分布傾向集中在兩個地方，顯示都市化程度較高。臺灣在二次大戰剛結束時，都市人口占總人口比例不到 30%，但現已超過 70%，北部地區更高達 80% 以上。自 1960 年代初期起，因工業化帶來都市化現象，使人口傾向集中於臺北、臺中及高雄三大都會區。若以新北市、臺北市及基隆市作為臺北都會區，臺中市為臺中都會區，高雄市

為高雄都會區，這三個都會區的人口數幾乎占全臺灣人口數的一半。

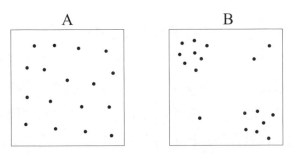

圖 3-2　都市化程度比較

（二）都市化指「都市文明對附近鄉村地區的擴散過程」

　　都市化的定義不一定要人口集中，只要是都市文明或生活方式的擴散也可算是都市化。換句話說，住在鄉村的人只要接受了都市生活方式就是市化。因此有所謂的「鄉村都市化」(rural urbanization)。都市代表較進步、現代的；相對的鄉村則代表較落後、傳統的，因此都市化意味著現代化。 臺灣的鄉村地區由於本身基礎設施 (infrastructure) 相當不錯，包括交通建設、教育普及、水電與通訊發達等，使鄉村地區的生活方式趨近都市的水準，例如水電與電話的普及、柏油路、自來水設施、私家車的擁有率，甚至傳統一條龍或三合院的農家住屋也廣泛被西式樓房取代，在鄉下舉目所見幾乎都是現代化的洋房（照片 3-1）。從這一點看，臺灣鄉村的都市化程度相當高。

（三）都市化指「移居都市的鄉村居民對都市生活的適應過程」

　　這個定義與上述定義雷同，都是強調都市生活方式接受的程度。在這個定義中，特別凸顯都市中仍存在許多鄉村的生活方式，這種情形在臺灣的都市中經常可見。即使在臺北都會區，也可以看到公寓中存在著神壇，或在舉辦結婚宴會、喪葬法事等活動時，常利用巷道或大馬路部分，對都市生活、交通與瞻觀造成了不便與不雅（照片 3-2、照片 3-3）。

所以，我們可以說臺灣某些都市地區的都市化程度不高。通常這種情形在發展中國家更為普遍。

（四）都市化指「都市人口占總人口的比例」

這個定義在都市化研究中最常被使用。主要原因不在於它最合理，而是在於容易量化，也容易從官方統計資料中取得，因此不管是討論到世界性、全國性或區域性的都市化比較，大致都採用這種定義。不過，如第 2 章所述，世界各國對都市的定義相差太大，因此當我們採用這個定義進行全世界都市化比較時，只能當作參考，不可太過計較。例如認為 A 國都市人口占 70%，就一定會比都市人口占 68% 的 B 國都市化程度要高。

總之，都市化簡單說就是鄉村聚落轉化為都市聚落的過程。這種轉化包括兩個面向：一為實質的集中，如人口、非農產業活動等的集中；另一面向為都市生活方式（都市文明）的接受程度。都市生活的接受程度不分都市地區或鄉村地區，即使人口住在鄉村，只要接受都市生活方式，也是都市化的一種表現；反之，即使人口集中在都市，卻仍保留許多傳統鄉村生活方式，則都市化程度就不高了。換句話說，都會區某些地方的都市化程度可能比不上某些鄉村地區。

第二節　都市化的類型

從空間組合的觀點，可以把都市化大致分為下列三大類型：

一、具有人口與非農產業的地理集中與都市生活方式的擴散

此為傳統的都市化類型，既有人口與非農產業的地理集中，又有都市生活方式的擴散。典型的例子是西歐工業革命後的都市化發展，西歐在工業革命後，由於工業化帶來快速都市化的發展，人口與產業集中在

都市地區，但工業化也帶來快速經濟發展，都市建設可以配合人口的增加，使聚集於都市的人口能享有都市文明的生活方式。北美及紐澳大致也有同樣的經驗。

二、只有人口與非農產業的地理集中

只有人口和非農產業活動的地理集中，卻沒有都市生活方式的擴散，也就是說，可能都市中居住著大批無法享受都市生活方式的人，西方學者稱為「假性都市化」(pseudo urbanization)，這種情形在許多貧困的非洲與亞洲國家經常發生。另外，在許多發展中國家，人口集中都市的速度遠超於都市經濟的發展，稱為「過度都市化」(over urbanization)。上述二種情形都會使許多居住於都市的人無法享受都市文明生活應有的基本條件與設施，如水電、衛生設備及健康的居住環境。

三、只有都市生活方式的擴散

只有都市生活方式的擴散而沒有人口和非農產業活動的地理集中。這種情形可能是由下列兩種原因形成：

（一）郊區化與逆都市化

有大量都市移居鄉村的人口，把都市的生活方式帶到鄉村地區，即為「郊區化」(suburbanization) 與逆都市化 (counter urbanization)。

（二）鄉村都市化

為本來就居住於廣大農村地區的人口，接受了都市生活的擴散，也就是說雖然居住於鄉村，卻享有都市文明的生活方式，即為「鄉村都市化」(rural urbanization)。

第一種情況在戰後普遍發生於美國與西歐國家，特別是美國；第二種情形則以北歐國家最常見。北歐國家，如瑞典、芬蘭，其都市化並沒有形成巨大都會區，但鄉村地區卻普遍過著現代化的都市生活方式。

第三節 都市化的成長

一、都市成長與都市化成長

　　都市成長指都市人口的增加，它可能導致都市化成長，也可能對都市化成長沒影響。因為都市化是都市人口與總人口的比率，如果都市人口成長的同時，鄉村人口也等比例成長，則都市成長對都市化成長並沒有幫助。只有在都市人口成長率大過鄉村人口成長率時，都市成長才會導致都市化成長。若鄉村人口成長率大於都市人口成長率時，則即使都市成長，都市化反而下降。表 3-1 是個假設的例子，從 2000 年至 2020 年，A 區的都市人口從 20 萬人增至 60 萬人，增加三倍，但鄉村人口從 60 萬人增至 180 萬人，也是增加三倍，結果在 2000 與 2020 年都市人口占總人口的比例一樣都是 25%，也就是都市成長但都市化卻沒有成長。反觀 B 區的例子，從 2000 年至 2020 年，都市人口從 20 萬人增至 90 萬人，而鄉村人口從 80 萬人增至 210 萬人，都市人口成長率大於鄉村人口成長率，且都市人口占總人口的比例也由 2000 年的 20% 增至 2020 年的 30%。在這個例子中，都市成長的同時，都市化也成長。

表 3-1　都市成長與都市化成長的比較

		總人口	都市人口		鄉村人口	
		人數（萬人）	人數（萬人）	占總人口比例 (%)	人數（萬人）	占總人口比例 (%)
A 區	2000	80	20	25	60	75
	2020	240	60	25	180	75
B 區	2000	100	20	20	80	80
	2020	300	90	30	210	70

二、都市化成長的階段

一個區域或國家的都市化成長並非呈直線不斷增加，而是有階段性的變化。諾廉 (Northam, 1979) 把都市化成長分為三個階段，形成如 S 形的曲線（圖 3–3）。

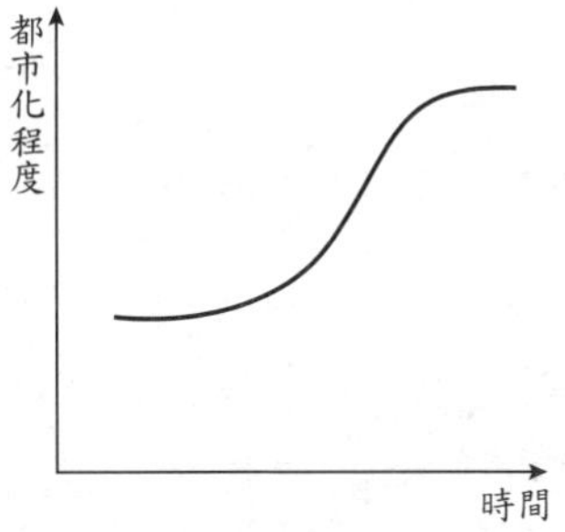

資料來源：Ray M. Northam, 1979。

圖 3–3　都市化成長階段

（一）開始期 (initial stage)

這階段的都市化成長很緩慢，通常在傳統農業經濟社會，人口較均勻分布，且都市人口比例亦較低。

（二）加速成長期 (acceleration stage)

這時期的特徵為顯著的人口再分布，都市人口占總人口比例可能從 25% 上升至 50%、60%、甚至 70% 以上；人口與產業活動都有明顯的集中趨勢。這個時期的經濟活動傾向局部性分布而不是均勻分布，而第二與第三級產業活動則趨於重要。製造業與貿易和服務部門雇用愈來愈大量的人口，其增加的就業人口數遠較第一級農業部門要多。

（三）終端期 (terminal stage)

這時期都市人口占總人口比例超過 60% 或 70%。這時候曲線開始慢慢呈現平夷狀，也就是都市化成長漸減緩，甚至停滯。例如英格蘭與威爾斯在 1900 年左右，當都市人口比例達 80% 時，都市化成長曲線開始轉為平緩。

不過，上述根據過去幾個世紀以來人類的經驗所得出來的都市化曲線，未來可能因為下列兩種情形而改變：

1. 曲線上部終端期較平緩的曲線可能向下降。
2. 由於人口從都市中心向外遷出，或鄉村人口成長率大於都市人口成長率，而產生都市化曲線顛倒。

　　前者的情況，可能使移入市中心人口減少或停止移入，以致於在都市人口占總人口比例較低時（如 40% 至 50%）達到平衡。而後者，從都市外移人口可能超過移入人口與都市自然增加人口，使都市化曲線往下移 (downturn)。上述任一種情形都與過去人類行為不同，但有跡象顯示這種過程已在美國發生。從 1970 至 1975 年，每 100 人移入都會區，就有 131 人由都市移出。在同時期，有四分之三的鄉村地區呈現人口增加現象，但在 1960 年代卻只有二分之一，而在 1950 年代時只有五分之二的鄉村地區有人口增加現象 (Northam, 1979, p.67)。

三、都市化快速成長的轉捩點

　　雖然在近六千年前左右即產生了都市，但往後的幾千年，都市化成長卻非常緩慢。在人類漫長的都市化發展歷史中，有二個重要的轉捩點 (critical point) 造成都市化快速發展，分別是工業革命與二次世界大戰。

（一）工業革命後的都市化發展

　　十八世紀中葉工業革命後，帶來工業化，導致產業結構改變，促進都市化的快速成長。工業革命後，經十九世紀及二十世紀初期，在近二百年左右，都市化發展有以下幾個特徵：

　　首先，工業革命後至二次大戰前這段時期的快速都市化，主要發生在歐洲（特別是西歐）、北美、日本、澳洲等較進步的工業化國家。至於大部分發展中國家，也就是第三世界國家 (The Third World Countries)，這段時期的都市化成長依舊相當緩慢。換句話說，工業革命後所帶動的快速都市化成長並非全球性的。在較進步的工業化國家，戰後初期都市人口占總人口的比例，皆達 70% 以上，甚至超過 80%，而發展中的第三世界國家，除南美洲的少數國家外，都市人口比例依然相當低，大部分不到 50%，甚至只有 20～30%。

　　工業革命後的快速都市化主要是由於工業化的發展。都市具備了大部分工業所要求的區位條件（見第 10 章），因此工業革命後所產生的工

業化，多聚集在都市本身或鄰近地區，而工業發展又可透過乘數效應
(multiplier effect) 產生大批第三級產業的工作（如各種服務業、商業、娛
樂業等），使都市地區產生眾多就業機會，部分工業發展較快的都市甚至
缺乏勞動力。另一方面，工業化帶來鄉村地區的農業機械化，使農業勞
力的需求減少，加上醫藥改進導致人口快速增加，讓鄉村地區有過剩的
勞動力可以釋出，移民至都市地區工作，形成「鄉至城」的移民潮
(rural to urban migration)。這種「鄉至城移民」主要是由於都市的「拉力
因素」(pull factors)，如工作機會與較進步的都市生活方式，而不是鄉村
地區的「推力因素」(push factors)。也就是都市的拉力大過鄉村的推力。

　　這種鄉城移民對都市與鄉村的發展是互為有利的。一方面，透過鄉
城移民使鄉村地區減輕因人口自然增加與農業機械化後造成的人口壓
力；另一方面，由鄉村地區移入都市的人口也提供都市快速工業化所需
的廉價勞動力，有助於都市經濟的發展。值得一提的是，這些進步國家
在工業革命後的都市化，是漫長而漸進的，歷經一、二百年，都市快速
工業化所產生的經濟發展足以容納自鄉村移入的人口，而都市計畫也能
趕在都市發展之前，讓都市在人口與產業快速增加的同時，大致也能提
供適當的現代化都市生活所需要的發展條件。

（二）二次大戰後的都市化發展

　　戰後都市化發展最大的特徵之一是空間分布上的改變，也就是都市
化成長較快速的地區由上述的以發展國家擴散到第三世界的發展中國
家。戰後不久，大部分進步國家都市化成長已進入諾廉 (Northam) 所謂
的「終端期」，都市化已漸飽和，成長呈現減緩甚至停滯狀態。由於人口
節育，使許多歐洲國家，如德國與英國，人口的自然成長率呈現負成長
（德國）或零成長（英國），都市人口的自然成長也是如此，而鄉村人口
比例本來就很低，不再產生鄉城移民潮。尤有甚者，在一些國家中，如
美國，戰後產生由都市向外遷移的人口，即「逆都市化」(counter-
urbanization)，這些因素使進步國家在戰後的都市化成長較為乏力。

　　反觀在發展中國家，因醫藥改進，死亡率降低導致人口快速自然成
長，都市人口因人口自然增加而快速增加。另外，鄉村地區的人口過多
使以農業為主的經濟活動無法負擔，造成龐大的人口壓力，導致農村經
濟破產，因而大量移往都市，形成戰後強烈的鄉城移民潮，其量比工業
革命後歐洲的鄉城移民潮更厲害。在安土重遷的傳統農業社會價值中，
這些移出人口主要是由於鄉村地區的「推力因素」，如失業、生活窮困等
所引起。另一方面，因為經濟發展不夠快，許多發展中國家的都市無法
提供本身人口的自然增加及由鄉村移入的龐大人口增加所需的都市生活
條件，也就是都市的規劃與建設遠趕不上都市人口的增加，形成前面提
及的假性都市化或過度都市化。因此，在都市中產生許多嚴重的問題，
如貧民窟、失業率、環境衛生、交通及居住等條件惡化。

　　一些較貧窮的發展中國家都市，在 1960 年代，甚至有超過一半的居
民住在貧民窟（圖 3-4、表 3-2），這些貧民窟有些無水電供應，衛生條
件極為惡劣，失業率高，常成為傳染病或流行病的溫床，也是犯罪率較
高的地區，有「都市之瘤」的稱謂。

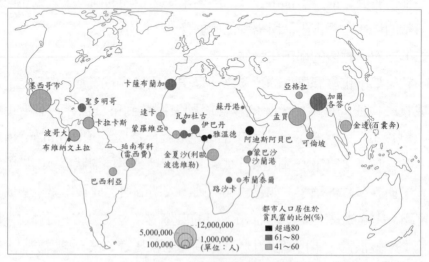

資料來源：Martin T. Cadwallader, 1985。

圖 3-4　1960 年代第三世界國家貧民窟分布

表 3-2　1960 年代部分發展中國家貧民窟人口占總人口比例

國　家	都　市	百分比 (%)
衣索比亞	阿迪斯阿貝巴	90
喀麥隆	杜阿拉	80
索馬利亞	摩加迪休	77
多哥	洛梅	75
摩洛哥	卡薩布蘭加	70
布吉納法索	瓦加杜古	70
象牙海岸	阿必尚	60
哥倫比亞	波哥大	60
塞內加爾	達卡	60
馬拉威	布蘭泰爾	56
墨西哥	墨西哥市	46
秘魯	利馬	40

資料來源：根據 Hartshorn, 1992, p.55 表加以簡化。

　　戰後發展中國家都市化成長，較工業革命後工業國家的都市化成長
要快得多，往往二、三十年時間，就使都市人口增加近十倍甚至更多。
如 1960 年代臺北縣中和鄉（現新北市中和區）人口只有五萬多人，但
2000 年永和市（現新北市永和區）已近 30 萬人，而中和市（現新北市
中和區）超過 40 萬人，合起來達 70 幾萬人，在短短四十年內人口增加
了十幾倍。這種都市人口在短期內快速成長的原因，除了都市人口的自
然增加外，最重要的還是因為強烈的鄉城移民，也就是都市人口的社會
增加。相較而言，雖然兩種鄉城移民的形式上雷同，本質上卻大相逕庭。
戰後發展中國家都市化所產生的鄉城移民，是因為鄉村地區經濟破產造
成的推力因素大過於都市的拉力因素。由於都市的工業與經濟發展不夠
快，無法吸收大量移入的鄉村人口，造成巨大負擔，有害都市的發展；
而鄉村地區有工作能力的人口紛紛移往都市，導致鄉村地區的經濟更難

發展，結果造成鄉與城兩敗俱傷。

　　戰後都市化另一個重要的特徵是，大都市的分布逐漸移往發展中國家。戰前世界前十個最大都市大部分在進步國家，戰後隨著發展中國家的都市化成長，超大型都市的分布已逐漸移往發展中國家（表 3-3）。

表 3-3　世界前十大都市的變化

1850 年			1900 年		
排名	都市	人口（千人）	排名	都市	人口（千人）
1	倫敦	2,320	1	倫敦	6,586
2	北京	1,648	2	紐約	5,048
3	巴黎	1,314	3	巴黎	3,330
4	廣州	800	4	柏林	2,424
5	君士坦丁堡	785	5	芝加哥	2,092
6	杭州	700	6	費城	1,892
7	紐約	682	7	東京	1,818
8	孟買	575	8	維也納	1,675
9	江戶（現東京）	567	9	聖彼得堡	1,439
10	蘇州	550	10	曼徹斯特	1,255
1950 年			2000 年		
排名	都市	人口（千人）	排名	都市	人口（千人）
1	紐約新澤西	12,300	1	墨西哥市	25,800
2	倫敦	10,400	2	聖保羅	24,000
3	萊茵魯爾	6,906	3	東京	20,200
4	東京橫濱	6,700	4	加爾各答	16,500
5	巴黎	5,900	5	孟買	16,000
6	上海	5,800	6	紐約	15,800
7	布宜諾斯艾利斯	5,300	7	上海	14,300
8	芝加哥	4,900	8	漢城（現首爾）	13,800
9	莫斯科	4,800	9	德黑蘭	13,600
10	加爾各答	4,800	10	里約熱內盧	13,300

資料來源：根據許學強等 (2001) 與 Truman A. Hartshorn (1992) 綜合並簡化。

　　表 3-3 顯示，1850 年西方殖民主義剛開始不久，世界前十大都市中，屬於現在已發展歐美國家的都市僅倫敦、巴黎與紐約三個，屬於發展中國家的都市則有七個。其中，中國還占四個。可是到了十九世紀後半葉起，由於歐美國家工業化的快速發展，加上擁有廣大發展中國家殖民地或半殖民地，歐美等資本主義國家的大都市迅速成長並遙遙領先。以 1900 年為例，世界前十大都市全部在已發展國家，且除了東京外，皆分布在歐洲及北美。這時期英國依然是世界的霸主，其首都倫敦成為世界最大都市。到了 1950 年，三個發展中國家的大都市，即上海、布宜諾斯艾利斯（阿根廷）及加爾各答（印度），開始擠入世界前十大都市的名單。這時候，紐約超過倫敦成為世界最大都市。到了 2000 年，世界前十大都市屬於發展中國家的竟然高達八個，進步國家的大都市僅東京與紐約排名十大之內，但排名也分別被擠到第三與第六名。另外，墨西哥市（墨西哥）與聖保羅（巴西）分別是世界最大與第二大的都市。

　　第三世界發展中國家的都市化還有一個很大的特徵，即都市的空間分布形態主要集中在沿海地區，不論是非洲、拉丁美洲、東南亞與中國，都具有這種空間分布形態（圖 3-5）。形成這種空間分布形態的主因，與西方殖民主義有關。十八、十九世紀歐洲列強為了殖民擴張，以及市場和貿易需求，常在發展中國家的沿海地區建立橋頭堡，作為殖民與貿易的基地，使沿海地區的發展較內陸快，容易形成現代都市。這點只要從拉丁美洲的都市分布就能一目了然。

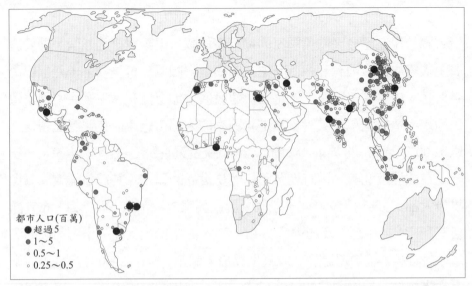

資料來源：同圖 3-4。

圖 3-5　1960 年代第三世界國家主要都市分布

當代世界都市化

近代都市化成長的因素

（一）工業化的擴散

　　促成近代世界都市化成長最重要的原是工業化的興起與擴散。由前所述，近代工業化開始於歐洲，但在二次大戰後也快速引入發展中國家，特別是在經濟全球化的趨勢下，部分發展中國家因資本與技術的引進，工業化如雨後春筍般迅速崛起，導致都市化的急速成長。

　　工業化與都市化的關係如圖 3-6 所示，首先，引進工業化後，會改變一地（國）的產業結構，即第一級產業就業人口比例下降，而第二、三級就業人口比例上升，此情形稱為「部門轉移」(sectoral transition)。

一方面，這種產業結構的改變常導致原本的鄉村聚落質變為都市聚落。另一方面，工業化後所產生的第二級與第三級產業常聚集在都市地區，創造了就業機會，吸引鄉村人口移入，形成鄉至城移民，導致人口、產業等在空間上的重新分布，稱之為「空間轉移」(spatial transition)。前者農民可以在自己家鄉轉型至第二、三級產業，離農不離鄉；後者則除了轉型還要離鄉背井到都市，造成「離農又離鄉」。兩者都會使都市人口比例增加，促進都市化的成長。

圖 3-6　工業化與都市化的關係

　　因此傳統上工業化與都市化在空間上相當符合，也就是高度工業化的地區往往是高度都市化的地區，例如美國東北部。不過，因許多工業需要廣大土地且常帶來各種環境汙染，再加上交通改善導致「時空收斂」(time space convergence)，一些工業開始遷離都市，如美國許多東北角的工業移往南部的田納西州與密西西比州，使工業化與都市化空間上產生分離。但近幾十年來，高科技工業崛起，由於需要高科技人才與研發工作，其區位又傾向接近都會區。

（二）第三級產業的快速發展

　　如前所述，都市化除了是人口的集中外，也是第二級與第三級產業聚集的過程。在較富裕的已發展國家，工業化在都市化過程中的影響力減弱，而第三級產業對都市化的作用則日益增強。當一個社會的工業化發展到某個程度之後，不但所得提高，工作時間也經常縮短，於是對消

費性服務業的需求快速擴大，不僅有物質方面的消費，也有較高層次的文化與精神方面的需求，於是像百貨公司、餐飲業、娛樂業、文化活動、體育活動等也就應運而生。另外，生產性服務業如生產的管理部門與研發部門，也不斷成長。不論是任何一種形態的服務業，其區位選擇往往較傾向都市地區。這些服務業提供了消費者物品與服務，但本身也創造了許多工作機會。

第三級產業的服務業有別於第一級與第二級產業的特點是，第三級產業較需要人與人面對面的交流，因此人口密集的都市往往是第三級產業有利的區位條件。尤有甚者，第三級產業種類繁多，一般而言，較工業的自動化程度低，也就是人力操作比例仍高，例如一個製造業工廠自動化之後，可能使雇用員工減至原來的十分之一，但咖啡廳、百貨公司櫃臺或美容院就無法做到如此高的自動化。

因此，第三級產業已逐漸變成都市中最主要的就業機會，特別是大都市，戈特曼 (Gottmann) 甚至認為大都市的成長主要依靠第三級產業，而不是第二級產業。

（三）社會因素

許多屬於非經濟的社會因素對當代都市化有莫大的助益。都市中，特別是大型都市或首都，常有著名的博物館、美術館、歌劇院、音樂廳、圖書館、文化中心及聞名的教育機構等，加上諸如交響樂團及其他藝文團體的活動，使都市對一些人，特別是社會精英份子或上流社會，具有相當的吸引力，也是許多人移民都市的主要原因。這些雖然屬於非經濟因素，因為提供了許多就業機會，故也具有經濟上的重要性。

（四）人口增加

由於醫藥發達、營養改進與衛生改善，導致死亡率減少與平均壽命增長，讓世界人口自然成長率暴增。此情形在戰後發展中國家更加明顯。就都市而言，除了本身的自然增加外，大部分都市人口的增加主要來自

鄉城移民，也就是人口社會增加。如前所言，這種情形於戰前主要發生在已發展國家的都市，而戰後卻以發展中國家的都市較顯著。不論是人口自然增加或社會增加，都是造成當代都市成長的重要原因之一。

（五）交通運輸與通訊的改進

在現代快速交通與通訊發展之前，鄉村與都市間很少有日常生活上的接觸。換而言之，都市的擴散，不管是實質建成區或都市生活方式，都受到很大的侷限；而鄉村地區相形之下顯得相當孤立。但是在戰後西方的都市，尤其是美國，由於汽車的普及化，高速公路系統的興建、傳播媒體（如電視）與各種通訊的改進，對現代都市化的發展至少產生了下列的影響：

1. 加速都市成長。
2. 促成都市本身發展的疏散 (dispersion)，洛杉磯就是個典型美國現代都市疏散發展的例子。
3. 隨著通勤圈的擴大及都市居民假日到鄉村從事休閒與娛樂活動的增加，都市文明也擴散至鄉村地區，特別如電視與網路等媒介興起後，更有助於都市生活方式的傳播。

（六）大都市擴散至熱帶地區

如前所述，戰後的都市化在發展中國家反而較快，特別是大都市崛起於熱帶地區，使都市化由戰後侷限在歐美與日本等較進步的已發展國家，擴散至發展中國家，讓現代都市化變成世界性的現象。

第五節　郊區化、逆都市化與再都市化

一、郊區化、逆都市化與郊區發展

根據美國普查局 (Bureau of Census) 資料顯示，郊區 (suburb) 是指中

心都市 (central city) 以外的 「標準都會統計區」 (standard metropolitan statistical areas, SMSAs)。它是介於鄉村與都市市區之間的過渡地區，暨有都市的方便性，也有鄉村較開曠、寧靜的特性。

　　戰後歐美已發展國家的人口都市化現象大致已停止，取代的是由市區移往郊區的現象，稱為郊區化 (suburbanization)。

　　郊區化導致郊區的發展，但此發展是來自市區，因此已發展國家的都市郊區化常造成市區的蕭條與沒落，兩者呈現相剋的關係。相對的戰後發展中國家的都市郊區發展卻是來自鄉至城的移民，因市區漸飽和，只得居住於緊鄰市區的郊區。換句話說，郊區的發展是由都市化現象造成的市區向外發展，而鄉下移居郊區的人口，在生活上還是要依靠市區，因此這時郊區與市區的發展是互輔的，郊區人口的增加，反而有助於市區的商機發展。這點與已發展國家的都市郊區化有很大的不同，其產生的結果也大相逕庭。總之，郊區發展並不等於郊區化，雖然郊區化可帶來郊區發展，但郊區的發展也可由都市化中的鄉城移民所形成 ❶。

　　1970 年代以後，已發展國家一些大都市人口向外遷移的現象產生了新變化，不但由市區遷往郊區，甚至遷往更外圍的鄉村或小鎮。而且，連郊區人口也向外遷移，導致整個大都市出現了人口負成長現象，這種人口移往更外圍地區的情形，被稱為「逆都市化」(counter urbanization)。

　　一般而言，郊區化的現象較為強烈，可謂波濤洶湧，相對之下，逆都市化過程就比較不顯著。但許多歐美國家的都市都有顯著的郊區化與逆都市化現象，其中又以英國、美國最為突出。

　　以美國為例，自 1900 年代以後，美國都市郊區的發展快過中心都市

---

❶　也有少數學者把郊區化等同郊區發展，認為郊區的發展，不管是如已發展國家都市是由市區移來，或如發展中國家都市，是由鄉村移居而來，通通稱為郊區化。但更多學者將二者分開，郊區化專指已發展國家都市中，由市區移往郊區的現象，本書亦持此定義。

區，以居住於郊區人口占都市人口的比例來說，1920 年時為 17%；1960
年時為 33%；而 1977 年時已超過一半，達 58% (Palen, 1981)。因此美國
現在可以說是一個郊區的國家 (a nation of suburbs)，而不是一個「都市
的國家」(a nation of cities)。其實郊區化並非始自戰後，而是在戰前就開
始，大致可分為幾個不同時期：

（一）十九世紀

這時的郊區化為數很少，且主要侷限於有錢的上流社會，分布以接
近鐵路為主。

（二）電車時代

以中產階級與有錢階級為主，沿電車呈星狀分布。

（三）汽車時代

戰後初期，因汽車漸漸普及，使人更具機動性，郊區化較前增加，
但仍以中產階級為主。

（四）大量郊區化時代

1960 年代以後的郊區化來勢洶洶，而且，不再侷限於居住面向，而
是包括商業與工業也都大舉遷往郊區（見第 9、10 章）。

二、郊區化的特徵

西方各國有其不同的特徵，以郊區化最顯著的美國都市為例，其特
徵大致可以歸納如下：

（一）多住宅區

戰前與戰後初期，郊區化以居住為主，且多屬有錢階級與中產階級，
但戰後工人階級的住宅也普遍出現在郊區。

（二）人口結構較單一

戰前由市區移居郊區的人口幾乎全為白人，黑人很少，戰後黑人移
居郊區的人口雖然有增加，但依然不多。根據普查，1960 年時郊區人口

中黑人占 4.2%；1970 年代為 4.7%，當時黑人人口占全美國人口約 12%
左右，相較之下，郊區黑人人口比例偏低，以後黑人在郊區人口的比例
雖有增加，但還是只占 6% (Palen, 1981)。

（三）都市經濟衰退

戰前及戰後初期，郊區以住宅為主，居民必須通勤至市區，但隨著
零售業與工業也郊區化，郊區提供購物與工作機會，反而出現由市區到
郊區工作或購物的現象。

三、再都市化 (reurbanization)

鑑於郊區化與逆都市化所導致的都市經濟的衰退與人口減少，美國
一些都市在 1980 年代開始積極調整市區產業結構，發展高科技產業和第
三級產業，以及推動市中心的再生計畫（The revitalization of CBD，見第
9 章），以吸引年輕的專業人員回流市區居住，加上國內外移民的影響，
1980 年代時，一些大都市，如紐約、波士頓、費城、芝加哥與倫敦等，
出現了市區人口增長，這種人口回流市區的現象，與逆都市化的人口移
動方向相反，稱為「再都市化」(reurbanization)。由於回流人口以年輕而
具有專業的中產階級為主，故學者又稱為「仕紳化」(gentrification)。

圖 3-7 為費城費爾蒙特 (Fairmount) 社區圖，該社區的仕紳化現象提
供了一個很好的典型 (Cybriwsky, 1978)。費爾蒙特社區原為移民自歐洲
各國的白人社區，有德裔、義裔、英裔、及其他國家，老一輩的居民常
使用各國語言與文字。社區的東邊、東北與北邊均與黑人社區為鄰，西
面為白人工人階級住宅區，南面為較高所得的白人住宅。由於與黑人社
區為鄰，費爾蒙特社區怕黑人住宅會慢慢侵入社區內，因而形成了強烈
的社區意識，居民守望相助，一些年長居民常常坐在屋外聊天，構成一
個堅強的社群網 (social network)，防衛社區的安全。一旦有黑人入住社
區內，居民冷漠以對，甚至縱容小孩騷擾黑人居所，使黑人無法忍受而

自行搬離。對於回流市區的年輕白人中產階級與上班族而言，是個理想
的落腳地方，於是開始有些白人中產階級到社區購屋並重新整修，使房
屋煥然一新，他們先從社區南邊接近高所得白人住宅的地方開始，慢慢
往北擴散，於是社區由量變而產生質變，整個社區經房屋整修後，外觀
上顯得亮麗美觀，成為典型的中產階級住宅。但這些新搬入的中產階級，
其生活方式與原先住戶有很大的差異。他們較重視私人隱私權，下班回
家後就關在自己房子裡，不喜歡串門子，更不會像老居民一樣，坐在戶
外聊天，因而守望相助的社區傳統漸漸式微，愈來愈像其他一般的中產
階級住宅區。

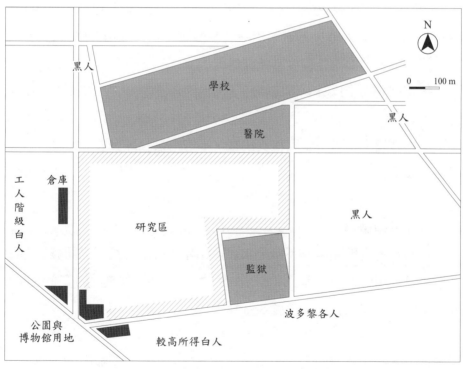

資料來源：Cybriwsky, 1978。

圖 3-7　1960 年代費城費爾蒙特社區圖

第六節　臺灣的都市化

臺灣的都市化大致可以依時間分為三個時期來探討：

一、日治時代以前

荷人來臺之前，不管是平埔族或高山族，均從事原始的經濟活動，如游耕（火耕）與漁獵，聚落也呈現較原始的部落形態，談不上都市的建立。後來經荷人、西人、明鄭及清朝約二百多年的統治後，臺灣開始出現都市的聚落，但規模既小，數目也少。如到了清朝統治末期（1875年），集居地多於 5,000 人的，也僅有 15 個（李瑞麟，1973）；1899 年時，人口多於 10,000 人的聚落也只有 8 個（經合會都市發展，1971）。在此情形下，其都市化程度當然非常低。

這時期的都市以具有港口機能（海港與河港）為主，主要原因為：

（一）登陸點

早期多藉由船隻由中國移民來臺，港口常是登陸發展的地點。

（二）商品流通

臺灣的商品輸出及外面商品輸入，均依賴港口。

（三）河海運發達

當時島上土地開發並不多，水運遠比陸運方便，臺灣已開發地區間的聯絡常利用海運與河運，如當時由艋舺（現萬華）到臺南的安平地區，藉河運或海運反而較方便（圖 3–8）。

除了港口機能而崛起的市鎮外，也有少數因具有陸上運輸及行政中心機能而興起。不過因港口淤塞，或陸上交通與行政機能改變，使這些早期的都市常因而衰落，如鹿港。

這時期市鎮的空間分布，大體上北、中、南各自呈現孤立而獨自發展的體系，彼此之間很少有陸地上的連繫，大部分集中在沿海或沿河的地區。

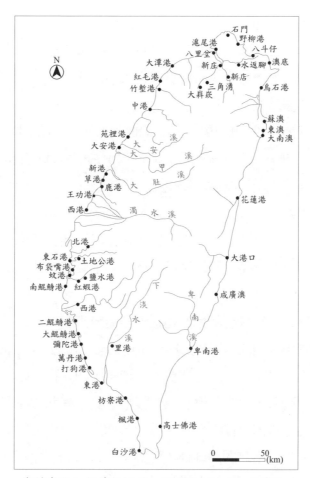

資料來源：根據林玉茹，1996, p. 59，加以簡化。

圖 3-8　臺灣主要港口分布圖 (1871～1895)

二、日治時期

　　這時期都市化成長較清代要快，都市規模也較大，但因引進現代的都市計畫，都市成長大致在都市計畫控制之內，因此並未產生嚴重的都市化問題。這時期都市化成長的主要原因，可歸納為以下幾點：

（一）自然人口增加

　　由於醫藥與公共衛生的改進、流行傳染病減少與死亡率降低，導致較快速的人口自然增加率，有助於都市人口的成長。

（二）工業的發展

　　日治時期前半段，即 1930 年代以前，實施「工業日本、農業臺灣」政策，但 1930 年代以後，臺灣成為其南進東南亞的基地，因而開始引進許多工業，隨著工業的發展，產生了許多市鎮。

（三）交通改善

　　日人治臺後，修築了鐵路與公路，使南北陸地交通得以貫通，而且交通路線不但分布於整個平地區域，還深入丘陵與山地，這些交通要道常促進聚落的發展而形成市鎮。

（四）其他具有特別機能的地方也慢慢發展成市鎮

　　如作為軍事基地的基隆、左營、岡山與鳳山；作為文化機能的市鎮，如臺北、臺南、臺中；作為遊憩機能的市鎮，如北投、礁溪。

　　由於交通改善，都市化發展已慢慢形成貫穿南北的都市體系，而且廣大的內陸地區也出現都市聚落。日治時期的都市化，在空間分布形態上，大致形成三條南北間的軸線（薛益忠，1985），由西而東分別為：

（一）濱海沿線

　　主要有淡水、竹南、後龍、通霄、苑裡、大甲、清水、梧棲、沙鹿、鹿港、北港、布袋、鹽水、學甲、佳里等。這一軸線上的市鎮，大多歷史悠久，且以港口為主。但因沿海海埔新生地外延，使港口淤塞，加上偏離縱貫鐵路與縱貫公路等主要交通要道，以及沿海地區多沙丘地，風沙過大不利農業發展，以致於雖然崛起得早，成長卻很緩慢，截至 2000 年也只有鎮級聚落，如淡水、鹿港與北港，尚未出現較大都市。

（二）盆地、平原腹地軸線

　　這是臺灣平地最大、土地最肥沃的地區，也是交通幹線，如縱貫鐵

路、中山高速公路、臺 1 線公路（縱貫公路）經過的地方，是工業與都
市聚集的地方，都市規模較大，數目也多，是三條軸線中都市化程度最
高的地區，臺灣主要都市也多分布於此。較重要的都市如臺北、桃園、
中壢、新竹、臺中、彰化、嘉義、臺南、高雄等。

（三）丘陵、山麓地帶軸線

　　這條軸線大抵沿著臺 3 線公路及附近地區，較重要市鎮如三峽、大
溪、龍潭、竹東、苗栗、東勢、南投、梅山、玉井、旗山、屏東。

　　這一軸線的都市發展較晚，許多是因位於山地與平地之間，成為交
易中心而崛起。早期因交通不便，發展較緩慢、規模也較小，但近年來
由於交通改善及觀光遊憩等產業興起，使這一軸線的都市發展較快，有
趕上濱海軸線市鎮的趨勢。

三、戰後時期

　　戰後臺灣都市化呈現空前快速發展，都市人口占總人口的比例從戰
後初期約 20～30% 左右，增加到 2000 年的 70% 以上，北部地區甚至超
過 80%，已與美、加等國的都市人口比例相當。戰後都市化快速成長的
主要原因為：

（一）快速工業化

　　自 1960 年代初期實施出口導向工業化政策後，臺灣經濟快速發展，
一方面帶來產業結構的改變，使許多原為農村的聚落蛻變為都市聚落；
另一方面也造成強烈的鄉城移民，導致都市人口比例的增加。

（二）人口自然增加

　　戰後由於醫療發達及營養改善，使死亡率大減，人口自然增加率迅
速成長，都市人口也從自然增加率中獲得成長。

（三）人口大量自中國移入

　　1949 年近二百萬軍民由中國移入臺灣，這些移民多聚集在都市地

區，特別是大臺北地區。戰後臺灣人口約六百多萬人，這近二百萬人約
為當時人口約 30%，比例相當高，影響都市人口比例的增加。

　　由於都市化快速成長，常使都市計畫的規劃與執行跟不上，以致產
生許多都市問題，如居住、交通、綠地……等。所幸，臺灣經濟發展快
速，尚能提供都市本身人口的自然增加率及鄉城移民所產生的社會增加
率人口，所需的基本都市生活條件，不至於像許多發展中國家的都市一
樣，到處是貧民窟。

　　戰後的都市化不但使都市人口比例增加，也首次產生百萬人以上的
都會 (metropolis)（表 3–4）。一般而言，較大都市的成長較小都市為快。
當然區位也是很重要的因素，位於都會附近，如臺北市周圍地區，也會
呈現快速發展現象。

　　在空間分布形態上，迥異於戰前的三條軸線分布，而是呈現五大都
會的集中形態，即雙北、桃園、臺中、臺南及高雄都會。

表 3–4　2020 年超過百萬人的都會人口數

都　會	人口（人）
新北市	4,030,954
臺北市	2,602418
臺中市	2,820,787
高雄市	2,765,932
桃園市	2,268,807
臺南市	1,874,917
彰化縣	1,266,670

資料來源：內政部戶政司人口統計資料簡化。

第4章
都市景觀

第一節　都市景觀的組成要素

　　都市生活不斷擴散，在不同時期與不同文化內涵所形成的都市景觀 (townscape) 或都市形態 (urban morphology)，並非一成不變。因此，探討構成都市景觀的技術與社會因素是非常有趣的課題。然而，令人好奇的是，儘管長時期以來地理學者對這個問題充滿興趣，卻很少有學者將這方面的研究成果訴諸於文字 (Johnson, 1975, p. 23)。可能由於這項工作有其本質上的困難，其困難的地方大致有二方面：首先，構成都市景觀的組成要素相當複雜而多樣，學者言人人殊，不易整合；其次，許多影響都市景觀的力量常隨著時間而改變，使整合更加困難。不過，在較重要且較具共識的都市景觀組成中，大致分為下列四個要素：

一、自然環境因子

　　在自然環境中構成都市景觀較重要的部分，不外乎地形、水文與植被，這三者與氣候都有或多或少的相互關係 (Johnson, 1975)。

　　位於平原、盆地、山地或高原上的都市具有各自的特殊景觀。香港傍山臨海，建築物沿山坡而上，構成美麗的都市景觀；相對的，位於北美中西部大平原上的都市景觀，就顯得較為單調。

　　水文包括河川、湖泊與海洋等，一個近水的都市，其景觀會顯得特

別嫵媚可愛,如巴黎的塞納河與阿姆斯特丹的運河使這二個都市的景觀
增色不少。瑞士的琉森 (Luzern) 依湖泊背高山,構成非常秀麗的都市景
觀。孫中山就曾說南京依山傍水,龍蟠虎踞,對其景觀讚美有加。位於
法國地中海蔚藍海岸的「尼斯」與「坎城」,都以美麗的海灘聞名於世。
高雄愛河經過整治後,也成為市民最喜愛的都市景觀之一。由於水文對
都市景觀的重要性,有些都市甚至以人工運河與人工湖來美化都市的景
觀, 如加拿大首都渥太華國會大廈後的運河及美國首都華盛頓傑佛遜
(Jefferson) 紀念堂旁的人工湖,都是個很好的例子。

　　植被也是構成都市景觀很重要的要素之一,它與氣候的關係最為密
切。氣候較潮溼的都市,由於植被茂盛,顯得綠意盎然,如西雅圖;反
之,沙漠中的都市必然景色單調,讓人覺得缺乏生氣,如拉斯維加斯。
為了讓都市景觀美化,常以人為方式在都市道路、廣場及開放空間,廣
植樹木與花草。加拿大英屬哥倫比亞省的維多利亞 (Victoria) 市,因地屬
溫帶海洋性氣候,終年溼潤,有利於植被之生長,加上人工栽植,花木
扶疏,宛如花園都市,景色宜人。

二、街道的設計

　　街道的設計可以反映出一個都市逐步發展的情形、過去與現在的運
輸、以及流行的改變。街道一旦建立,相對來說缺乏彈性,不容易輕易
改變。這是因為街道建設本身所投入的固定成本,以及臨街房屋的所有
權問題,使街道的改變常涉及到複雜的居民權益,甚至引起居民的抗爭。
因此,街道較可維持長久的時間。都市街道的設計常分為:

(一)自然形成,無現代街道設計

　　許多古老都市的街道都是隨著歷史的發展而自然形成。其特徵是道
路狹窄而彎曲,如鹿港的大有街、瑤林街與金盛巷(九曲巷)等老街。
又如北非突尼西亞首都突尼斯 (Tunis) 的舊城(當地人稱為 Medina),其

街道也是曲折而狹窄（圖4-1）。

　　雖然在公路運輸盛行的現代來看，這種街道是不合理也不切實際的。但在古代，這些街道的形成是長期適應環境的結果，也是地理學上「人地關係」的良好印證。突尼斯經常有來自南方撒哈拉沙漠的「西洛可風」(Sirroco) 侵襲，不但帶來高溫（可使突尼斯溫度高達 40℃），且常挾帶沙塵。這時突尼斯舊城狹窄而彎曲的街道，一方面可阻擋風沙長驅直入，另一方面則可讓行人避免遭受烈日直照。鹿港古街也有異曲同工之妙。鹿港地區冬季強勁的東北季風常帶來大

資料來源：Lowder, 1986、Google Map。

圖 4-1　突尼斯舊城「麥地那」(Medina)

量風沙，加上清代海盜橫行、治安不佳，此時只要關閉老街兩側出入口，即可避免海盜闖入及防止風沙吹襲，讓街道內的居民在冬季也可享受暖如春季的日子。

（二）經過設計的街道

　　有各種不同的街道設計，但最常見的有下列三種：

1.格子狀街道設計 (grid plan)

　　包括「正方格子」與「長方格子」。在格子狀的街道設計中，四周被街道包圍的區塊稱為「街廓」(block)，街廓四角均為直角。如果街廓四周的街道長度相等，為正方格子狀街道，若街廓所面臨的街道，有兩面較長，另兩面較短，則為長方格子街道。這種格子狀街道設計，流行於世界各地，且古今皆有。

　　歷史上許多古老都市採用格子狀街道設計，如五千多年前位於印度

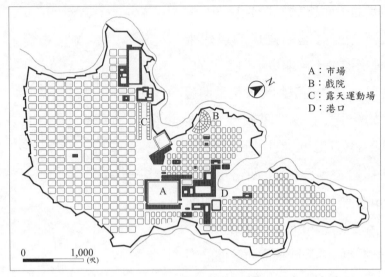

資料來源：James H. Johnson, 1972。

圖 4-2　米利都的街道設計圖

河下游的摩亨佐—達羅 (Mohenjo-Daro) 即為格子狀街道。古希臘都市在
西元前第八世紀時就廣泛使用格子狀街道，如米利都 (Miletus)（圖 4-2）。

米利都為古希臘都市，原為不規則街道設計，在
西元前第五世紀為波斯人所夷平，後來以格子狀
街道設計重建，其街廓較小（圖 4-2 右方），羅
馬人統治時加以擴張，但以較大格子狀街道形式
呈現，使街廓面積較大（圖 4-2 左方）。之後羅
馬人又把格子狀街道設計擴散至西北歐。

　　中世紀歐洲的都市常被認為是緩慢逐漸自
然形成。不過，實際上卻是都市擴張時期，許多
都市都有進行都市規劃。例如十三世紀英國愛德
華二世建立的蒙帕濟耶 (Monpazier)，就是個完
整長方格子街道設計的例子（圖 4-3）。

資料來源：同圖 4-2。

圖 4-3　蒙帕濟耶街道圖

　　中國古代都市的街道設計，多採用格子狀街道，也就是棋盤式街道
設計，如：長安、洛陽、開封和北京等（圖4–4）。對於相信風水、重視
方位的中國傳統習俗，格子狀街道設計是較適合的。

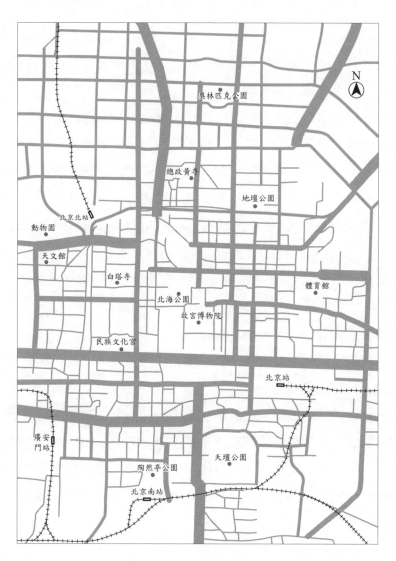

資料來源：《北平故宮》（三版），1982，臺北：大俊圖書公司、開放街圖。

圖 4–4　北京街道圖

　　不但古代都市普遍使用格子狀街道設計，現代都市的街道也常以此設計，美國的都市就是個例子，美國主要都市如舊金山、芝加哥、紐約等均為格子狀街道。

　　為何格子狀街道的設計如此流行？它至少具有下列優點：首先，設計簡單，且隨著都市擴張，街道容易延伸；其次，方向容易辨認，因為格子狀街道的走向不會改變；另外，格子狀街道設計中的街廓，形狀方正，土地利用不會產生畸零地。

　　不過，格子狀街道也有缺點。首先是缺乏對角線的連繫，而且十字路太多也造成交通的阻礙。其次，格子狀街道較不易產生開曠宏偉的廣場都市景觀。另外，當遇到地形起伏的地方，若堅持格子狀街道設計，常易造成路面坡度太大，增加行車危險。美國舊金山道路採用格子狀設計，但因地形起伏使道路的坡度甚大，如九曲花街 (Lombard Street) 由於坡度太大，於是在寬闊的路面上加上一條蜿蜒且較窄的道路，盤旋其上，道路旁遍植花草，形成「路中有路」的特殊景觀，成為觀光景點之一（照片 4–1）。

2. 放射狀街道設計 (radiocentric plan)

　　放射狀街道較盛行於歐洲，在中國古代則較少，巴黎與莫斯科就是放射狀街道設計的典型例子。

　　隨著社會情況的改變，對於歐洲都市景觀與形式的塑造有了很大的影響。一個最大的特徵是追求宏偉堂皇。這一方面是由於統治者欲展現國家的富裕與恢宏，及其權力與特權；另一方面，也因技術改進與審美觀點的改變，這種追求恢宏、龐大與美觀的思潮影響到歐洲的都市設計，如建物與街道。

　　巴黎是上述思潮下都市景觀規劃的例子。常被當作都市規劃的典範，但它不是一朝一夕完成的。現在巴黎的都市規劃奠基於路易十八，當時以寬闊的林蔭大道 (boulevard) 取代老舊城牆，之後經拿破崙一世與拿破

崙三世的經營，建立了林蔭大道、廣場及許多公園綠地（照片4–2）。不
同時期的發展讓巴黎的放射狀街道系統龐大而複雜（圖4–5）。

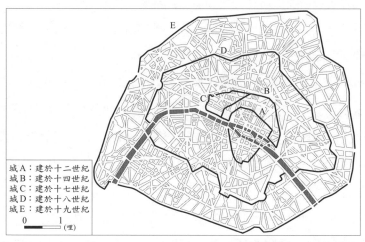

城A：建於十二世紀
城B：建於十四世紀
城C：建於十七世紀
城D：建於十八世紀
城E：建於十九世紀
0　　　　　1
　　　　　　（哩）

資料來源：同圖4–2。

圖4–5　巴黎的成長時期

　　1715年德國卡爾斯魯厄 (Karlsruhe) 在同樣的動機與流行下，也被規
劃了一個規模較巴黎小，卻非常完整、簡潔，且凸顯了強烈放射狀理念
的街道（圖4–6）。

■ 皇宮
■ 市區
■ 花園
0　　　　　1
　　　　　　（哩）

資料來源：同圖4–2。

圖4–6　卡爾斯魯厄街道圖

這種放射狀街道設計也被引進美國的首都華盛頓。華盛頓為法國設計師規劃，引用巴黎的規劃理念。因此，呈現出與美國其他大都市迥異的景觀：街道設計採用放射狀，而不是美國大都市常見的格子狀；其次，建築像巴黎一樣，採用相同高度，顯得非常和諧，而不是像美國其他大都市一樣，充滿摩天大樓的三度空間性。

放射狀街道設計最大優點在於，在街道交會的地方可以形成壯麗、宏偉的景觀，最著名的例子為巴黎的凱旋門。凱旋門附近有十二條街道交會於此，香榭麗舍大道穿越凱旋門，構成主軸線，加上附近寬闊廣場，形成一幅極為美麗而雄偉的都市景觀。其次，放射狀街道方便重要據點的對角線連繫。

不過，放射狀街道也有其缺點：首先是方向不易辨認，當一個觀光客初臨一個陌生而具有放射狀街道的都市，容易因迷失方向導致迷路。另外，放射狀街道設計易造成街廓不規則，產生畸零地，這種情形在街道交會附近更易出現，因尖銳交角產生土地利用上的困難。

3.混合狀街道設計 (composite plan)

結合格子狀與放射狀街道設計。基本上以格子狀街道為基礎，再加上放射狀街道。通常放射狀街道是以幾個重要據點為中心，如重要的行政中心、商業中心、廣場等。澳洲首都坎培拉就是混合狀街道。這種混合狀街道設計可以兼具格子狀與放射狀街道設計的優點，所以，一些新都市往往採用這種街道設計。即使原本是格子狀街道設計的都市，為了改善對角線交通及改進都市景觀，在幾個重要點上也加上放射狀街道。當然，為了避免平面交叉所造成的交通困擾，這些後來放置在格子狀街道的放射狀道路，常採用立體交叉的方式。

三、建　物

建物包括各種機能的房屋，及人為建立的東西，如雕刻、門坊、紀

念碑、路燈、街道家具等。建物的式樣、建材與顏色常可反映出歷史發展、機能、自然環境，及其他人文因素。

　　當一個人初訪一個都市時，最先進入眼簾的印象，往往是該都市的建築。不同都市有不同的建築式樣、建材與顏色。即使是同一個都市，由於不同年代的發展，在都市內不同地區的建築風貌也各有差異。

　　建築格式也可以反映出當時的機能，故從建築格式可以推斷該建築機能的改變，例如北美洲都市的唐人街商店，能明顯看出這些商店應是改裝自白人住家。當然建築也可以反映出自然環境的影響及其他人文因素，這些將在後面更深入討論。

　　相對而言，歐洲都市的建築最為多姿多采，而且保留得最為完整。從北歐到南歐，從西歐到東歐，建築的式樣、建材與顏色都呈現明顯的區域特性，以建屋屋頂式樣與顏色而言，北歐哥本哈根為尖銳高聳且多淺綠色；盧森堡屋頂斜度較緩和而以灰色為主；威尼斯屋頂斜度更小，而且幾乎呈現磚紅色（照片 4–3）；希臘雅典則以平頂乳白色為多。但在多樣化的建築式樣中，卻也表現了某種一致性，即歐洲老都市的建屋高度相似，而不是向上三度空間發展，顯得相當調和。

　　除了房屋建築外，其他如戶外公共藝術、雕刻、門坊、噴泉乃至招牌等，在歐洲都市的景觀中，都有加分作用。歐洲一些古老都市，如羅馬街頭或廣場常可看到雕刻精美的雕像，造形美觀的噴水池及整齊典雅的招牌，電線桿也都地下化，再加上一些刻意設計的街道家具，使整個都市的景觀不但整齊漂亮，而且充滿人文氣息。

　　相較之下，發展中國家的都市所展現出來的建物，就顯得紊亂、醜態，景觀上乏善可陳。建房零亂，違章建築到處可見，甚至充斥著貧民區，招牌與電線桿也任意擺設，使都市景觀不堪入目，這種情形在較貧窮的發展中國家都市特別常見。

四、機　能

機能泛指都市中的各種人為活動，如日常生活動態、交通情形、商業活動乃至民俗慶典與街頭藝術表演等。透過這些活動機能表現出來的景觀，可稱為「動態景觀」(dynamic landscape)。

歐洲都市最令人印象深刻的都市景觀之一，就是由機能產生的動態景觀。一些歐洲老都市的市中心，常設有行人徒步區，行人在不受汽車干擾的情況下，悠然漫步街上，路上有繪畫、吟唱、彈琴、雜技等街頭表演者，還有沿街的露天咖啡座及零星攤販，交織成熱鬧而多采的景觀（照片 4-4）。甚至在地下鐵車站內與車廂裡，都可看到彈唱的走唱者。有時，在公園內或廣場上，也會有大型表演，如夏天晚上的維也納中央公園就常有樂團演奏史特勞斯等名家作品。

這些機能提供了市民額外的樂趣，也創造了熱鬧且具有人文氣息的動態景觀。臺北市西門町多年前也引進了這種概念，設立行人徒步區，戶外藝術表演，為西門町帶來人潮，也添增不少文化氣息。

發展中國家都市則有截然不同的動態景觀，最常見的是，攤販任意設置，紊亂的交通，在印度某些都市甚至有牛隻滿街跑的景象，構成熱鬧、喧囂而混亂的都市景觀。

第二節　都市景觀的意涵

都市景觀的形塑，不管是自然形成或經過規劃設計，常可以凸顯下列的意涵。

一、展現人、地互動的關係

如前所述，自然環境因子是影響都市景觀形塑的重要因素。因此，

街道與房屋常為了適應或利用各地不同的自然環境，而有不同的設計與風貌。甚至各種動態景觀受自然條件影響，也展現其特殊的風味。

　　位於高緯度的都市，如加拿大的魁北克或挪威的奧斯陸，其屋頂都呈現高聳傾斜，讓積雪能迅速滑下，避免積雪過多壓壞屋頂。位於低緯溼熱的都市，為了避免溼氣、蚊蟲侵擾，常採用干欄式建築。降水量較少且溫度較高的希臘雅典，則以平頂而乳白色為主，乳白色可反射日光使室內溫度不致於太過炎熱。

　　環地中海地區較缺乏林木，卻有極豐富的花崗岩或大理石，其重要建築均採用石材，使希臘與羅馬的許多古建築，歷經二千多年風雨，仍然屹立不搖。反之，日本多森林，其傳統建築以木材為主，即使龐大建築如京都的東本願寺或清水寺也都是木造建築，展現了就地取材，利用當地自然資源的特色。

　　類似例子到處可見，不勝枚舉。因此，我們很容易從都市景觀中，找到一些可以反映人、地關係的設計。

二、展現都市發展的歷史

　　從都市景觀中的組成要素，特別是街道設計與建物，最容易反映其發展的歷史。不但個別都市因不同歷史發展而表現出不同的都市景觀，即使同一都市內的不同地區，也會因歷史發展不同而有不同的景觀特色。

　　在歷史悠久且保留良好的歐洲都市中，歷史往往在都市景觀中留下深刻遺跡。義大利的佛羅倫斯與威尼斯可看到中世紀與文藝復興時代的建物與街道設計；比利時首都布魯塞爾由市中心向外，分別可以看到中世紀、文藝復興及工業革命時期的建物與街道。羅馬市區甚至保留著二千多年前羅馬帝國時代所殘存的建物，如古羅馬競技場、古羅馬城遺跡等。歐洲古老都市由於保持良好，且都市歷史長久，不同時期留下的建物與街道往往是都市發展的證據，可提供都市研究者參考。

　　隨著歐洲列強的殖民、租界及影響勢力的擴張，歐風的都市景觀建築跟著傳播至第三世界都市，呈現與當地文化強烈對比的都市景觀。上海是個典型的例子，歐洲人在國際租界的黃埔灘上，建立了歐風建築群，雄偉而具有歐洲古典風味，即所謂的「十里洋場」，直到現在依然是上海的地標之一（照片4-5）。然而，隔街之外的城隍廟附近，則為中國式的都市景觀，街道窄狹彎曲、建物呈現中國傳統特色（照片4-6），中西並存形成強烈的對比，見證上海「一市兩治」的歷史。

　　移民也會把原鄉的建物與街道設計，移植至異鄉，使異鄉保有原鄉的都市景觀。紐西蘭的基督城與加拿大的維多利亞市，都具有強烈的英國特色。有人說，基督城比部分英國本土的都市更具英國風味。加拿大的魁北克市在二、三百年前隨著法國移民而移植了法國建築形態與街道設計（照片4-7）。這些移民都市不但具有原鄉的建物與街道設計，也具有原鄉的人文風貌和生活形態。較特殊的例子為北美洲的唐人街，當年華人移民至北美時，並沒有像英國人一樣建立新都市，而是改裝歐式建築後，加上五光十色的漢字招牌，使唐人街的景觀添增一股異國風情。

三、表達某些意識形態 (ideology)

　　透過都市景觀的規劃，可以表達政治、宗教、習俗信仰、與文化等意識形態。歐洲許多古老都市建立於神權與君權高漲的時代，街道設計常刻意凸顯神權與君權之權威與重要性，如前面提到的卡爾斯魯厄 (Karlsruhe)，在放射狀街道交會點為皇宮所在，意味著君權主導一切。又如蒙帕濟耶 (Monpazier) 的格子狀街道中，其中心位置為教堂，突顯教堂與神權的重要性。

　　建物亦然，歐洲具有歷史的老都市，其建築景觀常有如下特徵：市區內的建築高度相當一致，大體以六、七層左右為主。市區往往以市政廣場或教堂為中心，延伸出行人徒步區，整個都市的天景線 (sky line) 常

以某大教堂或政府大樓最為突出，成為全市最重要的地標，如德國科隆
大教堂，奧地利維也納市中心的聖史蒂芬大教堂，義大利佛羅倫斯與威
尼斯市區內的教堂與政府機構。這些古老歐洲都市在興建時，正值神權
與君權鼎盛時期，因此在都市設計上，常以大教堂或政府機構建築突出
天際線，成為都市重要地標的作法，象徵神權與君權的不可超越性。

　　臺北市實行現代都市計畫始於日治時期，其設計也具上述的意涵。
當時整個臺北市的建築，除總督府（今總統府）外，最高的建築為位於
榮町（今衡陽路）上的菊元百貨，該建築僅七層樓高，而總督府的主體
建築就有五層樓，加上中央的塔樓，使總督府的建築，高高突出臺北市
的天景線，以此來象徵日本統治者的權威與不可超越。

　　從這方面來看，巴黎艾菲爾鐵塔的興建就具有不平凡的意義了。艾
菲爾鐵塔興建於十九世紀末期，這時歐洲歷經文藝復興時代的人文主義
洗禮，又正值產業革命後科技澎湃發展之際，法國人想藉艾菲爾鐵塔來
凸顯科技與民權。艾菲爾鐵塔高近三百公尺，超越巴黎市內任何教堂和
政府建築物，成為巴黎最耀眼的地標，也象徵著科技與民權對神權與君
權的挑戰及超越，使神權與君權不再凌駕一切。

　　現代民主國家所建立的都市，也常透過都市景觀設計，來凸顯民主
的意涵。美國首都華盛頓就是個最好的例子（圖4-7）。

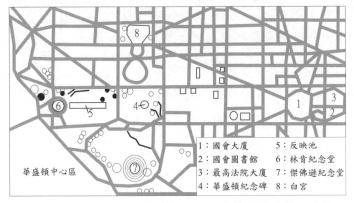

資料來源：根據觀光地圖簡化繪製。

圖4-7　美國首府華盛頓市中心

如前所述,華盛頓採取類似巴黎的景觀設計,建築物高度相當一致。象徵民主的國會大廈則建立在高亢的基地上,國會大廈本身是個雄偉高聳的建築,巍然屹立在基地上,市區任何地方都可遙望到國會大廈的圓穹式屋頂。國會大廈前有一條主軸線直通對面的林肯紀念堂,主軸線兩旁為綠地,外面圍繞著道路,道路邊是具有歐洲古典建築風味的各種政府機構或博物館。在國會大廈與林肯紀念堂間的主軸線中心點為華盛頓紀念碑,通過華盛頓紀念碑,與主軸線橫交的是另一條較窄的軸線,一端為白宮,另一端為傑佛遜紀念堂（照片 4-8、照片 4-9）。橫軸線端的白宮,建築不高,為四周高大樹林所掩蔽,區位的配置上也不是顯著的地點。這樣的布局突顯國會大廈的主導地位,也成功展現了民主至上的意識形態。

　　都市景觀設計也可以呈現出傳統信仰與價值觀,中國傳統重視風水,講究方位與平衡對稱的理念,這種價值觀深深影響到中國古代都市的選址及街道建物規劃。以北京為例,北京舊城是中國保存最完整、規模最大的封建都城。其都市布局中軸明顯、整齊對稱,氣勢雄偉,市內許多建築與園林皆有極高的藝術水準（胡兆量、謝啟瀾,1996）。北京都市規劃的中軸線（圖4-8）,由外城的永定門開始,一直線穿越內城與皇城,經過前門（正陽

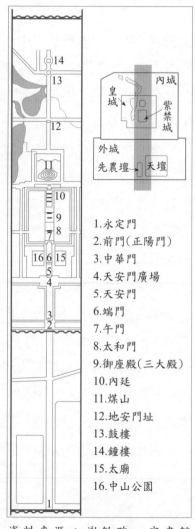

1. 永定門
2. 前門(正陽門)
3. 中華門
4. 天安門廣場
5. 天安門
6. 端門
7. 午門
8. 太和門
9. 御座殿(三大殿)
10. 內廷
11. 煤山
12. 地安門址
13. 鼓樓
14. 鐘樓
15. 太廟
16. 中山公園

資料來源：謝敏聰、宋肅懿（譯）,1987。

圖 4-8　北京城的中軸線

門)、中華門、天安門廣場、天安門、端門、午門、太和門、御座殿(三大殿)、內廷、煤山、地安門、鼓樓、鐘樓,此中軸線兩側的建築大致呈現對稱分布。受到中國傳統「坐北朝南」以及「南面而王」的觀念影響,中國古代都城的規劃常把皇城設置在都市北邊中央的位置,北京、長安皆是如此。

四、反映經濟與科技發展水準

一個都市景觀特色主要受三個要素制約:(一)自然背景;(二)社會文化傳統與歷史發展;(三)經濟與科技發展水準。都市景觀主要體現在都市的整體上,包含街道廣場、建築風格與建材、園林特色、風土人情及人文活動等,而這些都受該地的經濟發展水準影響。都市面貌的形成,需要一定的財力與物力,更需要文化素養與科技。決策、規劃和建設人員的文化素養及全民的文化素養,都會影響到都市靜態與動態景觀。因此從某種意義上來說,都市的景觀特色是全都市人民文化素養的集中反映,也是該地區財力與技術的展現。這一點只要比較一下已發展國家與發展中國家都市間的硬體建設與生活形態的差異,就可一目了然。

五、反映時代觀念、流行與需求

都市景觀設計往往也反映當時的觀念、流行與需求。文藝復興時期興起巴洛克建築型式,由義大利半島擴散至歐陸,一時蔚為風潮。日本人統治臺灣時,也大量引進巴洛克建築型式,如臺北市的總統府(原總督府)、監察院(原臺北州政府廳)、公賣局等都是巴洛克建築型式,其他像未拆除改建前的館前路與衡陽路,也都以巴洛克建築型式為主。另外,當時日本人在部分地區實施市街更正(都市計畫)時,也在臺灣傳統街屋的立面部分,改建成巴洛克建築型式以美化街道,如三峽民權路、大溪和平街與中山路、新竹湖口老街等(照片 4–10、照片 4–11)。後來

又流行紅磚建築與外表較簡單的現代式建築。可見不同時代的流行與需求，也會反映到都市景觀的設計上。

　　戰後第三世界國家許多都市的設計多學習美國都市的三度空間發展模式，形成一種流行，並且競相興建世界第一高樓，先是馬來西亞首都吉隆坡興建一座高過芝加哥西爾斯大樓（現稱威利斯大廈）的建築，但不久又被臺北 101 大樓比下來，爾後又被上海中心大廈蓋過，截至 2021 年，世界最高樓則是杜拜的哈里發塔。這種建築比高的現象除了追求流行外，何嘗不是追求虛榮的心理需求之反映？

　　對於現代都市景觀設計，傳統政治、宗教或習俗信仰等意識形態的考量愈來愈不重要，反而多追求創意與美感。因此新都市或新市區的建築與街道，經常充斥著代表新時潮與新觀念的建築型式與街道規劃，且許多舊市區也在這種風潮下，從較小規模的造街運動到較大範圍的都市更新，許多地區都在追求都市景觀的改善與美化。

　　都市更新可分為：

（一）修復式更新 (restorative renewal)

　　只作局部性整修，通常在情況還不錯的市區，或者具有文化遺產價值的老街，經常採用這種方式，如鹿港大有街與瑤林街的整修。此作法可避免改變原來市街與建築地的風貌。

（二）破壞性更新 (destructive renewal)

　　把原來的市街與建築全部拆除，加以重新規劃重建。這種都市更新能徹底改變原來的都市景觀，多用來改善貧民窟或破舊老市區，但投資較大，且涉及問題也較複雜，如 1995 年香港政府拆除調景嶺貧民區並加以改造，成為將軍澳新市鎮的一部分，即屬一例。

　　追求都市景觀美化的另一個重要趨勢為都市綠化。在街道旁、廣場、公園與開放空間，廣植花草林木，不但可以美化都市景觀，且具有實用價值，如幫助淨化空氣、減少噪音，及降低都市的熱島效應。如果規劃

得當，還可展現某些都市景觀的特色。如巴黎香榭麗舍大道兩旁的法國梧桐及柏林「菩提樹下」(Unter den Linden) 大道的菩提樹，不但帶來美化，也表現了都市的特色。

更進一步的綠化是追求都市公園化，部分歐美都市到處是公園綠地，每人平均綠地往往是發展中國家都市的十倍以上，整個都市宛如一座大公園，如美國華盛頓與澳洲坎培拉都是都市公園化的典範之一。日本奈良雖然是古都，但其公園綠地之多，相較許多新都市也是不遑多讓。這種高度綠化的追求，使都市享有如鄉村般的綠蔭，達到「都市鄉村化」(urban ruralization) 的境界。

第三節　都市景觀的功能

都市景觀就像一個人的外表容貌，很容易展現一個都市的特色。如前所述，都市景觀中某些要素可保存較長時間，因此常成為一個都市的歷史記憶。基於這樣的認知，政府常透過都市計畫將重要建物或老街列為古蹟、紀念建築物或文化遺產 (cultural heritages) 加以保護，可藉此喚起市民的歷史記憶與地方認同感。如果一個都市為了新建設而完全拆除值得回憶的歷史建物與老街，將變成一個失憶的城市。

一個具有光輝歷史的都市，常可留下相當可觀的都市景觀，不但是地方性的文化資產，甚至可成為全國性或世界性文化遺產。聯合國教科文組織 (UNESCO) 正進行世界自然與人文遺產登錄及保護工作，被核准通過的自然或人文遺產，哪怕原本只是個默默無聞的農村聚落，也可能成為世界性的文化遺產。這不僅是項極大的榮譽，也可藉此振興觀光業，因此各國皆競相爭取。如中國安徽省的宏村與西遞村，原本只是個擁有明清時代建築的普通農村，經聯合國教科文組織核准為世界文化遺產後聲名大噪，成為許多觀光客參觀景點之一。

　　從現實觀點來看，都市景觀除了可當作文化遺產外，也可將其轉變為觀光資源。歐洲都市在這方面最為成功，一方面是因為歐洲都市歷史悠久，另一方面則是因為這些都市多是透過都市計畫，進行全面性的管制保護，例如巴黎、阿姆斯特丹、哥本哈根、布魯塞爾、威尼斯、佛羅倫斯、羅馬、布拉格與波隆那（位於義大利波河平原）等。進入這些都市的市區，宛如進入時光隧道，回到數百年前的場景（照片 4–12）。利用這些都市景觀資源發展觀光，可帶來相當可觀的就業機會與收入。相對而言，歐洲以外的大部分地區，對於都市景觀的保護則僅限於某些特殊建物或老街，也就是只有部分點與線的保留。

　　歐洲都市得天獨厚，其他各國具類似條件的都市也都爭先效法。日本的京都與奈良以古建物與老街聞名；中國自 1978 年開放政策之後，也發展都市觀光，如北京與西安。然而由於缺乏完善的都市保存觀念，在現代化建設過程中，大部分老市區都被破壞拆除。有趣的是，一些原本因偏遠、經濟落後等而不為人知的小鎮，反而得以保留的較為完整，近年來成為觀光旅遊的熱門景點，如江南地區的周莊鎮、同理鎮及烏鎮等。以周莊鎮為例，周莊鎮的建築多建於明、清時期，屬徽派建築，白牆灰瓦整齊一致，而跨越運河的小橋，也玲瓏有致，觀光客一進入該地區，馬上可以感受到中國古典詩歌中「小橋、流水、人家」的景緻與意境（照片 4–13、照片 4–14）。絡繹不絕的遊客也為小鎮帶來門票收取、飲食購物等觀光效益，可見觀光為這個小鎮，創造了相當的財富。

第四節　臺灣的都市景觀

　　日治時期之前，臺灣都市多是自然形成，沒有進行過完整的都市計畫，因此街道大多呈現窄狹曲折的特徵。建築物除了洋行、商行等屬於西洋建築外，大部分為傳統街屋，建築呈現屋面窄但屋身深長，有些甚

至具有低矮閣樓的型式，最典型的例子就是鹿港大有街與瑤林街。

　　由於戰前的日人實行的都市計畫，以及戰後的現代化建設，在缺乏歷史建築保存法令及意識下，大部分古老的都市景觀已遭破壞殆盡，連臺灣最古老的都市——臺南市，也難以看到較完整的傳統老街與建物，就連安平「第一街」也在現代建設之下被拆除。相對而言，鹿港因港口淤塞，加上縱貫鐵路與縱貫公路均偏離鹿港，使鹿港因人口外流而沒落，鹿港老街才得以倖存。在文化遺產保留觀念興起後，透過地方文化工作者、地方政府與文化部的協助之下，進行修復式都市更新，並以法令加以保護，才在今日成為鹿港觀光的重要賣點。

　　日人統治臺灣後，為了改善都市衛生與美觀而引進現代化的都市計畫，並在臺灣 72 處施作（張景森，1993），大大改變了臺灣都市景觀。

　　首先，規劃衛生下水道。其次，在原來老市區，將道路拓寬，兩旁建設水溝以利排水。若在新市區，則作較大規模而整體的規劃，大致以格子狀街道為主。其中規模較大的地區為臺中市的規劃，臺中市原只有小聚落，適合作整體性的市街規劃，於是日本人在火車站前後規劃了一個完整而規模較大的格子狀街區（圖 4–9）。並且為了利用日光殺菌，街道橫向與縱向道路故意傾斜成東北、西南向與西北、東南向，使街道能充分受到日光照射。

　　日本人還利用當時臺北城拆除後，城垣留下的土地，規劃了四條當時臺灣最寬闊的林蔭大道，該道路為三線道，中間為快車道，兩側為慢車道，中間有二行安全島。這四條林蔭大道為今日的愛國西路、中山南路、忠孝西路與中華路，不過現在只剩愛國西路與中山南路還保有當時的格局。

　　建築方面，日治時代以前多就地取材，具有原始的鄉土風味。但日治時代以後也發生了極大的變化。首先日本人將都市中工商區改稱為日式町名；建築方式則是閩南、日式與西洋系統等並存；而建築材料則由

資料來源：《臺中市誌》。

圖 4-9　臺中市街圖（1908 年都市計畫）

鋼筋水泥取代傳統的木結構。一般而言，主要街道旁建築、重要金融及政府機構等大致採用西式建築，使街道整齊而美觀。而較低階的地方機構或商店，則多為日式或傳統建築。

　　為了美觀及適應臺灣溼熱的天氣，也透過都市計畫對建築加以規範。例如，依據商店公約，商店懸掛的招牌不可凸出馬路，以形成井然有序的街景；另外，根據臺灣市街的建築規則，面對馬路的市街房屋，須設置一定寬度（1.8～3 公尺）的騎樓地（即亭仔腳），騎樓上面的空間可闢為房間使用。騎樓人行道可遮陽避雨，是適應熱帶氣候的一種建築結構。（謝森展，1993, pp. 22～24）

　　以臺北市為例，過去城中區（現萬華區與中正區交界）是日本人拆除臺北城後重新進行整體規劃的區域，也是當時政治、商業中心。整個地區街道是格子狀設計，幾條重要商業街，如表町（今館前路）、榮町（今衡陽路）、本町（今重慶南路）與京町（今中華路）的街道寬敞整

齊、路面鋪設柏油路，兩旁為三、四層的巴洛克建築，外表華麗、高度一致，招牌整齊。其中，表町為臺北火車站前門通往新公園（現二二八公園）博物館的大馬路，沿路有鐵路飯店（當時臺灣的頂級貴族飯店）（葉龍彥，2004）、勸業銀行、華南銀行及三井物產商社等，為金融聚集的地區。而榮町則為當時臺北市中心最繁榮的市街，店面櫛比鱗次，是當時最重要的商業街。可惜在戰後都市現代化以後，歷史建築幾乎被悉數拆除，只有格子狀街道格局為歷史留下一點蹤跡。

如果說城中區是日本人的政治與主要商業區，西門町則是日本人居住、飲食與娛樂的地區，區內多餐飲、歌舞場所與電影院，在戰後也多遭拆除，僅留下少數建物，如紅樓等作為紀念建物。

另外大稻埕與萬華則為臺灣人的市街，前者較多西式建築，甚至有少部分清代的洋行，如當時的永樂町（今迪化街）與太平町（今延平北路）等街道尚留下不少洋樓；而萬華地區的洋樓只呈現零星分布，多為傳統閩南式建築，在戰後多已拆除重建。

其他都市經市街改正計畫興築的西式建築型式多已遭破壞，只有少數都市尚有殘存，其中保留較完整的區域多成為地方文化遺產，甚至是都市觀光的重要資源，如桃園大溪與新竹湖口老街。這兩個區域經文化工作者、地方政府與文化部的合作之下，已整修完成並成為觀光資源，帶來大量人潮與商機。

戰後至 1960 年代初期由於中國淪陷，粗估約有 100 萬至 200 萬人移入臺灣，且多居住在都市地區，其中又以大臺北地區為主，因人口過多，到處充斥著違章建築。1960 年代後，又因快速工業化帶來的都市化，形成強大的「鄉至城」移民，都市人口成長超過預期容量，導致違建情形並未改善。根據臺北市政府違章建築報告，1964 年臺北市的違章建築面積雖然僅占全市總建築面積的 6.25%，但居住其中的人口卻占全市總人口數的 28.13%（張景森，1993, p. 46）。大量違章建築導致公共設施用

地、公園預定地都被占用，綠地大幅減少，建築也顯得零亂無章。相對的新建市區則較為整齊，如臺北市東區的街道寬闊，且多為較現代的高樓，不僅保留騎樓設計，且當時為了防災，建築物有高度限制，也讓都市景觀顯得整齊一致，如南京東路、忠孝東路、松江路等。而在建築高度解禁後，許多地區則紛紛興建造型新穎的摩天大樓，展現現代化的都市景觀，如敦化南北路、仁愛路與信義計畫區。

　　不過，大部分舊市區中，由於都市人口成長太快，無力執行都市計畫，無論是建屋、招牌、天橋等建築，多呈現脫序現象，都市景觀乏善可陳。民眾為了改善這種亂象，於是產生「造街運動」、「形象商圈」與「社區營造」等計畫的推動，其成效卻各地不一。

第5章
都市機能及分類

第一節　都市的經濟功能

　　都市是人口與活動的聚集地。活動包括經濟、政治、社會與其他活動，其中就經濟活動而言，第二級產業活動（如製造業）與第三級產業活動（如零售業、服務業）是構成都市經濟活動的主體，也是都市形成的主要活動。

　　都市是由於各種經濟活動間密切的互動而發展起來，某些活動如第三級產業，特別需要人與人之間的直接交流，也最容易在都市中成長。

　　第三級產業活動的範圍廣泛，包括零售貿易、批發貿易、金融、保險、房地產、商業及服務業、娛樂、醫藥及教育服務等方面，是都市最重要的經濟功能。第二個功能為製造業與建築、營造等活動。此外，運輸業與通訊業也是都市另一種重要的功能，幾乎所有都市都具有這些功能，特別是較大的都市。現代社會資訊既多，流動又快，舉凡醫療、教育、製造業、政府、商業乃至於日常生活的資訊，都需有通路與管理，因此都市中處理訊息傳遞的人口正迅速增加，使其經濟功能愈來愈重要。

　　西方的都市經濟活動在過去幾十年來產生了轉變。若以美國都市為例，可發現第二級產業的就業率大幅下降，從 1940 年約 23.4% 降至 2020 年的 13%；第三級產業的就業率則由 1940 年的 58.1% 提升至 2020 年的 86%（表 5–1）。儘管都會經濟呈現整體性成長，第二級產業的就業人數

卻逐漸減少；相反的第三級產業人數則大幅成長約 30%（李梅，1999）。

表 5-1　美國都市產業部門勞動力的比例

單位：%

年分	第一級產業	第二級產業	第三級產業
1940	19	23.4	58.1
1950	11.1	24.4	64.5
1960	7.2	27.4	65.4
1970	4.4	25.7	69.9
1980	4.1	22.5	73.4
1990	2.7	16	81.3
2000	1.9	14.4	83.7
2010	1.9	10.6	87.5
2020	1	13	86

資料來源：喬治城大學教育和勞動力中心、美國勞工統計局。

　　為何第二級與第三級經濟活動常傾向於都市地區？主要的經濟因素大致有下列幾點：

一、規模經濟 (scale economy)

　　規模經濟是指當生產或營運規模增大時，單位生產量所節省的成本，一般而言，在某規模下，單位產出的成本會隨著產量增加而減少。因此，經濟組織傾向隨著經濟成長而擴大，目的是將單位產品的生產或營運成本降至最低。不同的經濟活動或企業達到最小生產或營運成本的規模都有所不同。達到最小單位產出成本的規模時，若規模再擴大，反而造成單位產出成本增加，即為「不經濟」(diseconomy)。

　　有些經濟活動只要很小的規模即可達到最低的單位產出成本，這些活動如果與消費者或服務有關，如雜貨店與便利商店，傾向尋找人口較多（都市區）的地點；若該活動與地方市場或其他特殊地方特性無強烈

關係時，如小型製造業，選擇地點上較為自由，可設在都市或鄉村，因此該產業又稱為「自由職業」(footloose industries)。

　　部分產業則需要較大規模才能使單位產出成本降至最低，如汽車製造業或鋼鐵工業，通常傾向選擇都會地區，特別是較大的都會。因為較大都會具備足夠的勞動力及消費市場支持該產業的生產與銷售。此外，便捷的交通、大學與研究機構及相關產業的多分布等，也是該產業選址的重要考量之一。

二、聚集經濟 (agglomeration economy)

　　產業活動因為聚集效應，產生單位成本降低的作用，稱為「聚集經濟」。不同於上述屬於企業內部經濟規模使成本降低的規模經濟，聚集經濟為外部經濟所導致的成本減少。產業活動的聚集經濟，大致可分為以下三種方式：

（一）地區化經濟 (localization economy)

　　相同或相關產業聚集一起，業者可經由共享技術勞工、修護設備及研發等節省成本，增加獲益。例如，專業原料供應者可同時服務同產業的不同廠商，使供應者增加其營運規模而節省單位運輸成本。為了得到地區化經濟，產業活動常聚集在單一都市或一群鄰近的都市。若聚集在同都市的某種產業活動規模夠大時，可形成專業化都市，如苗栗縣三義鄉因木雕產業的高度聚集，成為聞名臺灣的木雕城。

（二）都市化經濟 (urbanization economy)

　　許多不同經濟活動聚集的地點，即使經濟活動之間沒有產業關聯 (industrial linkage)，也可以產生區位利益 (locational advantages)，使平均成本下降，通常發生在都市地區，故稱為都市化經濟。都市地區可提供各種良好設施，例如防火、治安、各種勞動力、水、地下水、金融與專業服務等；相對的，如果產業設在鄉村地區，可能不容易得到這些服務，而需付出較高的成本。

（三）通訊經濟 (communication economy)

　　都市不但是各種商品進出流動的節點，也是蒐集、揀選、散播資訊的節點。在現代社會中，各種通訊不但是經濟活動不可或缺的必需品，在日常生活中也愈來愈依賴各種通訊工具，特別是電腦軟硬體及智慧型手機等。在日益發達的現代，許多經濟活動節省了往來的時間與金錢，若產業缺乏現代通訊工具，則難以具有競爭力。

　　而都市地區提供了良好的通訊優勢，具有資訊聚集與散播的功能，讓經濟活動的運作相對於非都市地區，更便宜且極具效率性。因此，許多大企業的總部往往選擇大都會地區作為管理與決策中心。

第二節　經濟基礎理論

一、理論要點

　　對於都市機能，經濟基礎理論 (economic base theory) 提供了簡潔而方便的論點。首先，依其服務對象，把一個都市的所有經濟活動區分為「基本活動」(basic activities) 與「非基本活動」(non-basic activities)。所謂「基本活動」是指在都市中生產，提供都市以外所需要的商品與勞務。它又可細分為兩種情況：一種是都市生產的商品與勞務直接送至都市外銷售，屬於離心型的基本活動；另一種是都市外的人口到都市中旅遊、購物、求學或接受醫療等，屬於向心型的基本活動。而「非基本活動」則是提供都市本身所需的商品與勞務。

　　理論的第二個要點表示，一個都市經濟的成長主要是靠基本活動的成長，因為基本活動是從都市以外的地區為都市帶來收入。而基本活動的成長，可以產生「乘數效應」(multiplier effect)，帶動非基本活動的成長。例如，在基本活動中為了生產而聘雇的工人，他們的日常生活，如

食、衣、住、行、育、樂等都需要有人提供，因而創造了另一批非基本
活動的就業機會。如此一來，整個都市的經濟就如同滾雪球一般成長。
如果以就業人口當作經濟發展的指標，則經濟基礎理論可以用簡單的方
程式表達：

假設：

TA：一都市的總就業人口

B：一都市中從事基本活動的就業人口

NB：一都市中從事非基本活動的就業人口

α：小於 1 的分數

由理論得到：

TA = B + NB ……(1)

設 NB = αTA (α < 1)，代入(1)

TA = B + αTA

移項可得：

$(1 - \alpha)$ TA = B

$\therefore$TA = $\dfrac{1}{1 - \alpha}$B ……(2)

上述公式中的 $\dfrac{1}{1 - \alpha}$ 為乘數效應，假設一都市從事非基本活動的就
業人口占總就業人口的 75%，則其乘數效應為 4，這時 TA = 4B。換句
話說，如果該市增加 1,000 個基本活動的就業人口，則全市的總就業人
口可增加至 4,000 人。

雖然基本活動是都市發展的主導力量，卻並不表示非基本活動是無
關緊要的。基本上兩者是相互依存的，基本活動需要非基本活動的支持，
才能正常地運行。

　　一個都市經濟活動中「基本活動」與「非基本活動」的比例，叫做「基本／非基本」比率（即 B/NB）。可以用來檢視都市經濟活動，具有以下幾個特性。首先，利用 B/NB 比率可以看出一個都市從事基本活動工作的比例，進而比較不同機能或規模之 B/NB 比的差異。一般而言，B/NB 比隨著都市規模不同而改變，愈大的都市其 B/NB 比例愈大，例如：紐約的 B/NB 大概為 100:225；辛辛那提市為 100:175；而威斯康辛州的蘇利文市為 100:35（李梅（譯），1999, p. 150）。換句話說，同樣是每 100 個人從事基本活動的工作，大都市會比小都市產生較多非基本活動的工作，如紐約可以產生 225 個非基本活動工作，但辛辛那提市與蘇利文市分別只能產生 175 與 35 個非基本活動工作。

　　而規模相似的都市，也會因專業化程度不同，使 B/NB 值產生差異。專業程度較高的都市 B/NB 值較大，而地方性中心一般 B/NB 值較小。另一方面，區位也會影響一都市 B/NB 的值，同樣規模的兩個都市，若一個位於大都市附近，另一個則遠離大都市，則前者由於依附大都市，很容易可以從大都市中取得服務，使其非基本活動 (NB) 較小；而後者必須建立自己所需的服務活動，使非基本活動較大。

　　一個老都市因長期發展,已經建立了較健全的都市生產與生活體系，其 B/NB 值可能較小；反之，一個新都市則可能來不及建立較完善的服務系統，則 B/NB 可能較大。此外，一個都市人口的年齡、性別組成及平均所得的差異性，也會影響到該都市經濟 B/NB 的結構。

　　其次，利用上述公式中的乘數效果，只要知道一都市未來基本活動的成長，就可以預測整個都市的經濟成長。這對都市與區域計畫者而言是很有用的，因為計畫者可以根據其對都市成長的預測，規劃所需增加的各種都市設施，如住宅、學校及各種公共設施等。

　　經濟基礎理論雖然有上述的幾項優點，但應用時最大的問題在於：如何劃分都市的基本活動與非基本活動。以下為常用的區分方法：

二、區分都市基本與非基本活動的方法

（一）區位商數法 (location quotient method)

　　這個方法是假設全國行業的部門結構滿足全國人口的需要，因此每個都市必須具有類似的行業結構，才能滿足該都市的需求，若某行業低於這一比重，則該都市需從外輸入該行業的產品或服務；反之，如果都市的某行業大於這一比重，則該行業除了滿足都市本身需求外，還有剩餘可輸出。以區位商數法求取一都市的基本活動與非基本活動，可歸納如下：

1. 根據下列公式計算各行業的區位商數：

$$LQ = (Si / S) - (Ni / N)$$

LQ：某行業 (i) 的區位商數

Si：某都市 (S) 中某行業 (i)(i = 1, 2, 3...n) 的就業人口數

S：某都市總就業人口數 $(S = \sum_{i=1}^{n} Si)$

Ni：全國從事某行業 (i)(i = 1, 2, 3...n) 的就業人口數

N：全國總就業人口數 $(N = \sum_{i=1}^{n} Ni)$

公式中，Si, S, Ni, N 均可由統計資料直接取得

　　假設當某行業的 LQ = 1 時，表示該行業剛好自給自足，無多餘輸出也不必輸入；若 LQ < 1 時，表示該行業無法滿足都市本身的需求，必須從外地輸入；若 LQ > 1 時，表示該行業除了滿足都市本身之需求外，尚有多餘可輸出。

2. 計算某行業當其 LQ = 1 時，所需的就業人口數 (Sit)。

3. Si – Sit，只取其正的餘值，此值即為某行業從事基本活動的人數。

4.將所有各行業 (i = 1, 2, 3...n) 從事基本活動的人數值加總，即為該都市 所有從事基本活動的總就業人口數。

5. S 減去第 4 點的值，即為該都市從事非基本活動的就業人口數。

（二）殘餘法 (residual method)

該統計法由霍特 (Hort) 提出，他把以輸出占優勢的部門，作為基本活動區分出來，而其餘的活動則假設一半為滿足當地人口需要的非基本活動，另一半為幫助基本活動，間接算是基本活動的部分。因此，一個都市的基本活動就業人口為：

$$一市基本活動人口 = 已知從事輸出工作人口 + \frac{1}{2}（其餘就業人口）$$

求出基本活動人口後，再以總就業人口減去基本活動人口，即為該都市從事非基本活動的人口數。

（三）亞歷山大遜方法 (Alexanderson method)

瑞典地理學家亞歷山大遜，在 1956 年收集了美國 864 個人口超過 100,000 人都市的就業資料，按 36 個行業計算每個都市各行業就業人口占總就業人口的比例（百分比）。然後依 864 個都市中個別行業百分比，由小至大排列。經過大量比對後，確定選取各行業排序中第 5% 的都市（即第 43 位都市）比例，作為該行業滿足一個都市所需要的百分比（該行業占總就業人口百分比），稱為 "K" 值，超出 K 值的部分則是該行業從事基本活動的部分。可以下列數學式表示之：

$$一都市從事基本活動人數 = \sum_{i=1}^{n}(\frac{Si}{S} - 100 - K) - S$$

K：第 5% 個都市某行業占總就業人口百分比

$\dfrac{Si}{S} - 100 - K$ 只取正值

（四）最小需求法 (minimum requirement method)

烏爾曼 (E.L.Ullman) 與達西 (M.F.Dacey) 於 1960 年時提出了另一種區分基本與非基本活動的方法，叫最小需求法。這個方法的基本論點為，都市經濟的存在對各部門需求有一個最小勞動力比例，這比例近似於都市本身的服務需求，如果超過了這最小需求的比例，其超出部分即為該都市某部門的基本活動部分。為避免都市規模過於懸殊而影響到每都市某行業部門的最小需求量，因此把都市依人口分成不同規模組，分別找出每一規模組都市中各行業部門的最小就業比例，該比例作為這一規模組內，所有都市對該行業的最小需求量，超出這最小需求量部分即為該都市某行業的基本活動，再把都市中所有各行業的基本活動部分加總，即為該都市從事基本活動的總數。上述概念可以簡單數學式表示之：

$$一都市從事基本活動人數 = \sum_{i=1}^{n}(\dfrac{Si}{S} - 100 - K) - S$$

K：某一規模組內滿足一都市的最小需求量

最小需求法可能碰到的一個問題是，如果某規模組選取的某行業最小需求量是取自於經濟結構特殊的都市，其最小需求量特別低，可能會影響到結果的準確性，讓該行業從事基本活動的人數特別多。為了避免這個問題，往往捨去原本最低百分比的都市，而採用第二低百分比的都市作為計算該行業從事基本活動部分的人數。

摩爾 (C.L.Moore) 提出了一個方法來解決上述的缺點。首先，他把都市依規模分成連續性的十四個等級，從每個規模的都市中，找出每個

行業的最小百分比（每都市該行業人數占總就業人數的百分比）和中位都市的規模。然後再利用迴歸分析，求出任何規模都市某行業的最小需求量，可以數學式表達如下：

$$E_i = a_i + b_i logP \cdots\cdots(1)$$

E_i：P 規模都市 i 行業的最小需求量

a_i 與 b_i 為參數，可由下式求得

$$E_{ij} : a_i + b_i logP_j \cdots\cdots(2)$$

E_{ij}：第 j 規模級別都市中，i 行業的最小百分比（$\dfrac{S_i}{S} - 100$）

P_j：第 j 規模級別都市的人口中位數

由(2)式中可先求得 a_i 與 b_i 值，再代入(1)式中，即可求得任何規模 (P) 都市 i 行業自足所需的最小需求量。

值得一提的是，摩爾在 1970 年對美國 333 個都市作分析，得到一個有趣的結論。對大部分行業而言，都市規模級別與最小需求量之間，有相當高的正相關，也就是說，都市規模級別愈高（都市人口愈多）其行業的最小需求量也愈大。不過出乎意料的是，零售業的相關性並不強（許學強等，2001）。

（五）銷售量員工換算法 (sales employment conversion method)

透過問卷和現場訪問，獲得每一個企業的基本和非基本活動資料，再折合成員工數，進而得到整個都市的 B/NB 比。這個方法又可稱為普查法，其調查步驟為：1.調查都市內各企業產出中，輸出部分所占的百分比(a)及滿足都市本身市場需求部分的百分比(b)。2.調查各企業所雇用的就業人數 N，則 N×a 為各企業從事基本活動的人數，N×b 為各企業

從事非基本活動的人數。 3.將所有企業 2.項中 N×a 的值加總，即為該都市所有從事基本活動的總人數，而將所有企業 2.項中 N×b 的值加總，即為該市非基本活動的總數。這個方法雖可得到較準確的結果，但調查過程太過繁瑣冗長，除非是個很小的市鎮，否則憑個人研究難以負擔，因此，一般研究反而較少使用這個方法。

　　上述區分基本與非基本活動的方法，其標準常是經由主觀認定，缺乏理論基礎，而且主要是根據美國資料所得到的標準，並非四海皆準。對於非西方都市的研究，在應用這些方法時應加以調整。然而這些方法也提供了一個較具體的區分方式供研究者作為基礎，加以修改或延伸。

第三節　都市的分類

　　都市的分類有許多不同的方式，大致上可分為以下三大型式。

一、傳統分類法

　　傳統分類法傾向利用單一變數表示都市的特徵，將都市分成不同類別，如：

（一）都市起源分類法 (genetic classification)

　　該分類法由泰勒 (G.Taylor, 1949) 所提出，主要是根據都市的歷史起源時期進行區分。如研究歐洲都市，可以分為史前時代、古希臘與羅馬時期、中古世紀、文藝復興時期、工業革命時期及現代。又如研究臺灣都市時，可以區分為荷、西與明鄭時期、清朝時期、日治時代及戰後。

（二）位置分類法 (locational classification)

　　該分類法也由泰勒提出，主要是根據都市的地點與位置作為分類依據，如高原都市、海港都市、十字路口都市、山麓都市、渡口都市、關口都市等。這種分類常出現在報章雜誌與教科書上。

（三）都市形態分類法 (geomorphological classification)

1.依平面（二度空間）形態分類（圖 5-1）

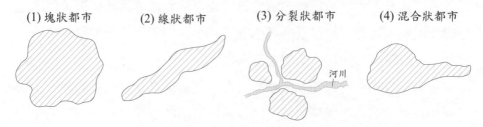

(1) 塊狀都市　　　(2) 線狀都市　　　(3) 分裂狀都市　　　(4) 混合狀都市

河川

圖 5-1　都市的平面形態

⑴塊狀都市 (compacted form town)

　　這種形狀的都市結構緊湊，各方發展較均勻，通常位於平原或盆地中央，巴黎就是個典型的例子。臺北市狀如秋海棠，也屬於塊狀都市。

⑵線狀都市 (linear form town)

　　線狀都市是一種不對稱的發展，某方向發展較快而另一方向發展較慢，使都市成為扁平狀。線狀都市最容易受交通或地形影響而形成，特別是中小型都市。沿主要交通幹道的方向，市街發展較快，常順著交通要道延伸；如沿臺 1 號公路沿線的中小型都市大部分都呈現線狀都市的結構。此外，都市也容易受地形影響而形成線狀都市，如位於山谷的新北投因沿山谷發展而形成線狀都市；有些都市則因利用海岸沙灘發展觀光遊憩，使市區發展也常儘可能沿海岸延伸，典型例子如法國蔚藍海岸的坎城與尼斯（照片 5-1、照片 5-2）。

⑶分裂狀都市 (fragmented form town)

　　有些都市建成區的發展受到地形影響，如被山地或河川切割，形成破碎分裂的形態，稱為分裂狀都市。如中國武漢市是由漢口、武昌與漢陽三個都市結合而成，中間被長江與漢水切割；另外匈牙利首都布達佩斯也是被河川切割成布達與佩斯兩塊區域。

⑷混合狀都市 (composite form town)

　　當一個都市不斷擴大，往往會與外圍地區已存在的聚落連成一體，形成像塊狀又像線狀的形態。例如原本是塊狀都市，由於都市擴張，在某方向發展得特別快，而把外圍小鎮併入，使其形態既具塊狀也具線狀的結構。

⑸其他形態

　　除了上述的形態外，還有一些特殊的形態，如星狀或環狀等。

　　地形與交通運輸是影響都市平面形態形塑最重要的因素，特別是交通運輸的發展常造成不同時期的都市平面形態改變（見第 12 章）。

2.依立體（三度空間）形態分類

　　都市形態的發展不但表現在二度空間，也表現在立體空間上。特別在戰後，不管是已發展國家或發展中國家的都市建設，受美國都市三度空間發展的影響，紛紛往立體方向發展，因此，對於都市形態的分類，也可以從三度空間發展的差異去作區劃，例如，可以把都市立體發展依建物的高度區分為四個等級或更多：

⑴第一級：空地多、建物以 1 層為主，常發生在小鎮或剛發展的市鎮。

⑵第二級：建物以 2 層或 3 層為主。

⑶第三級：建物以 4 層～25 層為主。

⑷第四級：建物多超過 25 層。

　　關於都市的三度空間發展，各國有不同的發展政策，如歐洲許多老都市並不強調三度空間，而是為了和諧度，採用相同的建物高度。但一般而言在相同國家中，都市階層愈高，其三度空間發展程度也愈高。以臺灣都市為例，臺北市的三度空間發展高於高雄市，而高雄又高於較低階層的嘉義市。

（四）都市階層分類法 (hierarchical classification)

　　根據都市人口規模，分成不同階層的都市，也是常見的傳統分類法

之一，許多國家的政府在規劃都市時，常根據這個原則進行都市分類，表 5-2 為美國都市階層的分類標準。

表 5-2　都市中心的階層分類（依人口數）

階層級數	階層名稱	大約人口數
1	小村 (hamlet)	16～150
2	村莊 (village)	150～1,000
3	鎮 (town)	1,000～2,500
4	小都市 (small city)	2,500～25,000
5	中型都市 (medium sized city)	25,000～100,000
6	大型都市 (large city)	100,000～800,000
7	大都會 (metropolis)	800,000 以上
8	大都市帶 (megalopolis)	不限定，但至少幾百萬人
9	人境都會區 (ecumenpolis)	不限定，但可能幾千萬人

資料來源：R. M. Highsmith and Ray M. Northam (1968), *World Economic Activities*。

行政院經濟建設委員會於 1975 年出版的 《臺灣地區都市體系之研究》中，將臺灣都市依階層分為下列六類：

⑴農村中心：< 5 萬人

⑵一般市鎮：5 萬～10 萬人

⑶地方中心：10 萬～20 萬人

⑷次區域中心：20 萬～50 萬人

⑸區域中心：50 萬～100 萬人

⑹臺灣地區中樞管理中心：> 100 萬人

二、機能分類法

（一）哈里斯 (C.D.Harris) 分類法

哈里斯主要利用兩個指標來界定都市的機能分類：

1. 都市主要產業在三種產業（製造業、零售業和批發業）總就業人口的百分比。

2. 都市主要的產業占都市總就業人口的百分比。

哈里斯根據都市的機能，將其分為九大類 (E.Jones, 1976, p.90)，即：

(1)製造業都市 (M) (manufacturing)　(6)大學城（教育）(E) (educational)

(2)零售業都市 (R) (retail)　(7)雜業都市 (D) (diversified)

(3)批發業都市 (W) (wholesale)　(8)遊憩業都市 (X) (resorts)

(4)運輸業都市 (T) (transport)　(9)政治中心都市 (P) (political)

(5)礦業都市 (S) (mining)

除了遊憩業都市與政治中心都市沒有明確標準以外，其餘七項均有數據作為分類的標準（表 5–3）。

哈里斯對於都市的分類，主要是根據美國 600 多個都市資料作出的主觀認定，並沒有理論依據。例如，為何一個製造業都市，從事製造業的人口須占都市總就業人口的 45% 以上；相對的運輸業都市只要從事通訊與運輸產業的人口占都市總就業人口 11% 以上即可？還有一點被後人所批評的是，根據哈里斯的分類法，一個都市只能歸類為某一種機能，但實際上可能有都市既是零售業都市，也可稱為製造業都市。

表 5-3　哈里斯對美國都市機能的分類標準

都市類別	以三種產業總就業人口區分	以都市總就業人口區分
製造業都市 (M)	製造業至少占三種產業總就業人口的 74%	製造業至少占都市總就業人口的 45%
零售業都市 (R)	零售業至少占三種產業總就業人口的 50%	零售業至少是批發業人口的 2.2 倍
批發業都市 (W)	批發業至少占三種產業總就業人口的 20%	批發業至少是零售業人口的 45%
運輸業都市 (T)	通訊與運輸產業至少占製造業人口的 1/3	1.通訊與運輸產業至少占都市總就業人口的 11% 2.零售與批發業占都市總就業人口的 2/3
礦業都市 (S)		礦業占都市總就業人口的 15%
大學城 (E)		至少都市人口的 25% 已註冊大學
雜業都市 (D)	1.製造業不足三種產業總就業人口的 60% 2.零售業不足三種產業總就業人口的 50% 3.批發業不足三種產業總就業人口的 20%	製造業人口約占都市總就業人口 25%～35%
遊憩業都市 (X)	沒有統計標準	
政治中心都市 (P)	各州首府及首都華盛頓	

資料來源：Chauncy D. Harris(1943)。

（二）史密斯 (R.H.T.Smith) 分類法

　　史密斯認為都市最主要的機能為工業與商業，因此他根據某都市的工業與商業就業人口百分比，以及全國工、商就業人口占總就業人口的百分比，組合成(I)、(II)、(III)、(IV)四大類都市，圖 5-2 為假設城鎮按這種組合形成的都市機能分類。

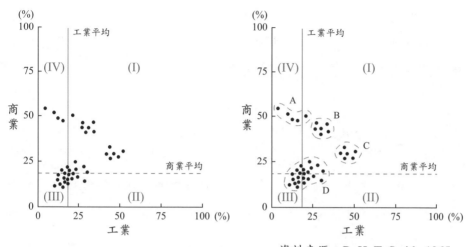

資料來源：R. H. T. Smith, 1965。

圖 5-2　假設城鎮組合的都市機能分類

(I)類都市：工業與商業的就業人口百分比均比全國工、商平均就業人口百分比高。

(II)類都市：工業就業人口百分比全國工業平均就業人口百分比高，但商業就業人口百分比較全國商業平均就業人口百分比低。

(III)類都市：其工業與商業就業人口百分比均較全國工商平均就業人口百分比為低。

(IV)類都市：其工業就業人口百分比較全國工業平均就業人口百分比低，但商業就業人口百分比較全國商業平均就業人口百分比高。

　　上述的分類法忽略了都市間機能的相似性，如圖 5-2 右所示，聚集於二條平均線交叉點附近的都市群 D，它們之間的機能非常相似，卻被分為四種不同的類型。另外，B 與 C 這二個都市群都被放在第一象限的類型(I)，但兩群都市之間在工業與商業方面的專業程度也相當不同。

（三）納爾遜 (H. J. Nelson) 分類法

納爾遜利用算術平均值與標準差 (standard deviation, SD) 作為都市機能分類的標準，標準差的計算公式為：

$$S_D = \sqrt{\frac{\sum_{i=1}^{n} d_i^2}{N}}$$

$d_i =$（某市從事 i 行業的就業人口占總就業人口百分比）－（全國各都市該行業就業人口占總就業人口百分比平均）

$N =$ 都市數

納爾遜以美國 897 個人口一萬人以上的城鎮作為研究對象，進行都市分類，其步驟歸納如下：

1. 在美國普查的 24 個行業中，將相進行業的合併成九種行業，即(1)交通運輸業、(2)專門服務業、(3)零售業、(4)私人服務業、(5)批發業、(6)礦業、(7)公共行政業、(8)金融、保險和房地產業及(9)加工製造業。並將這九種行業作為區分都市機能的基礎。

2. 計算所有都市中，每種行業中就業人口百分比的算術平均值 (M) 和標準差 (S_D)。以高於算術平均值加一個標準差 ($M+1S_D$) 的數值，作為衡量都市具有優勢行業的標準，並將其優勢行業的數值高於平均值以上的幾個標準差，表示該機能的強度。

3. 計算各都市每個行業的就業人口占總就業人口的百分比，並與 M 值進行比較，若多出一個標準差，即 $M+1S_D$，為第一級；多出二個標準差，即 $M+2S_D$，為第二級；多出三個標準差，即 $M+3S_D$，為第三級。依此可以計算出各都市中具優勢的行業及其強度。如果一個都市中的各行業所占百分比均低於 $M+1S_D$，表示該都市沒有具優勢的行業，也就是該都市為雜業都市。

4. 依上述的標準，一個都市可能具有一項有優勢行業，也可能有二項或更多項優勢行業。換句話說，某都市可能同時是交通運輸業都市與零售業都市。根據納爾遜的分類結果，用代號列出每個都市機能類別與強度，例如：

⑴華盛頓 Pb3F（公共行政 3 級，金融保險和房地產業 1 級）

⑵紐約 F2（金融保險與房地產業 2 級）

⑶底特律 Mf（製造業 1 級）

⑷邁阿密 Ps3RF（個人服務 3 級，零售業 1 級，金融保險與房地產業 1 級）

　　納爾遜的分類法建立在統計標準上，較具有客觀性，而且一個都市可能擁有二個以上的優勢機能，也較能反映實際的都市機能情形。

（四）亞歷山大遜 (G. Alexanderson) 的分類法

　　亞歷山大遜認為都市機能分類應該扣除非基本活動部分後，再以都市基本活動部分作為分類的基礎，其分類步驟如下：

1. 計算所有都市各行業 (i) 的百分比（即 $\frac{S_i}{S}\frac{S_i}{S}-100\%$），然後按數值將各都市由小至大排列。

2. 取第 5% 個都市 i 行業的百分比作為 K 值 （一都市 i 行業自足時所需的最少就業人口百分比）。

3. 將各都市計算出 i 行業百分比的值減 K 值，剩餘數值即為該都市 i 行業從事基本活動的百分比。根據數值的多寡，進行都市分類，數值介於 5～10% 列為 C 級；10～20% 為 B 級；>20% 為 A 級。

4. 同樣步驟可求出各都市其他行業中具優勢機能的行業及其強度。因此一個都市可能有一個、二個或更多具優勢機能的行業。也就是說，一個都市可同時被歸類為不同機能的都市類別。如亞歷山大遜將美國普林斯頓 (Princeton) 歸為教育（A 級）與專業性服務（C 級）二個優勢機能的都市類別。

（五）專業化指標 (index of specialization, IS) 分類法

此方法是以各都市 i 行業的專業化程度作為標準，對都市進行分類。以專業化指標作為專業化程度的代表，i 行業的專業指標值愈大，表示某都市 i 行業的專業化程度愈高。根據計算結果，將所有都市 i 行業的專業化指標根據最高與最低值的差距分割為幾個等級，作為都市分類依據。專業化指標 (I_S) 的計算公式為：

$$I_S = \Sigma_i [\frac{(P_i - M_i)^2}{M_i}] - [\frac{(\Sigma_i P_i - \Sigma_i M_i)^2}{\Sigma_i M_i}]$$

i：每一個行業 (i = 1, 2, 3...n)

P_i：i 行業就業人口百分比

M_i：一都市對 i 行業最小需求量所需的就業人口百分比

假設求出專業化指標最低的都市只有 3.0，最高的都市 I_S 值為 560，則我們可以將 I_S – 100 列為第一級；100～200 為第二級；201～300 為第三級；301～400 為第四級；> 400 為第五級都市。

麥克威爾 (J.W.Maxwell) 對加拿大都市進行分類時，除了採專業化指標外，還參考：1.都市的優勢機能 (dominant function)，根據都市基本活動就業人口中比例最大的行業，作為該都市的優勢機能。在其研究中，發現加拿大 80 個都市中有 61 個都市的優勢機能為製造業。2.突出機能 (distinctive function)，即利用納爾遜分類法中，所有都市 i 行業就業人口百分比的算術平均值 (M) 加標準差 (S_D) 的方法來分析 i 行業的突出機能。根據其研究，發現加拿大都市的突出機能的差異性與批發業的比重有密切關係。

因此，麥克威爾根據上面三個指標分析，選擇四個要素作為都市分類的依據，此四要素為：

⑴製造業基本活動部門的就業人口百分比。

⑵批發業基本活動部門的就業人口百分比。

⑶專業化指標。

⑷人口規模。

　綜合上述要素，把加拿大都市區分為五大機能類型：1.專業化的製造業都市。2.區域首府，分布在邊緣地區，為地區性集散中心。3.以採礦業中心都市為主的專業都市。4.四個主要大都市中心，即蒙特利爾、多倫多、溫哥華及溫尼伯。5.為區域首府，製造業相對重要，但其他機能則各都市皆不同，可視為前三種類型的過渡。

三、多變量分類法

　上述傳統分類法與機能分類法，不管是採用質性或量化分析，多以單一指標或偏重經濟機能，但都市（特別是大都市）是個龐大、複雜的綜合體。都市的特徵除了表現在經濟方面，還可以表現在人口、社會及其他人文特徵（如宗教、種族），因此若增加以上都市特徵作為都市分類的根據，更能呈現該都市的全貌。不過以往侷限於資料的計算能力，無法做到這一點。戰後由於電腦的使用，對龐大資料的處理分析能力增強，使這個問題已不存在。於是許多學者開始使用電腦，引進一些較複雜的統計分析方法進行都市的分類。其中最廣為使用的是多變量分析，如主成分分析 (principal component analysis)、因子分析 (factor analysis) 與聚類分析 (cluster analysis) 等。當 1960 年代計量方法在英美等國家的地理學界中發展到高峰時，這種分類法也開始盛行。

　利用主成分分析或因子分析，可以把許多都市特徵如經濟、社會、人口及其他變數，組合成因子 (factors)，每個因子有其因子載荷 (factor loadings)，選擇因子載荷量較大的部分作為都市分類的標準。而聚類分析則將資料進行標準化後，將具有相似指標的都市聚集在一起，利用電

腦軟體計算各都市群之間的距離，原則上組群中的都市之間差距（距離）極小；相對的組群之間則差距較大。

貝里 (J.L.Berry) 指出，美國都市可以得到 97 個以上代表都市特徵的變量 (variables)，若依照傳統方法則難以處理這麼多變量的資料。然而貝里利用因子分析，把這 97 個變量歸納成 14 個因子，每個因子所包含的變量不一，最多有 22 個，最少只有 2 個。這 14 個因子涵蓋了不同的面向，有經濟、社會、人口及其他。如第一個因子為都市機能大小，包括人口數、勞力數與就業率等 22 個變量，高度反映美國都市的情況。社會經濟的因子則有所得、教育水準及居住情形等變量。

類似的多變量分析被其他學者廣泛應用到其他國家的都市分類研究上。如金恩 (King, 1966) 分析加拿大都市（105 個都市，52 個變量）；摩恩 (Moser) 與斯蔻特 (Scott, 1961) 研究英格蘭與威爾斯的都市（157 個都市，60 個變量）；弗袖兒 (Fisher, 1965) 分析南斯拉夫的都市（55 個都市中心，26 個變量）；Ahmad(1965) 則進行印度的都市分類（102 個都市，62 個變量）；瑪默庫吉 (Mabogunge, 1969) 研究奈及利亞 (Nigeria) 的都市及馬努特 (Mcnulty, 1969) 對迦納 (Ghana) 的都市進行分類。總之，近幾十年頗盛行以多變量分析作為都市分類的工具，一時蔚為風氣。

第6章
都市影響帶與大小分布

第一節　都市影響帶的定義與界定

一、都市影響帶的定義

　　都市的影響帶 (zone of influence) 是指都市四周廣大地區與都市本身具極密切關係的範圍。從日常生活經驗可知，都市外圍地區與都市間的互動往往隨著距離增加而減少，而所謂影響帶是指這種互動的量達到一定程度的地區。當然，所謂一定程度的量往往是研究者的主觀判斷，並沒有客觀標準可依循。一般而言，這種

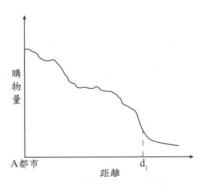

圖 6–1　A 市鄰近地區向 A 市購物量變化假設性示意圖

互動關係並不是隨距離呈一定比例遞減，而是常在某距離開始出現快速下降的現象，如圖 6–1 為 A 都市鄰近地區往該都市購物量變化假設性示意圖，其中，在 d_1 處購物量呈現快速下降，在 d_1 以外的地區其購物量已微不足道，無法稱其具有密切關係，研究者就以 d_1 處作為 A 市購物圈的分界。

　　其次，所謂具極密切關係指的到底是什麼關係？其包括經濟、社會、文化、教育、娛樂等生活上需要的各種活動。不同學者常賦予都市影響

帶不同的名稱，常見的如：腹地 (hinterland)、周地 (umland)、勢力範圍 (sphere of influence)、生活圈 (living sphere) 等等，可謂不一而足。至於一般人常說的「購物圈」、「通勤圈」等，只是影響帶中屬於經濟活動的部分，並不完全等同於影響帶。

二、都市影響帶的界定

如上所述，雖然對於都市影響帶有各種不同的名稱，但更重要的不是名稱本身，而是如何描述都市本身與四周廣大地區的關係，以及界定影響帶的意義。對一個市場小鎮服務的鄉村地區進行分析，可以看出城鄉間的關係，檢驗出都市中心實際提供了鄉村地區什麼樣的物品與服務。不同大小的都市，其影響帶也有不同。較大都市的影響帶較大，反之則較小。這些大小都市的影響帶交織重疊在空間上。因此，較小都市常整個屬於較大都市的影響帶範圍內。從都市影響帶界線的區分，有時可展現出都市體系中達到某特別階層的都市，可以對四周廣大地區的鄉村與較小都市，提供某些專業的服務。一個非常大的都市可能對四周地區產生特別強烈的影響，當影響力大到可使四周地區的結構改變時，常形成機能區域 (functional regions)。如此，對於大都會影響帶的分析也就具有區域地理研究的意涵了。

都市影響帶界定雖具意義，但界定的方法很難精確而具有公信力，施之四海皆準。一般常用的界定方法，有如下幾種：

（一）傳統調查法

首先，把表示都市影響帶的概念，包括經濟、社會、文化與教育等，轉換成具體指標，然後根據這些指標，利用問卷、訪談及野外實察，將資料繪製成一個都市的影響帶範圍。都市影響帶的指標包羅萬象，如購物、客運、就學、通勤、電話、社交娛樂、報章雜誌、銀行服務等。研究者利用上述指標作劃分都市影響帶的方式有二種：一種是採用多指標

作為劃分依據；另一種則只採用某指標作為界定影響帶的標準。

　　以多指標作為界定都市影響帶的例子很多，如諾廉 (Northam, 1979) 以 1.免加費電話範圍、 2.一般電話費範圍、 3.銀行服務範圍及 4.員工通勤範圍等四個指標繪製某主要都市假設示意圖（圖 6–2）。卡特 (Carter) 在研究威爾斯的都市雷克瑟母 (Wrexham) 的影響帶時，則利用五個指標 (Johnson, 1975)，即： 1.初級中學學區、 2.雷克瑟母市電影廣告帶、 3.郵局服務區、4.某零售業公司送貨區及 5.雷克瑟母市保險公司主要服務區，作為繪製影響帶的標準（圖 6–3）。同樣的，史麥爾 (Smailes, 1947) 分析北愛爾蘭巴利米納 (Ballymena) 市的影響帶時，使用了「客運班次」、「週報發行區」及「商店和中學服務區」等三個指標，作為劃分依據。

　　從上述例子可知，以多指標劃分都市影響帶有個很大的困擾在於，不同指標有不同的範圍界線，如何劃出一個都市的影響帶？有一個辦法是取這些參差不齊界線的平均，如圖 6–2 中取 A 與 D 的中線。

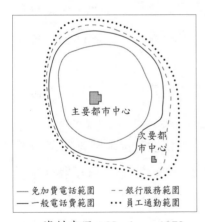

資料來源：Northam, 1979。

圖 6–2　一焦點市的影響帶界定

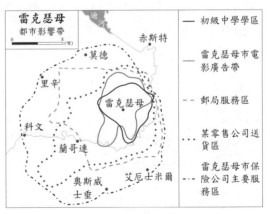

資料來源：Johnson, 1972。

圖 6–3　英國雷克瑟母市的影響帶

　　另外一個辦法是只取一個指標作為劃分都市影響帶的界線，這個指標應選擇特別能表示該都市與四周鄰近地區間的關係為宜。較為人所知

的例子是使用日報發行地區作為一個都會中心的影響帶，透過報紙讀者可與都市產生密切聯繫，報紙的廣告提供都市物品與服務的資訊，社會新聞則常集中在與都市有密切關係的腹地。因此，報紙的發行區可以當作是都市與四周地區某些社會與經濟聯繫的指標，而報紙本身就是加強這些聯繫的一個重要的因素。

較小的地方性報紙，同樣可以用來衡量較小城鎮的影響帶。豪頓 (Haughton) 利用發刊於愛爾蘭 (Eire) 的地方性報紙發行地區來界定鄉村小鎮的影響帶，他藉由報紙上報導的地方新聞發生地區及報紙上刊登的廣告來源地區，作為主要劃分的根據。

另外，常用來界定都市影響帶的單一指標是往來於都市與四周腹地的巴士班次。一般而言，兩地之間巴士班次的頻率常是經過調整，反映長期以來兩地之間的互動量。格林 (Green) 曾利用地方客運時刻表作為分析英國一些小都市影響帶的基礎，他假設都市是巴士客運中心，而都市腹地為利用巴士客運容易到達的地方來界定。格林作這個分析時是在 1940 年代，當時一般民眾進入都市多依賴大眾運輸工具，因此利用客運班次比較能反映實際情況。不過自從私人轎車盛行後，巴士班次的利用性大為減低，因此以巴士班次作為都市影響帶劃分指標，其效率性也大不如前。

很顯然的，都市影響帶分析對於具中地服務優勢機能的都市最為適宜。然而，對於某些具特別專業機能的都市，其影響帶的劃分常有先天上的困難，容易受到扭曲或呈現不連續性。有些都市其存在的主要機能為採掘性產業，則形成其影響帶的劃分困難。比方說，科威特的經濟動脈為石油輸出，因此這個優勢機能的影響帶為不連續性，甚至達遠在千里之外的歐美地區。且政治因素也可能形成一個奇特的都市影響帶，如東西德合併前，西柏林對西德提供某些機能，但政治界線使西柏林與其影響帶分隔。對於遊憩與觀光都市也有類似的困難，這些都市常與緊鄰

地區沒有相當密切的實質聯繫,反而提供遠處地區居民的需要,美國的拉斯維加斯 (Las Vegas) 就是個典型的例子。

　　傳統調查法主要是透過問卷與訪談得到需要的資料,而問卷與訪談可以在都市內的商場或相關機構對顧客隨機抽樣進行,也可以在都市四周鄉鎮進行。問卷與訪談的項目配合研究都市的階層高低而有所不同。如果分析的都市影響帶是屬於較低階層的小都市,則其提供的物品與服務應為較低層次;反之如果是較大都市,則其提供的物品與服務層次就較高。另外,有些作為劃分都市影響帶的指標本身也有不同層次,這時也要衡量分析都市的階層,選擇採用的指標層次。以就學為例,就臺灣的情況而言,較低層次的小學與國中,因為採學區制度,所以就學區通常就在所在地的鄉鎮。而較高層次的大專院校,其學生來源則主要以學生的大考成績及志願填寫為主,與都市影響帶的關係性很小。倒是介於兩者之間的高中職較能反映出某些較高階層都市的影響帶,如嘉義市著名高中職的學生主要來自雲林、嘉義地區;臺南市來自的學生來自臺南市及高雄路竹區以北;高雄市則以岡山以南地區為主,包含屏東縣。

　　有些指標,如娛樂與藝文活動,在野外實察中可直接透過宣傳海報得到相當的資訊,作為劃分都市影響帶的參考。一個有趣的例子是,在進行高雄市路竹區的調查時,沿街看到的各種電影、歌舞表演等藝文活動的海報,除了本地外,絕大多數來自於臺南市的電影院與藝文地區;而在岡山區看到的海報,除了本地外,絕大部分為高雄市的活動。很顯然臺南市與高雄市之間,若以娛樂與藝文活動作為指標,其影響帶分界應在岡山區與路竹區之間。這個分界與就學的分界倒也相當符合。也就是說,路竹區以北的高中職學生多往臺南市就讀;而岡山區以南的學生則多選擇高雄市就讀。

　　另外,一些指標的資料可以從二手資料中得到,不用親自問卷或訪談。最顯著例子為客運班次,可以直接從客運公司得到、學校的學生來

源地也可從學生通信地址得到。甚至有些大商場採用會員制（如 Costco 量販店），都有現成顧客來源地的資料。

行政院經建會都市規劃處 (1975, p.25) 利用通勤圈與購物圈界定都市影響帶。所謂「通勤圈」定義為：任何鄉鎮的就業人口中有 10% 以上每日通勤來回甲市，且其本身亦非其他鄉鎮的就業中心，則該鄉鎮劃入甲市的通勤影響範圍。「購物圈」的定義為，符合下列二條件之一的鄉鎮劃入甲市的購物圈範圍：1.任何鄉鎮有 30% 以上住戶，其購物地點為甲市。 2.任何鄉鎮有 10% 至 30% 住戶，其購物地點為甲市，且緊鄰甲市購物影響圈所及地區，本身又不是其他鄉鎮的購物中心。

另外，行政院經建會住宅及都市發展處 (1978, pp.120～122) 則依通勤、購物活動距離、行政區劃、產業活動、地理環境及發展潛力，作為規劃地方生活圈的根據，把臺灣的地方生活圈概分為三類：

1.地方生活圈兼全國政治、經濟、文化中心臺北圈。

2.地方生活圈兼區域中心包括高雄圈、臺南圈及臺中圈。

3.一般生活圈，又可分為(1)製造業發展程度較高的地方生活圈，包括基隆、桃園中壢、新竹、竹東、羅東、竹南頭份、苗栗、臺中港市、彰化、員林、斗六、嘉義、新營、岡山、屏東、潮州、花蓮等十七個地區；(2)農業較發達的地方生活圈，包括宜蘭、溪湖、南投草屯、埔里、虎尾、北港、朴子、麻豆佳里、新化、旗山、馬公、恆春、臺東、玉里等十四個地區。

總而言之，使用傳統調查法界定一個都市的影響帶時，所用的指標不同，對於同一個都市影響帶的詮釋也迥然有異，常隨研究者的目的與主觀認定而變。

（二）模式劃分法

模式 (model) 的目的是把複雜的現實加以簡化及概括化 (generalization)，只凸顯某些因素之間的關係。在劃分都市影響帶的模式

中，使用最多的為重力模式 (gravity model) 及其變型（又稱為互動模式，interaction model），常用的有下列幾種：

1. 凱利模式 (Carey's model)

這個模式是凱利 (H.C.Carey) 於十九世紀時提出，主要概念為兩地間互動的量與兩地人口乘積成正比，並與兩地間的距離成反比，其公式為：

$$I_{12} = \frac{P_1 \cdot P_2}{D_{12}} \cdots\cdots(1)$$

I_{12}：1 地與 2 地間的互動量

P_1, P_2：分別代表 1 地與 2 地的人口數

D_{12}：1 地與 2 地間的距離

在凱利模式中，以人口量代表各種活動量，包括經濟、社會、文化與教育及娛樂活動。因此，一地人口量愈多，代表其活動力愈強，影響帶也愈大。另一方面，距離則扮演負面角色，也就是距離會產生摩擦作用 (friction effect)，當兩地間的距離增加，則互動量會隨之減少。圖 6–4 是說明凱利模式的一個假設性例子，在這個例子中可以應用凱利模式求得 A 與 B、B 與 C 及 A 與 C 之間的互動量，分別以 I_{AB}、I_{BC} 及 I_{AC} 為代表如下：

$$I_{AB} = \frac{(40,000)(20,000)}{20} = \frac{(40)(20)}{20} = 40.0$$

$$I_{BC} = \frac{(20,000)(5,000)}{10} = \frac{(20)(5)}{10} = 10.0$$

$$I_{AC} = \frac{(40,000)(5,000)}{15} = \frac{(40)(5)}{15} = 13.3$$

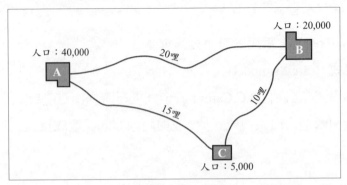

資料來源：取自 Ray M.Northam, 1979。

圖 6-4　凱利模式示意圖

　　利用凱利模式可以劃分一個都市的影響帶，圖 6-5a 為虛擬的聚落分布圖，A 為較大都市，其餘為較小聚落，而聚落 1, 2, 3, 4 為人口規模相當的聚落，根據凱利模式計算某一方向 I_{A1}、I_{A2}、I_{A3} 與 I_{A4} 的值，繪成如圖 6-5b，在聚落 4 的距離時，I_{A4} 值快速下降，呈一不連續面，可以用 A_4 作為 A 市在這一方向上的影響範圍，依同樣方法在其他方向繪出各方向的影響範圍，然後將各點連結起來，即為 A 市影響帶。在這個假設的聚落分布圖中，A 市為唯一較大的都市。而計算界定 A 市影響帶的 I 值時，所選定的 1, 2, 3, 4 等聚落最好是規模相當，如果彼此間人口規模太過懸殊，則會造成 I 值分布曲線扭曲，無法劃出真正的界線。

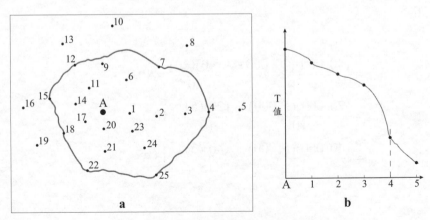

圖 6-5　虛擬聚落分布的影響帶劃分

2.瑞利法則 (Reilly's law)

　　瑞利 (W.J.Reilly) 於 1931 年時，根據凱利的重力模式加以修正，提出所謂的「瑞利法則」來估計兩個較大都市中心之間，一個較小都市或聚落取自兩大都市的零售量。瑞利法則與凱利模式類似，是以都市人口數及距離作為零售業銷售量的影響指標，他認為兩個較大都市（城 1 與城 2）對其間某地 (m) 的零售銷售量，與這兩個都市的大小成正比，而與這兩個都市和 m 點距離的平方成反比，其數學公式如下：

$$\frac{S_1}{S_2} = (\frac{P_1}{P_2})(\frac{D_1}{D_2})^2 \cdots\cdots(2)$$

S_1：m 地向城 1 購買的量

S_2：m 地向城 2 購買的量

P_1：城 1 人口數

P_2：城 2 人口數

D_1：m 地與城 1 的距離

D_2：m 地與城 2 的距離

　　圖 6–6 為根據瑞利法則繪製的示意圖 ，圖中城 1 與城 2 的距離為 D，且 $D=D_1+D_2$。

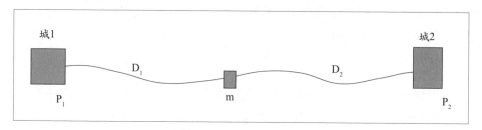

圖 6–6　瑞利法則示意圖

　　康明士 (A.D.Converse) 從瑞利法則引申出「分捩點」觀念 (Breaking point Concept)，提出分捩點的公式。根據分捩點觀念，如果 m 是城 1 與城 2 零售業銷售範圍的分界點，則 m 地向城 1 購買的量 (S_1) 等於向城 2 購買的量 (S_2)，即 $S_1 = S_2$，則公式(2)可轉換成分捩點公式：

$$1 = (\frac{P_1}{P_2}) \, (\frac{D - D_1}{D_1})^2$$

$$移項 \, \sqrt{\frac{P_2}{P_1}} = \frac{D}{D_1} - 1$$

$$\frac{D}{D_1} = 1 + \sqrt{\frac{P_2}{P_1}}$$

$$\frac{D_1}{D} = \frac{1}{1 + \sqrt{\frac{P_2}{P_1}}}$$

$$\therefore D_1 = \frac{D}{1 + \sqrt{\frac{P_2}{P_1}}} \cdots\cdots(3)$$

$$\because D = D_1 + D_2$$

假設 $P_2 = 80$ 萬人，$P_1 = 20$ 萬人，而 $D = 90$ 公里，則城 1 與城 2 的零售分界為：

$$D_1 = \frac{90}{1 + \sqrt{\frac{80}{20}}} = \frac{90}{3} = 30 \, 公里$$

　　分捩點應為與城 1 距離 30 公里的地方，顯然的較大規模的城 2 其零售業的行銷範圍較大。利用分捩點公式可以劃分二都市的影響帶，其方法為求焦點市與四周都市間的分捩點，然後再連結這些分捩點，其範圍即為此焦點市的影響帶，圖 6–7 為諾廉 (Northam) 應用分捩點公式界定

影響帶的假設性例子。假設焦點市 R 的四周有 S、T、U、V 等四個都市，首先，依公式⑶計算出 R 分別與 S、T、U、V 的分捩點（圖 6–7 中 B），然後再連結這些分捩點，構成圖中虛線範圍，此虛線範圍即為 R 市的影響帶。

$$B_{(R, S)} = \frac{20}{1 + \sqrt{\dfrac{60,000}{20,000}}} = \frac{20}{2.73} = 7.33 \text{ miles from S}$$

$$B_{(R, T)} = \frac{15}{1 + \sqrt{\dfrac{60,000}{15,000}}} = \frac{15}{3.00} = 5.00 \text{ miles from T}$$

$$B_{(R, U)} = \frac{30}{1 + \sqrt{\dfrac{60,000}{30,000}}} = \frac{30}{2.41} = 12.45 \text{ miles from U}$$

$$B_{(R, V)} = \frac{10}{1 + \sqrt{\dfrac{60,000}{5,000}}} = \frac{10}{4.46} = 2.24 \text{ miles from V}$$

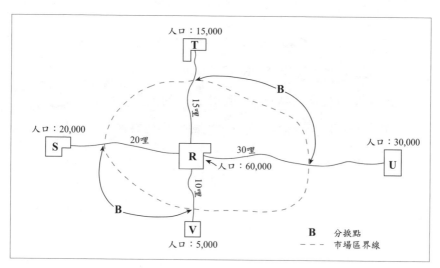

資料來源：Northam, 1979。

圖 6–7　分捩點觀念應用示意圖

　　　　上述模式皆以人口數與實質距離作為劃分都市影響帶的指標。不過，有時為了某種特別目的或顧及實際情形，也可以用其他指標來替代。例如，以購物作為劃分依據時，可以用商店數代替人口數；又如，有些互動中時間反而比距離更有影響力，這時可以用「時間」代替實質距離，即模式中兩地的距離(D)可用兩地間的旅程所需時間 (T) 代替。

　　　　不管是凱利模式、瑞利法則或康明士的分捩點觀念，都屬「決定性」模式 (deterministic)，其影響帶的界線為線狀，但實際上影響帶界線常形成過渡性的帶狀分布，因此線狀界線常被人們所質疑。有個解決的方法，把模式中影響帶的線狀界線當成是過渡帶的中線。為了避免這種質疑，荷夫 (Huff) 提出了一個「可能性模式」(possibilistic)，即荷夫模式。

3.荷夫模式 (Huff's model)

　　　　荷夫 (David L.Huff) 模式基本上屬於重力模式的變型，其最大特點是以機率代替絕對數據，作為劃分都市影響帶的依據，其公式如下：

$$P_{A1} = (\frac{S_1}{T_{A1}^{\alpha}}) - (\sum_{i=1}^{n} \frac{S_i}{T_{Ai}^{\alpha}}) \cdots\cdots(4)$$

P_{A1}：A 地顧客前往中心市 1 購物的機率

n：焦點市的數目 $(S_1, S_2, S_3...S_n)$

S_i：分別代表焦點市 $S_1, S_2, S_3...S_n$ 的大小

T_{Ai}：顧客前往各焦點市 (i) 來回所需的時間

α：參數

貝里 (Berry, 1967) 利用荷夫模式在假設的三個都市中心，繪出購物等機率線分布圖（圖 6-8）。然後在 A 與 B 都市中心之間找出往返兩個都市購物機率相同的點，再將這些點連結起來，即為 A 與 B 市之間的影響帶分界。同樣方法也可以畫出 B 與 C 市及 A 與 C 市間的影響帶分界，如圖中三條較粗線段。

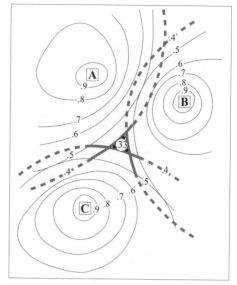

資料來源：Brian、J. L. Berry, 1967。

圖 6-8　購物機率線分布圖

第二節　都市影響帶的特徵與應用

一、都市影響帶的特徵

都市影響帶最大的特徵在於，影響帶的範圍會隨時間而改變。有些都市影響帶可能加大，而另一些都市的影響帶則可能反而萎縮。

影響範圍改變的因素，主要是交通運輸的改善。交通的改善縮短了兩地間往來的「時間距離」(time distance)，造成「時空收斂」(time-space convergence)（見第 12 章）。換句話說，人們可用較短時間往返於較遠的距離，如北宜高速公路於 2006 年通車，通車後由南港至宜蘭頭城只要 40 分左右，讓宜蘭平原成為臺北都會的郊區後花園，促使兩地間的互動大增。一般而言，這種交通改善造成的時空收斂，對大都市影響帶的擴大較有幫助，對於中、小都市影響帶擴大的助益較少，有時反而造

成萎縮。例如，當北宜高速公路通車後，使部分頭城居民改變原本到宜蘭購物或從事娛樂活動的習慣。理由很簡單，只要 40 分鐘就可到臺北市享受較高品質且多選擇性的購物與娛樂活動。

其次，經濟發展也是導致都市影響帶改變的重要因素。經濟發展使所得增加，也增強了一般人從事購物或其他活動的能力，更重要的是，私家轎車的擁有率提高，增加了人們的機動性。因擁有轎車，不但減少了旅程的時間也增加了便利性，使人們有更高的意願到較遠的地方從事各種互動。結果如同交通改善，對大都市影響帶的擴大助益較大。

第三個特徵在於，一國內都市影響帶與人為的行政界線關係不大。也就是說，一般人的生活圈往往跨越行政界線，例如苗栗縣北部地區的居民在進行較高級購物與就學時，多往新竹市而不是苗栗市；而位於苗栗南部地區的居民則多往臺中市東勢區。同樣的，高雄市路竹區以北的居民，包括湖內區與茄萣區，一般前往臺南市購物、就學與娛樂等活動，也就是路竹區以北屬於臺南市的影響帶。

另外族群、語言及其他人文因素也會影響到都市影響帶擴張，例如，羅賓遜 (Robinson) 與沙利 (Salih) (1971) 研究馬來西亞首都吉隆坡 (Kuala Lumpur) 的發展與擴散時，發現對以華裔為主的聚落互動較頻繁，擴散也較快；反之，對以馬來人為主的聚落擴散較緩慢，主要原因為吉隆坡的經濟活動以華裔馬來西亞人為主，基於語言、族群及人脈的差異性，使吉隆坡的發展（特別是經濟方面的發展）在華裔的聚落較容易。臺灣也可以找到類似的例子，如高雄市的美濃區與旗山區位於荖濃溪西岸，隔荖濃溪與東岸隸屬於屏東縣的高樹與里港相對。其中美濃與高樹為客家聚落，而旗山與里港為福佬人聚落，在從前農業時代，美濃與高樹之間的互動，包括經濟、社會及婚姻等，遠較美濃與里港或旗山為多；反過來說，旗山與里港間的互動也較旗山與高樹頻繁。此種情形隨著工業化與現代化的進展，已不顯著。

二、都市影響帶的應用

　　都市影響帶代表一個都市四周與都市本身有密切互動關係的地區。都市提供了四周廣大鄉村地區購物、社交、教育、文化與娛樂等，反過來說，四周廣大鄉村地區則供應都市所需的水源、產品、遊憩資源甚至是發展的腹地。因此都市影響帶的研究與分析，可以提供給都市計畫者作為參考，如交通系統的規劃不能只顧及都市行政區本身，必須考慮到四周聚落居民與都市互動關係，才能有效地解決都會區的交通問題，像臺北捷運系統不能只建在臺北市行政區範圍，而必須跨越行政區界線，延伸至四周的中永和、板橋、土城、三重與新莊等地區。其他的都會建設也要考慮到都會的影響帶，才能畢竟其功。

　　其次，都市影響帶的概念也常成為都市行政區劃分的依據，特別是大都市。因此一些大都市在調整其行政區劃時，常擴大涵蓋四周廣大的影響帶，讓都市與影響帶可在同一行政單位作整合性的規劃，使相關政策能較有效率的推動。典型的例子為，中國對部分大都市作行政區重整時，就應用到影響帶的概念，把鄰近的縣市鎮合併於大都市的行政管轄範圍內，因此產生市轄縣，或市轄鎮等特殊的行政制度，如：南京市湯山鎮，即為市轄鎮的例子；上海市行政區擴張到原來鄰近地區包括崇明島在內的十個縣；重慶市涵蓋了四周原來十二個縣；而北京市則合併了周邊十個縣。

第三節　都市大小法則

一、齊夫 (G.K.Zipf) 的「等級大小法則」(rank-size rule)

　　齊夫根據鄂巴克 (Auerback) 在 1913 年所提出關於都市大小及順序

等級間的規律性說法加以修正，於 1949 年提出一個經驗公式，如下：

$$P_r = \frac{P_1}{r} \cdots\cdots(5)$$

P_r：某國家第 r 級都市人口數

P_1：該國最大都市人口數

r：都市的等級

　　根據等級大小法則，如果一個國家最大都市為 120 萬人；第二大都市為 120 萬 / 2 = 60 萬人；第三大都市為 120 萬 / 3 = 40 萬人，依此類推。接近這樣的變化時，其都市順序大小分布合乎等級大小法則（圖 6-9）。例如，2020 年臺灣最大都市為新北市，約 400 多萬人，按照等級大小法則，第二大都市應為 200 多萬人，略少於桃園市（約 230 萬人）；第三大都市近 133 萬人，略多於彰化縣（約 127 萬人）；而第四大都市應為 100 萬人。

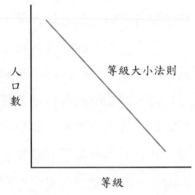

圖 6-9　等級大小法則分布

　　公式(5)兩邊取對數，成為簡單線狀迴歸方程式 (simple linear regression)，即：

$$\log P_r = \log P_1 - \log r \cdots\cdots(6)$$

　　此時，都市順序等級 (rank) 與都市人口數呈直線關係，斜度為 –1（45 度）。為了使上述公式更具有彈性，也就是讓都市順序等級與人口數間關係呈現的迴歸線有不同角度，則公式(5)可改為：

$$P_r = \frac{P_1}{r^q} \cdots\cdots(7)$$

q：參數

兩邊取對數，得到

$$\log P_r = \log P_1 - q\log r \cdots\cdots(8)$$

　　公式(7)與(8)在實際研究中用途相當廣泛，若公式中的 q = 1 時，為標準的等級大小法則。那麼，如何判斷一個國家的都市大小分布是否合乎等級大小法則？一般判別的方法有幾何方法與統計方法兩種。

　　所謂幾何方法是把都市人口數當縱座標（Y 軸），把大小等級當橫座標（X 軸），而 X 軸與 Y 軸均以對數座標表示。再將各都市依人口數及等級代數對數後點繪在圖上，如果其分布接近直線，則都市大小分布合乎等級大小法則。

　　貝里 (Berry) 利用幾何方法分析世界上 38 個國家，包括已發展與發展中國家的都市大小分布形態。結果在 38 個國家中有 13 個國家屬於等級大小法則的分布形態，15 個國家屬於「首要型都市」分布，而其餘 10 個國家為介於兩者之間的複合形態 。 作者也利用幾何方法分析 1966 年（民國 55 年）與 1977 年（民國 66 年），也就是臺灣工業化與都市化快速成長的時期，結果顯示，當時臺灣的都市大小等級分布接近齊夫的等級大小法則（圖 6-10）。

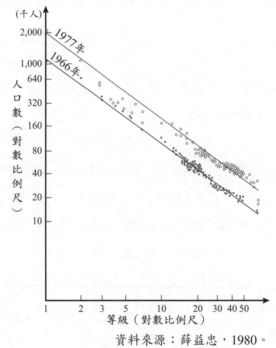

資料來源：薛益忠，1980。

圖 6-10　臺灣的都市等級大小分布

　　另外，利用統計方法也可以判別一國都市大小的分布是否接近等級
大小法則。首先，根據公式(8)計算線狀迴歸方程式的相關係數 (r, correlation coefficient)。相關係數大表示都市大小分布接近直線分布，因
為由相關係數可得知其「確定係數」(R^2, coefficient of determination)，如
r＝0.9 時，則 $R^2 = 0.9^2 = 0.81$。確定係數 (R^2) 表示此迴歸方程式所涵蓋
的變異數 (variance)，如前面的例子，$R^2 = 0.81$，表示該迴歸方程式可解
釋到 80% 的變異數，如果 r 值非常低，表示都市大小分布與等級大小法
則無關。

其次，求公式(8)中的 q 值。q
值決定了線狀迴歸與 X 軸的交角。
理論上，只有當 q = 1 時，才合乎
理想的等級大小法則。如果 q > 1，
表示都市分布傾向集中在較大的
都市；反之，若 q < 1 時，表示都
市大小較均勻，也就是中小都市較
發達，如圖 6–11。

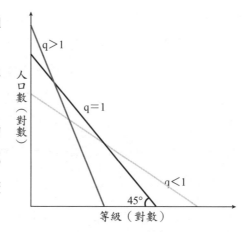

圖 6–11　不同 q 值的都市大小分布形態

總之，一個合乎理想等級大小
法則的都市大小分布，根據公式(8)，必須是 r 值非常高且 q = 1。

不過公式(8)兩邊取對數，而都市的等級本來就是按都市規模（以都
市人口數表示）大小排列，再加上都市規模以對數尺度表示時，圖上的
人口規模表現程度就會被大大縮小，因此，一般由公式(8)所求得的相關
係數 (r) 都很大，不具顯著的鑑別度。

判定一個國家的都市大小分布是否合乎等級大小法則時，常受「都
市的定義」與樣本大小的影響，導致分析的結果有所差異。

所謂「都市的定義」是指，計算時採用的都市規模（都市人口數）
是限於都市本身（city proper，即都市的行政界線範圍）人口，或是指都
市向外延伸形成的都會區人口。不同採計都市人口的方式會影響到都市
大小分布的分析結果。如 Rosen 和 Resnick (1980) 以都市本身人口作依
據，而以 44 個國家為樣本，分析各國都市大小分布形態，結果得到平均
q 值為 0.88，表示為較均勻的大小分布形態。另外，Brahman, Garretsen
和 Marrewijk (2001) 利用聯合國網站的資料，根據 42 個國家進行分析，
得到結果如表 6–1。從表 6–1 可以發現，利用都市本身人口資料所得到
的 q 的平均值顯然都小於 1。實際上，所得到的平均值剛好與 Rosen 和

Resnick 所分析的結果相同，均為 0.88。相對的利用都會區的資料進行分析，所得到的平均 q 值 (1.05) 則較使用都市本身人口所得到的平均 q 值高。 利用都市本身人口所作分析得到 q 係數的極小值和極大值分別為 0.49 至 1.47，而都會區人口值則分別為 0.69 至 1.54。值得一提的是，不管使用都市本身人口或都會區人口，所得到的確定係數 (R^2) 都相當高，分別為 0.94 與 0.95。可知等級大小法則是各國都市大小分布中，常見的一種分布形態。

表 6-1　根據都市本身與都會區人口分析都市大小分布

	都市本身	都會區
平均 q 值	0.88	1.05
標準差	0.030	0.046
極小值	0.49	0.69
極大值	1.47	1.54
平均 R^2	0.94	0.95
樣本數	42	22

資料來源：Brahman, Garretsen and Marrewijk(2001)。

　　樣本大小也會影響到公式(8)的 q 值。在某一門檻以下（不同國家不同時期其門檻值均有所差異），其都市規模與等級之間很少有負相關，因此如果用來計算 q 值的都市包括太小的都市，則 q 值傾向小於 1。為了避免這個困擾，研究者分別用以下方式因應：
1.使用固定數量的都市（如取最多 50 個都市）。
2.決定都市規模門檻值，小於此門檻的都市不納入計算。

二、首要型都市分布 (primate city distribution)

對於都市大小分布形態，傑弗遜 (M. Jefferson) 提出一個不同於等級大小法則的概念，那就是「首要型都市分布」。傑弗遜認為都市大小分布常在最大都市與第二大都市之間，形成不連續的現象，也就是最大都市人口常是第二大都市的好幾倍（圖 6–12）。

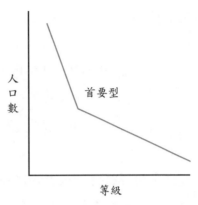

圖 6–12　首要型都市分布

這種首要型都市的分布形態可以在部分已發展國家中找到，如日本（東京）、法國（巴黎）及英國（倫敦）；但在發展中國家更常見，如墨西哥（墨西哥市）、埃及（開羅）及泰國（曼谷）。

常用來衡量首要型都市分布形態的方法是計算一國的首要指標 (index of primacy)。不過學者對於首要指標的定義卻有所不同，以下列舉幾個作為代表：

（一）Rosen 和 Resnick (1980)

認為首要指標為一國最大都市人口與該國前五個最大都市人口總和的比例：

$$首要指標\ (I_P) = P_1 / (P_1 + P_2 + P_3 + P_4 + P_5)$$

P_1、P_2、P_3、P_4、P_5 分別代表最大、第二大、第三大、第四大及第五大都市的人口數。

（二）諾廉 (Northam, 1979)、貝里 (Berry) 與荷頓 (Hurton, 1970)

把首要指標界定為一國最大都市人口與該國前四個最大都市人口總和的比例，即：

$$I_P = P_1 / (P_1 + P_2 + P_3 + P_4)$$

P_1、P_2、P_3、P_4 分別代表最大、第二大、第三大及第四大都市的人口數。

（三）世界銀行 (The World Bank)

以一國最大都市人口數占該國都市總人口數的比例，作為一國的首要指標。根據這個定義，世界銀行進行世界各國首要指標分析，結果發現低收入國家 (low income countries) 的首要指標平均值為 27%；歐洲國家為 15%，而美國為 8%。

表 6-2 是根據 Rosen 和 Resnick 的定義，用世界銀行網站資料進行分析的結果，採用的都市人口為都市本身（行政區）的人口。從表 6-2 可以看出，這些國家的平均首要指標值為 0.500。表中大部分國家的值均超過 0.5，而且除了英國以外，首要指標較高的多為發展中國家。

Diego Puga (1998) 從交通運輸與經濟觀點說明首要型都市的產生。他認為當運費變得很低而規模經濟（企業隨規模增加，單位成本降低而獲利增加）相對強大時，容易發展出較大規模的首要型都市體系。反之若運費相對高而規模經濟效益較小時，傾向形成較平均的都市體系。後者如十九世紀的歐洲都市化，而前者可應用到二十世紀後期發展中國家的都市化。

表 6-2　部分國家的首要指標值

法國 (France) (1982)	0.529
奧地利 (Austria) (1991)	0.687
墨西哥 (Mexico) (1990)	0.509
秘魯 (Peru) (1991)	0.753
印尼 (Indonesia) (1995)	0.523
捷克 (Czech Republic) (1994)	0.550
羅馬尼亞 (Romania) (1994)	0.605
伊朗 (Iran) (1994)	0.556
英國 (UK) (1994)	0.703
埃及 (Egypt) (1992)	0.499
智利 (Chile) (1995)	0.769
南韓 (South Korea) (1990)	0.532
越南 (Vietnam) (1989)	0.570
匈牙利 (Hungary) (1994)	0.726
俄羅斯聯邦 (Russian Federation) (1994)	0.504
伊拉克 (Iraq) (1987)	0.643
樣本平均值 (sample mean)	0.500

資料來源：Brahman, etc. (2001), p.204 加以簡化。

三、複合型 (intermediate type) 都市分布

有些國家的都市大小分布，介於等級大小分布與首要型都市分布形態之間，稱為複合型都市形態（圖 6-13）。

克萊斯勒 (W.Christaller) 提出了一個都市大小分布的形態，可看成是複合型都市形態的一種，即：

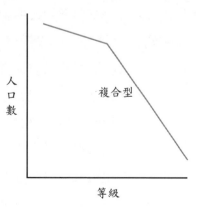

圖 6-13　複合型都市分布

$$P_r = \frac{P_1}{3^{r-1}} \cdots\cdots(9)$$

r：等級

P_r：第 r 等級都市人口數

P_1：最大都市人口數

　　根據公式(9)，如果一國最大都市人口為 260 萬人；第二大都市應為 260 萬 /3^{2-1}（約 90 萬人）；第三大都市人口則為 30 萬人左右，其大小變化顯然較等級大小法則大，但小於首要都市法則。

第四節　都市大小分布形態的意義

一、經濟發展、都市化程度與都市大小分布形態的關係

　　貝里 (Brian J. L.Berry) 研究世界上 38 個國家的都市，根據其分析結果，各國的經濟發展水準與都市大小分布形態之間並沒有必然的關係。例如：中國與印度均屬於發展中國家，經濟發展水準不高，但其都市大小分布形態屬於「等級大小法則」，而美國為高度經濟發展的工業化國家，其都市大小分布形態卻與中國、印度一樣，同屬於等級大小法則 (rank size rule)。反之，瑞典與丹麥為經濟發達的已發展國家，其都市大小分布形態卻與發展中國家的泰國，同屬於首要型都市分布形態。可見就國際之間的比較結果，經濟發展程度與都市大小分布形態，並無一定關係。

　　都市化程度既然與經濟發展有密切關係，則都市化程度與都市大小分布形態之間也沒有一定的關係。例如瑞典為高度都市化國家，而泰國為低度都市化國家，但兩者同為首要型都市分布形態；反之中國與美國的都市大小分布形態同為等級大小法則，但前者為低度都市化國家而後

者為高度都市化國家。

　　貝里 (Berry) 與霍頓 (Horton) (1970, p.70) 根據世界 37 個國家的資料，依其都市化程度與首要指標大小分成六個等級，然後分別比較都市化程度和首要指標與都市大小分布形態的關係，結果如表 6–3 與表 6–4。利用卡方檢定 (Chi-square, c^2)，發現一國的都市大小分布形態與其都市化程度之間，並無顯著的關係（表 6–3）。部分都市具有等級大小法則的分布形態，但屬於低度都市化的國家，包括中國、印度與巴西等。而部分呈現首要型都市分布形態的國家則屬於高度都市化的國家，如瑞典與丹麥。

表 6–3　都市化程度與都市大小分布形態

都市化程度	都市大小分布			國家數總計
	等級大小法則	複合型	首要型	
最高	4	2	5	11
2	2	2	1	5
3	1	2	3	6
4	4	2	3	9
5	2	1	3	6
最低	–	–	–	–
國家數	–	–	–	–
總計	13	9	15	37

資料來源：Berry and Horton, 1972。

表 6-4　首要指標與都市大小分布形態

都市化程度	都市大小分布			國家數總計
	等級大小法則	複合型	首要型	
最高	–	–	8	8
2	1	1	2	4
3	1	2	1	4
4	1	–	2	3
5	6	2	–	8
最低	4	4	2	10
國家數	–	–	–	–
總計	13	9	15	37

資料來源：同表 6-3。

　　另一方面，從表 6-4 可以看出都市大小分布形態與首要指標等級間有著顯著的關係，即：具最低首要指標的國家，其都市大小分布傾向等級大小法則分布形態，而具有最高首要指標的國家，則多為首要型都市分布形態。

　　其他如澳洲、紐西蘭及加拿大等國家，都具高都市化程度與低首要指標，但都市大小分布則屬於複合型都市分布形態。

二、一國都市大小分布形態常隨經濟發展而改變

　　上面所述不同國家的都市大小分布形態與其經濟發展無多大關係，但若是在同一個國家，或是隨著時間的改變，其關係程度也可能有所改變。換句話說，隨著經濟發展與都市化程度增加，其都市大小分布形態也會改變，常傾向往等級大小分布發展。Kooij (1988) 研究荷蘭經濟發展與都市大小分布形態間的關係時，把荷蘭的經濟發展分為三個時期，各時期有其都市大小分布的特徵：

（一）工業化前 (pre-industrialization)

約為 1600 年～1850 年，為農業經濟社會，具有高運輸費用且缺乏全國性都市體系，這時期都市大小分布較平均且規模較小。

（二）工業化時期 (industrialization)

約 1850 年～1900 年，隨著工業化導致都市化成長，且逐漸形成全國性都市體系。這時期由於工業帶來的聚集經濟 (agglomeration economy) 效應，有利於較大都市的發展。

（三）後工業化時期 (post-industrialization)

約 1900 年至今，這時期都市的服務部門快速發展，取代一些自由工業（footloose industries，也就是區位條件要求較少，容易遷移），使都市大小分布產生結構性的改變，導致都市大小分布愈來愈均勻。

Brakman, Garretsen 和 Marrewijk (2001, p.212) 根據 Kooij 的資料，以 1600 年、1900 年及 1990 年代表三個經濟發展時期，利用公式(8)計算三個年分 q 與 R^2 的值，分別為 0.55, 0.96；1.03, 0.97；0.72, 0.96。其確定係數 (R^2) 都相當高，大致屬等級大小法則分布形態，但其 q 值卻有所改變，其中以第二時期，即工業化時期的 q 值最接近 1，也就是接近等級大小法則的分布形態。

蔡勳雄 (Tsai, Hsung-hsiung, 1984) 利用公式(8)的統計方法分析臺灣都市大小分布時，得到如表 6–5 的結果。從表 6–5 可知，1950 年～1980 年間各年分的相關係數 (r) 都相當高，而隨著 1960 年工業化以後 q 值逐漸增加，此點與上述荷蘭的第二時期的情形相似。不過，各年分的 q 值均小於 1，可見都市大小分布還算均勻。總之，此結果與上述作者利用幾何方法所得到的結論相同，均認為臺灣都市大小分布為等級大小法則分布形態。然而在此要特別提及的是，兩者均採用都市本身人口（行政界線），而不是都會區人口，作為都市人口的標準。

表 6–5　臺灣都市大小分析結果

年分	相關係數 (r)	q 值
1950	0.96	0.754
1960	0.97	0.776
1970	0.98	0.802
1980	0.99	0.849

資料來源：蔡勳雄 (Tsai, Hsung-hsiung, 1984)。

　　其實影響一個國家都市大小分布形態的因素有很多，除了經濟發展以外，都市發展歷史、面積大小、地形等也都可能影響到一國都市大小分布的形態。例如：中國與印度雖然經濟發展水準不算很高，由於這二個國家的都市發展歷史悠久，因此其都市大小分布呈現等級大小法則的分布形態。這就是為什麼貝里分析世界上 38 個國家的都市大小分布時，認為一國的都市大小分布形態，與該國經濟發展水準沒有必然的關係。然而當比較同一個國家不同時期時，則除了經濟發展水準外，其他可能影響因素不變，這時經濟發展因素的重要性就比較能凸顯出來，影響到其都市大小分布形態的改變。貝里的研究認為，當一個國家的經濟發展與都市化程度增加時，則其都市大小分布傾向往等級大小法則的分布形態改變 (Berry, 1961)。蔡勳雄 (Tsai, Hsung-hsiung, 1984) 對臺灣都市大小分布的研究則印證了這個論點（見表 6–5）。

三、都市大小分布形態與發展的擴散

　　發展 (development) 包括經濟的與非經濟的層面，其對外擴散主要有二種方式：

（一）蔓延式擴散 (contagious diffusion)

　　即由源點向外擴散，隨著距離增加接受量遞減，接受的時間也愈晚。

（二）階層式擴散 (hierarchical diffusion)

依循都市大小階層，由大都市擴散至中都市，最後至小都市或鄉鎮。其中體系式的擴散，與其都市大小分布形態有著密切的關係。

以經濟發展擴散為例，某些經濟發展常需具備一定的區位條件才能接受，如消費能力、人口門檻等，像是百貨公司或高級服務業只能擴散至某規模以上的都市，無法擴散至太小的都市。

一般研究者認為等級大小法則的分布形態較首要型都市分布形態，更有利於擴散作用。因為等級大小法則的分布形態其都市大小間的差距較小，因此大都市的各種發展較容易擴散至次級都市。反之呈現首要型都市形態的國家，因首要都市與次級都市的規模、條件等差距過大，使首要都市的發展常難以擴散至次級都市，泰國就是個很好的例子。曼谷是泰國的首要都市，集泰國政治、經濟、文化、教育中心於一身，而第二大都市是位於泰國北部的清邁，是個以觀光為主的都市，其規模與曼谷相差太過懸殊，使得曼谷的發展難以擴散至清邁，因此泰國的發展一直集中在曼谷都會區或向外延伸區域，導致泰國的區域發展不均衡。此情形也發生在許多亞、非及拉丁美洲國家。

不過，對於面積很小的迷你型國家，即便是首要型都市分布形態，也無損於區域發展的平衡程度，如位於奧地利與瑞士之間的列支敦斯登 (Liechtenstein)，人口只有數萬人，由首都瓦都茲 (Vaduz) 到全國各地也不過幾小時的車程，也就是全國都在首都的影響帶範圍之內，也就沒有所謂區域發展不平衡的問題。

都市大小分布形態除了可能影響到區域發展擴散以外，也有不同的國防安全意涵。一個呈現顯著首要型都市分布形態的國家，因其各種發展過度集中在首要都市，一旦發生戰爭，反而成為易受攻擊的弱點，就像阿契里斯的腳踝（Achilles heel，古希臘荷馬史詩中的英雄，他除了腳踝以外，全身刀槍不入，卻在亂軍中因腳踝被箭射中而身亡），甚至成為

致命傷。法國巴黎就是很好的例子，因法國的各種精華過度集中於巴黎，所以當二次世界大戰德軍兵臨巴黎時，法國只好投降，或成立偽政府，或遠避國外成立流亡政府。因此西方有這麼一句諺語，形容巴黎對法國的重要性：「巴黎打噴嚏，法國就感冒。」(When Paris sneezes, France catches a cold.)

第7章
中地理論

第一節　概　說

　　中地理論 (central place theory) 為德國地理學家克里司徒勒 (W.Christaller) 於 1933 年提出的理論，他認識到都市與其腹地之間的經濟關係。於是發展出一個經濟理論，作為解釋都市的大小、空間配置、區位與機能，並以南德國地區作為驗證個案 (Hartshorn, 1992, p.137)，並在期刊上發表了「南德的中地」(The central places in southern Germany，德文原文為 Die zentralen Orte in süddeutschland）的論文。由於他採用了一些經濟學的研究方法，把理論建立在一套假設上，其中均質平面與當時地理學研究的強調地方差異性格格不入，因此受到部分學者的排斥。後來才逐漸受到地理學家重視，甚至經濟學者與都市計畫學者，也都紛紛開始探討中地理論並提出一些修正論點，使中地理論更廣泛被接受，其中又以德國區域經濟學者奧古斯特·勒施 (August Losch) 最為著名。勒斯根據克里司徒勒的中地理論加以修正，提出一個較具彈性的中地理論模式，使中地理論受到許多學科的學者採用，於 1950 年代起流行於英語國家，再向外傳播到其他國家，被認為是本世紀人文地理學最重要的貢獻之一（許學強等，2001）。後來瑞典皇家地理學會甚至贈予克里司徒勒一個象徵最高榮譽的「金牌獎」(Gold medal)，美國地理學者協會 (The Association of the American Geographers) 也頒獎給他 ❶ (de Souza and Foust, 1979)。

　　克氏中地理論的建構，是受到邱念農業區位理論與韋伯工業區位理論的影響，也可以當成是克氏對這二個理論的補充。因為在中地理論中，主要是討論商品與服務，而排除了農業與工業的活動。換句話說，中地理論提供了認識都市如何作為服務中心的角色觀念架構。都市是廣大腹地的焦點，對四周的鄉村地區（腹地）而言，是物品與服務的提供者；反之，四周廣大腹地也供應都市生活或生產所需的物質。因此都市與四周的互補區域 (complemantary regions) 構成了一個相互依賴的系統。

　　克氏的中地理論在觀念上有一點與農業區位理論很不同的地方在於，邱念的理論是建構在「孤立國」(isolate state) 與「均質平面」(homogeneous surface) 的假設下，國內唯一市場（都市）對四周的農業區位具有絕對影響力，而農業區位的競爭力則決定各地區「區位租」(locational rent) 的大小，區位租愈大者愈具接近市場，而同一種地區的區位租則由市場向外遞減，因此邱念的農業區位理論可化約為「地點與市場的距離」是決定農業區位形態的唯一變數。從土地利用的集約度來說，市場像是孤立國中的集權中心，由此向外圍遞減。然而中地理論基本上是「平等主義」(egaliterianism) 的概念，認為在均質平面上，各方向皆有相同等級的中地。

　　克里司徒勒不滿意以往對都市區位的解釋，他們認為區位是自然特徵的結果。克氏並不否認自然環境對都市區位的重要性，但他認為該解釋忽略了一個重要的觀點，即人們聚集於都市大多是為了交換物品與觀點 (ideas)。都市存在有其經濟方面的理由，為了方便物品與服務的交換。因此，克氏認為他的中地理論是農業區位理論的補充，特別強調第三級產業活動的重要性。為了解中地理論，需要先介紹一些與中地理論有關的重要概念。

---

❶ 由於克里司徒勒曾經是個共產黨員，而 1950 年代美國正值戰後瀰漫著麥卡錫恐共主義，拒絕給予克氏簽證，以致於美國地理學者協會雖然頒獎給克氏，表示其對克氏學術上的肯定，但由於政治因素，克氏未能親赴美國領獎。

第二節　假設條件與基本概念

一、假設條件

　　克里司徒勒受到邱念與韋伯等區域經濟學者（regional economists，又稱為「空間經濟學者」，space economists）的影響，他的理論也建立在一個理想空間上，具有下列假設條件：

（一）均質平面 (homogeneous surface)

　　為了控制影響中地的非經濟因素，克里司徒勒假設都市腹地為均質平面。所謂均質平面是指在一個不受限制的空間上，其自然條件，如地形、氣候、土壤等都是相同的；人口非常均勻的分布在空間中；每個人的所得與購買力相同；交通運輸條件，如運輸工具與運費也都一致。

（二）人是理性的

　　這個假設是引用自新古典經濟學，認為生產者（供應者）與消費者（需求者）都屬於經濟行為合理的人。在這一概念假設下，供應者為謀求最大利潤，常企圖控制可能的最大市場，因此供應者之間的距離應儘可能極大化；反之，需求者為了儘可能減少旅費（或時間），都選擇最近的中地購物或取得服務。理論上假設，不管是供應者或消費者都可以取得完整的資訊。

二、基本概念

（一）中地 (central place)

中地為提供物品 (goods) 與服務 (services) 的地方，這個概念可應用到不同規模，大至整個都市，小至一家雜貨店都可稱為中地。克氏認為，並不是所有聚落都可以被看成是中地。有些聚落的中心機能對四周地區並沒有太大影響力，例如：礦業聚落與遊憩聚落，其生存主要不是依賴四周腹地人口的支持，因此與「中地對鄰近四周鄉村地區提供中地物」的概念不太符合。

中地可依其所提供的物品與服務等級，而被分成不同等級的中地。只提供最低級中地物（物品與服務）的中地為最低級中地；反之，若該地區提供的中地物包含最低級至最高級，則為最高級中地。而介於最高級與最低級中地間有 n 個等級，分別提供不同等級的中地物（表 7-1）。

（二）中地物 (central place goods)

指中地所提供的物品 (goods) 與服務 (services) 通稱為中地物。中地物依其使用頻率與價格高低，可以區分成 m 個等級中地物。價格較高且使用頻率較少者，如珠寶與高級音響，為較高級中地物；而價格較便宜且使用頻率較多的中地物，如衛生紙與其他日常用品，則稱為較低級中地物。概念上，在最高級與最低級中地物之間可以區分成不同等級的中地物，分別在不同等級的中地中提供。如表 7-1 所示，表中的數字 1 代表最高級中地與中地物，2 代表第二級中地與中地物，依此類推，n 與 m 則分別代表最低級中地與中地物。

從表 7-1 中，可得到幾個關於中地與中地物間關係的原則：

1.最高級中地提供的中地物，包含最高級至最低級中地物，而第二級中地沒有提供最高級中地物，只提供包含第二級至最低級的中地物。同理，第三級中地只提供第三級以下的中地物，依此類推，則最低級中地只提供最低級中地物。

表 7-1　不同等級中地與中地物之間的關係

中地物 中地	1	2	3	4	5	6	…	…	m
1	V	V	V	V	V	V	V	V	V
2		V	V	V	V	V	V	V	V
3			V	V	V	V	V	V	V
4				V	V	V	V	V	V
5					V	V	V	V	V
6						V	V	V	V
…						.	.	.	.
…							.	.	.
…								.	.
…									.
n									V

2. 同等級中地之間由於彼此提供相同等級中地物，因此彼此間沒有相互交易的必要。換句話說，同等級中地間為獨占該地區的市場空間。

3. 不同等級中地間理論上是屬於單向交易，只有較高級中地可以對較低級中地提供較高級的中地物，如最高級中地可對第二級中地提供最高級中地物，對第三級中地可提供最高級與第二級中地物。反過來說，較低級中地無法對較高級中地提供中地物，因為較低級中地擁有的中地物，均可在較高級中地取得。

（三）市場區域 (market area)

　　又稱為貿易區域 (trade area)，指一中地所提供中地物的市場範圍。市場區域有二個重要的觀念，即：

1.商閾（門檻）(threshold)

指維持一中地機能所需要的最小銷售量，也就是最小市場範圍。如果一中地所控制的市場區域小於商閾值，則該中地將無法繼續維持。如圖 7–1，當中地 (O) 所控制的市場距離增加時，銷售量也呈正比增加，這是根據假設條件中，「人口均勻分布在空間中，且每人所得與購買力相同」的假設，在這個假設前提下，市場距離等於銷售量。如果中地所控制的市場小於 d_1 時，則 R < C（收益小於成本），無法維持中地機能。當市場距離加大至 d_1 點時，則 R = C，也就是銷售量剛好可以維持中地機能，d_1 點即為該中地的商閾值。

2.商品圈 (range)

指一中地所能控制的最大市場範圍。如圖 7–1，當市場範圍由 d_1 繼續增加時，則 R > C（收益大於成本），開始產生利潤 (profit)，且單位利潤隨距離增加而增加，至 m 點為最大利潤點（即 R – C 值最大），過了 m 點時，雖然還是 R > C，但單位利潤開始下降，至 d_2 點時，R = C，此時 d_2 點為中地所能控制的最大市場範圍，即商品圈。過了 d_2 點，則 R < C，已無利可圖。

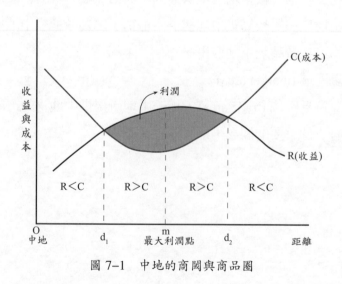

圖 7–1　中地的商閾與商品圈

　　由於在不受限制的均質平面上，在圖 7-1 中，d_1、m 及 d_2 應存在於
各方向，因此可以 O（中地）為原點，以 d_1—m—d_2 為半徑旋轉 360 度，
形成一個同心圓（圖 7-2）。在圖 7-2 中，以 Od_1 為半徑的最內圓為商
閾，而以 Od_2 為半徑的最外側圓則是商品圈。

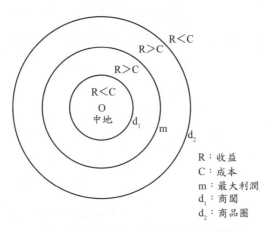

R：收益
C：成本
m：最大利潤
d_1：商閾
d_2：商品圈

圖 7-2　中地商閾與商品圈的平面圖

　　不同等級的中地其商閾與商品圈的數值也不同。愈高級中地的商閾
與商品圈數值愈大；反之則愈小。因為愈高級的中地，除了銷售低級中
地物外，也提供較高級中地物，其價格高且使用頻率低，需要較大的商
閾才能維持其機能；但是其商品圈也較大。比方說，一家銷售衛生紙及
日常用品等較低級中地物的雜貨店，由於這些日常用品是各家每天都會
使用的低價物品，因此只要較小的商品圈即可達到商閾值，維持這家雜
貨店經營所需的最小銷售量；但由於價格低，一般人也不願意花太多時
間與精力去購買這些日常用品，使該店能控制的最大商品圈也較小。另
一方面，銷售較高級中地物的商店，如珠寶店，由於物品價格高需求量
少，需要較大的商品圈才能達到商閾值，同時人們也願意花較多時間到
較遠的地方採購，因此其商品圈也較大。圖 7-3 進一步說明了這種關
係，圖中假設有三個等級的中地，分別為高級中地 C（都市）、中級中地

T（城鎮）與低級中地 V（鄉村）。而中地物也有高級（粗實線）、中級（粗虛線）及低級（細實線）三個等級。從圖 7–3 可以看出低級中地物在各級中地皆有銷售，且因其使用頻率高，單位面積的銷售量最高，但商品圈卻最小；高級中地物則剛好相反，其單位面積銷售量最低但商品圈最大，而且只有在高級中地 C 才有販售；中級中地物介於兩者之間，而且只有在高級中地 C 與中級中地 T 才有販售，低級中地 V 則沒有。

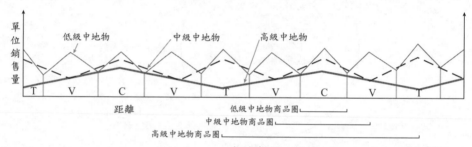

資料來源：根據 Morrill，1974 加以修改。

圖 7–3　各級中地的商品圈與商閾分布

（四）中心性 (centrality)

指一中地的中地機能對四周地區的影響力。若中心性愈大，表示中地對四周地區提供中地物的機能愈強。中地人口大小與中地機能有正相關，但不是完全正相關。兩個相同人口數的聚落（中地）其中地機能不一定相同。一般認為，一都市的人口規模不能用來衡量該都市的中心性，相對的因為城鎮多是多功能的，人口規模是一個城鎮在區域中地位的綜合反映。克里司徒勒以電話數作為計算一中地中心性的指標，其公式為：

$$Z_z = T_z - E_z = \frac{T_g}{T_p}$$

Z_z：代表中心性強度的中心指標

T_z：某中地實際電話數

E_z：某中地人口數

T_g：研究區（包含某中地）電話數

T_p：研究區（包含某中地）人口數

　　公式中若 Z_z 值愈大表示該中地的中心性愈強；反之則愈弱。當克氏利用這個公式計算南德中地的中心性時，因當時的電話尚不普及，一般住家較少有電話，電話擁有者主要以商家為主，因此可以用電話數反映中地機能。不過現在家庭的電話已相當普及，若依舊以電話數探究中地機能的中心性，則已不具代表性。反而使用零售或批發商店數、商品銷售量或零售業就業人口數等，作為衡量中心性的指標，更能凸顯實際情形。

第三節　理論上中地的空間結構

一、理想的市場區域形狀

　　如上所述，中地理論中供應者（中地）希望能儘量極大化其市場區，而消費者則希望儘量極小化其總距離，而且一個區域的所有人口都能得到每一種中地物的供應與服務。在這種限制下，一個理想的市場區域形狀應如何建構，才能儘量符合需求？針對這個問題，可以從以下兩個情況探討：

（一）沒有競爭的情況

　　若是單一中地，暫時不考慮和其他中地的競爭時，根據幾何學原理，理想的市場區域形狀應為圓形。因為只要是相同面積的形狀，不管是圓形、正方形、長方形、三角形或其他形狀，既然是面積相同，表示其銷

售量一樣（根據假設，人口均勻分布在空間上，且每人的所得與購買力相同，所以面積大小等於銷售量大小），這時對供應者來說，市場區域只要面積相同，無所謂什麼形狀。但對於消費者來說，圓形是所有圖形中結構最緊湊的形狀，故圓形的市場區域內，所有消費者到中地的總距離最小。換句話說，只有圓形市場區域可以同時滿足供應者市場極大化，而消費者總距離（也是總運費）極小化的要求。因此在沒有競爭的情形下，理想的中地市場區域應為圓形（圖7–4）。

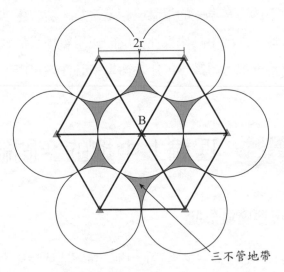

圖 7–4　圓形市場區域的空間分布情形

（二）有競爭的情況

　　在現實世界中，中地之間相互競爭是存在的。在這種情形下，根據克里司徒勒的假設，理想的空間中均勻分布著一系列同等級的中地 B，其商品圈為 r，則相鄰兩個中地間的距離為 2r，若將所有中地連結起來，可得到一組有規則的等邊三角形（如圖7–4）。由於每個中地的市場區域均堅持圓形，結果在三個中地的市場區域之間形成一個中地服務不到的三不管地區 (unserved area)（如圖7–4中的黑色部分）。這不符合上述的

限制條件：每個區域的所有人口均能得到中地物的供應與服務。為了解
決這個問題，相鄰的中地各往前移動覆蓋掉消滅掉三不管地帶，形成市
場區域重疊的情況（如圖 7-5）。但根據前面提到的中地原則，同等級中
地之間，市場具有空間獨占特性，互不侵犯，因此市場區域重疊也不符
合條件。根據上述的解決辦法是平分市場重疊區域，以圖 7-5 中的中地
A 為例，假設 A、1、2、3、4、5、6 均為同等級中地，在 A 與其他相鄰
六個同等級中地平分市場重疊區域後，形成一個六角形的市場區域。克
里司徒勒認為六角形是在有相互競爭的情況下，最接近圓形的市場區域，
因此克氏就以六角形作為各級中地市場區域的形狀。在一個較大的區域
結構中，六角形是最適宜的市場形狀。單獨一個孤立的圓比單一六角形
的市場來得有效率，但一組圓形或其他形狀的市場區域結構，就不如一
組六角形市場區域有效率：從市場內顧客到中地的總距離最小，且區域
內人口都能享受到中地服務，沒有三不管地帶。

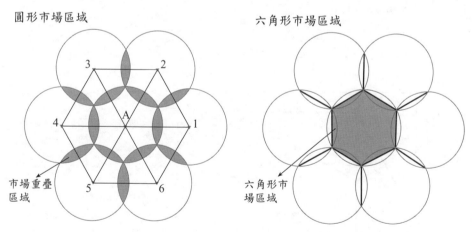

圓形市場區域

六角形市場區域

市場重疊
區域

六角形市
場區域

圖 7-5　圓形市場區域重疊區域與六角形市場區域的形成

二、理論上中地的空間安排

克里司徒勒為了不同的目的，對中地的空間安排提出下列三個原則：

（一）行銷原則 (marketing principle)

又稱為市場原則 (market principle)，主要目的在於讓消費者能儘量接近市場，也就是所有消費者至中地取得中地物的總距離最小。因此每個等級中地的市場區域要儘可能縮小，才能讓每個等級的中地數量極大化。為了達到這個目的，低一級中地應儘量接近最多的相鄰高一級中地，如圖 7-6 所示，C 為最高級中地，T 為第二級中地，V 為第三級中地，H 為最低級中地，按行銷原則，V 位於三個 T 中地市場區域的交點處。

行銷原則又稱為 k=3 系統，k 為常數。若依照行銷原則進行中地空間的安排，高一級中地市場區域為相鄰低一級中地市場區域的三倍大，如圖 7-6 中，較高一級 T 中地的市場區域為相鄰低一級中地 V 市場區域的 k 倍，k 值為：

$$k = 1 + (1/3 - 6) = 3$$

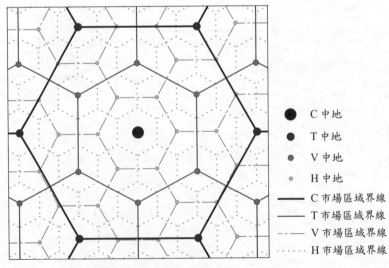

●	C 中地
●	T 中地
●	V 中地
·	H 中地
——	C 市場區域界線
——	T 市場區域界線
– · –	V 市場區域界線
·····	H 市場區域界線

圖 7-6　行銷原則市場區域示意圖

　　從圖上可看出來，T 中地的六角形市場區域中，包含一個完整的 V 中地市場區域，加上與相鄰六個 T 中地各分得三分之一 V 中地的市場區域，就有二個完整的 V 中地市場區域，所以一個 T 中地市場區域中有三個 V 中地市場區域。至於中地數量，由於最高級中地完全與第二級中地重疊，如圖 7–6 中最高級中地 C 包含了第二級中地 T，所以第二級中地數為最高級中地的二倍 (3 − 1) 而不是三倍。但第三級中地數為第二級中地數的三倍，即 2 − 3 = 6；而第四級中地數為 6 − 3 = 18。換句話說，除了第二級中地外，低一級中地為相鄰高一級中地的三倍（表 7–2）。以通式表示，設 r 代表第 r 級（任何一級）中地，則第 r 級中地之市場區數為 3^{r-1}，而中地數為 $2 − 3^{r-2}$。例如：第 5 級中地的市場區數應為 $3^{5-1} = 81$，而中地數為 $2 − 3^{5-2} = 54$。

表 7–2　不同等級的中地市場區域數與中地數量變化

項目 中地	k = 3		k = 4		k = 7	
	市場區數	中地數	市場區數	中地數	市場區數	中地數
1（最高級）	1	1	1	1	1	1
2	3	2	4	3	7	6
3	9	6	16	12	49	42
4	27	18	64	48	343	294
5	81	54	256	192	2,401	2,058
6	243	162	1,024	768	16,807	14,406
⋮	⋮	⋮	⋮	⋮	⋮	⋮
r	3^{r-1}	$2 \times 3^{r-2}$	4^{r-1}	$3 \times 4^{r-2}$	7^{r-1}	$6 \times 7^{r-2}$

　　圖 7–7 表示在行銷原則下，中地的一般排列模式、聚落範圍以及交通運輸系統的情形。從圖中可以看出，最大中地與第二大中地間的重要交通幹線並沒有經過第三級中地而是經過最小中地，因此被認為是較沒有效率的運輸系統。

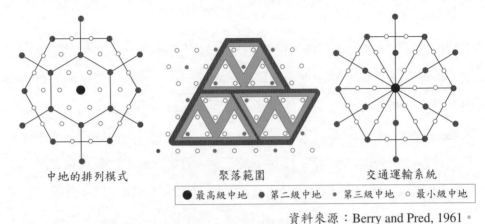

中地的排列模式　　　　聚落範圍　　　　交通運輸系統

●最高級中地　●第二級中地　•第三級中地　○最小級中地

資料來源：Berry and Pred, 1961。

圖 7-7　行銷原則影響中心地區系統的程度與範圍

（二）運輸原則 (transportation principle)

　　克里司徒勒得知道路系統對聚落體系有很大的影響，為了有效利用運輸，提出運輸原則。比方說，在二個高級中地間往往有重要交通幹線相連，這時相鄰低一級中地為利用運輸的方便性，常位於較

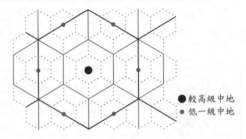

●較高級中地
•低一級中地

圖 7-8　k = 4 的中地安排（運輸原則）

高級中地的運輸幹線中點（如圖 7-8）。這時較高級中地的市場區域界線仍通過 6 個相鄰低一級中地，但由於低一級中地位於較高級中地市場區域界線的中點，所以腹地被分割成兩部分，分屬於二個較高級中地的市場區域，其 k 值為：

$$k = 1 + 6 - \frac{1}{2}Z = 4$$

　　也就是低一級中地的市場區數為較高級中地市場區數的四倍，而中地數除了第二級中地因有一個中地與最高級中地重疊外，均呈四倍增加，

如表 7–2。一般通式為：第 r 級中地（任何一級）之市場區數為 4^{r-1}，而中地數為 $3 - 4^{r-2}$，如第四級中地，其市場區數為 $4^{4-1} = 64$，而中地數為 $3 - 4^{4-2} = 48$。運輸原則聚落的範圍與交通運輸系統則如圖 7–9 所示。

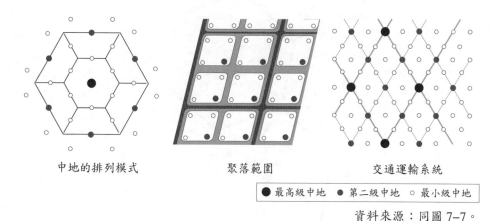

中地的排列模式　　　　聚落範圍　　　　交通運輸系統

● 最高級中地　● 第二級中地　○ 最小級中地

資料來源：同圖 7–7。

圖 7–9　運輸原則影響中心地區系統的程度與範圍

（三）行政原則 (administrative principle)

　　不管是行銷原則或運輸原則的空間安排，除了最高級中地自身所轄的一完整的第二級中地市場區域以外，其餘的中地市場區域都被分割，這種情形顯然難以進行管理。例如加拿大中西部的小鎮夫林夫倫 (Flin Flon) 就是個例子。夫林夫倫位於曼尼托巴省 (Manitoba) 與薩斯喀徹溫省 (Saskatchewan) 交界處，使得一個鎮分屬二個省管轄，造成行政上的困擾。為此，克里司徒勒提出了行政原則的空間安排原則，在這個原則的安排下，六個低一級中地完全位於一個較高級中地的管轄範圍，如圖 7–10，其 k 值為：

$$k = 1 + (5/6 - 6) + (1/6 - 6) = 1 + 5 + 1 = 7$$

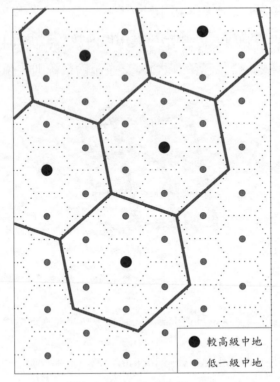

　　　較高級中地

　　　低一級中地

圖 7-10　k = 7 的中地安排（行政原則）

　　低一級中地的市場區數為相鄰較高級中地市場區數的七倍，而中地
數除了第二級是最高級中地的六倍以外（有一個第二級中地完全與最高
級中地重疊，故減 1），第三級以下則低一級中地數為相鄰較高級中地數
的七倍，如第三級中地數為第二級中地數的七倍，即 6 - 7 = 42 個，其變
化如表 7-2。一般通式為：設 r 為第 r 級中地（任何一級），則第 r 級中
地市場區數為 7^{r-1}，而中地數則為 $6 - 7^{r-2}$，如第四級中地，其市場區數
應為 $7^{4-1} = 343$，而中地數為 $6 - 7^{4-2} = 294$。在行政原則的空間安排下，
中地的排列模式、聚落範圍及交通運輸系統如圖 7-11。

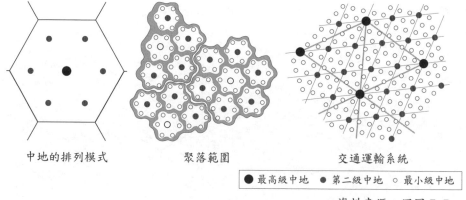

中地的排列模式　　　　聚落範圍　　　　交通運輸系統

| ●最高級中地 | ●第二級中地 | ○最小級中地 |

資料來源：同圖 7-7。

圖 7-11　行政原則影響中心地區系統的程度與範圍

第四節　對中地理論的評論與修改

一、對中地理論的評論

（一）雖然理論建立的過程中假設是必要的，但中地理論中有些假設太過僵化與虛假，在現實世界中很少能找到，例如：假設人口均勻分布在空間中，且每個人的所得與購買力一致。其他如地形或構成均質平面的自然或人文條件等，也都可能有類似情形。

（二）在克氏的中地理論中排除了農業與工業機能，只強調服務。但工業往往是城鎮產生或成長的一個重要因素，所以在高度工業化地區常常形成高度都市化，使大大小小的城鎮聚集一起，與中地理論中聚落均勻分布迥然而異。一般而言，在現實世界中，克氏理論的中地分布形態較易在平原的農業地帶找到類似的情形。例如：美國史地學家斯金納 (G.W.Skinner, 1964) 對中國四川成都平原週期市場 (periodic market) 的研究中，找到了接近 k=3 的中地分布形態（圖 7-12）。

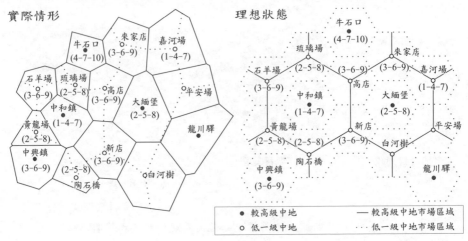

實際情形　　　　　　　　　　　　理想狀態

● 較高級中地　　　　—— 較高級中地市場區域
○ 低一級中地　　　　⋯ 低一級中地市場區域

資料來源：G. W. Skinner, 1964。

圖 7–12　成都平原的週期市場與理想狀態的比較

　　臺灣的宜蘭平原與嘉南平原，也都屬於平原的農業地帶，在縣市合併前，可以看到類似中地規律性的分布形態（圖 7–13）。不過兩者都受到重要交通幹線的影響，通常在主要交通幹線上的中地（城鎮）規模較大。以嘉南平原為例，高雄、臺南與嘉義是南部臺 1 號省道沿線的三大都市，其人口規模依順序排列為高雄、臺南、嘉義，為高級中地。高雄與臺南的中點出現岡山，而臺南與嘉義的中點則有新營，岡山與新營大小相近，為南部中級中地；而在兩區中間的中點則分別是橋頭、路竹區、柳營、與後壁，為低級中地。有趣的是，這些區域的間距相當有規律性，而且，橋頭與路竹由於較接近高雄與臺南，其規模也比後壁、柳營要大。另外，沿著臺 1 號省道兩旁的聚落，則形成發展走廊 (developmental corridor)，其聚落規模也較遠離臺 1 號省

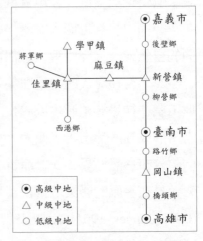

圖 7–13　縣市合併前嘉南平原上的聚落分布示意圖

道地區的聚落大。雖然遠離臺 1 號公路的聚落一般規模較小，卻也都呈現空間分布的規律性，例如新營往西的平原上，有麻豆、佳里、學甲、西港和將軍，這些聚落在空間上呈現均勻分布，其間隔距離也相似。

（三）依照克氏的中地理論，同等級中地間的市場區域具空間獨占特性，彼此間不相互交易。而不同等級中地間的交易是單向的，也就是只有較高級中地可對較低級中地提供中地物，而較低級中地無法對較高級中地提供中地物。但實際上，不同中地聚落可能有其機能的專業性，因此同等級的中地之間也可進行交易；而較低級中地也可因其專業機能，提供較高級中地中地物或服務。例如：苗栗縣三義鄉是低於苗栗市與臺北市的中地，但其所生產的專業木雕產品可提供苗栗市，甚至也有臺北市的居民前往採購。

另外，不同大小的中地機能常因交通運輸系統的改善而有所消長。交通改善可導致「時空收斂」(time space convergence)，使克服空間阻隔所付出的成本（包括金錢與時間）大幅減少，其結果導致居民原本向鄰近較小中地取得物品與服務的習慣，改至遠處較大的中地，使較小的中地機能萎縮；相對的，較大的中地因具有較多的選擇，反而加強其影響力（市場區域）。

（四）克氏的中地理論假設人是經濟理性的，當採購中地物時，一定到最近的中地，並且規定較低級中地物到較低級中地採購，而較高級中地物則到遠處較高級中地去採購，使運費極小化。不過，現代社會由於工作繁忙，為了節省時間，常採用多目的購物 (multi purpose shopping) 的方式，前往較高級中地，不論等級一次購足所有需要的中地物。為了因應這種需求，開始出現購物中心 (shopping center)（見第 9 章），打破了上述中地物分級供應的概念。

二、對中地理論的修改——勒斯中地理論

　　針對克氏中地理論的僵化設定，德國區域經濟學者勒斯 (August Losch) 進行修改，對聚落大小與空間分布提出了一個在許多重要觀點上與克氏中地理論有所差異的中地理論。

　　勒斯也是從一個簡單的條件發展出理論，即「人口均勻分布在均質平面」的假設。勒斯也企圖建立一個「以經濟力量解釋基本聚落形態」的理論，但是，因其與克氏在哲學思考的不同，導致得到的聚落形態也相當不同。勒斯是個社會主義者，他最關心的是如何發展出一個中地形態，使消費者的福祉 (welfare) 極大。為此勒斯從最低貨物的商閾開始，向上建立他的中地體系；相對的克氏則是從最高級中地物的最大銷售距離開始，向下建立中地體系。換句話說，在勒斯的中地模式中不存在超額利潤，每個供應者都只剛好有盈利，因此，最低級的超額利潤成為一個基本的組織原則。

　　克氏理論中的三個 k 值系統，在勒斯的理論中屬於最小的市場區域。勒斯發展出一連串較高層次 k 值系統的經濟地景，如 k=9, 12, 13, 16, 19, 21, 25 等，圖 7–14 即是勒斯中地結構中九個最小 k 值系統的中地排列模式。

　　為了去除克氏體系中「空間暴君」(tyranny of space)，也就是空間獨占 (spatial monopoly) 的特性，勒斯允許某中地擁有經濟系統中所有中地的物品與服務。他把這個具特權的中地，也是具有最高程度中心性的中地，稱為經濟地景中的「都會」(metropolis)。每個 k 值系統的六角形市場區網路都與都會契合。最小商閾的中地物具有 k=3 的分配網路 (distribution network)，高一級的中地物則有 k=4 分配網路，依此類推 k 值也循序增加。

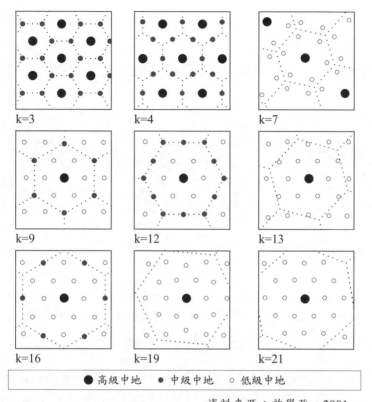

k=3　　　k=4　　　k=7

k=9　　　k=12　　　k=13

k=16　　　k=19　　　k=21

● 高級中地　　● 中級中地　　○ 低級中地

資料來源：許學強，2001。

圖 7-14　九個最小 k 值系統的中地排列模式

　　勒斯認為，一個地區內不止有一個形態的 k 網路 (k-network)，而是許多形態的 k 網路同時運作，每一個 k 網路有其特別的中地物，因此勒斯把這些 k 網路重疊。為了安排這些中地在其理論的經濟地景 (economic landscape)，勒斯把這些六角形的 k 值系統網路繞著經濟地景中的「都會」旋轉，直到中地數目達到最少。這樣的旋轉產生了十二個不同的 30 度扇面，從「都會」輻射出來（圖 7-15A）。這些扇面中有些主要是分配低商閾的物品，在這些扇面內，若中地規模較小且中地數較少，連繫中地的運輸網路也發展得較差，稱為「都市稀少扇面」(city-poor sector)；另外，有些扇面的人口較稠密，中地較大且中地數較多，

稱為「都市眾多扇面」(city rich sector)（如圖 7–15 中 A 為扇面，B 為中
地分布，C 為 B 斜影部分放大，顯示出扇面中地分布之細節）。在「都
市眾多扇面」中有較多高級中地分配較高級的物品，運輸網路則呈密集
發展。

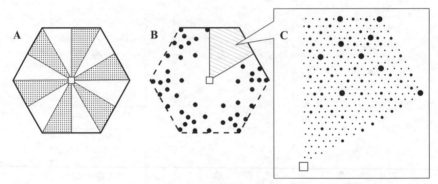

資料來源：M. Richard、L. Morrill, 1974, p. 83。

圖 7–15　異質六角形市場區域

　　如此以「都會」為軸心，不斷旋轉成不同六角形 k 值的系統網路，
盡量讓中地重疊，使中地數減至最少，則形成如圖 7–16 勒斯的中地排
列模式。然而，因勒斯允許不同扇面的中地分布不同，使其與「人口均
勻分布在均質平面上」的假設互相矛盾。

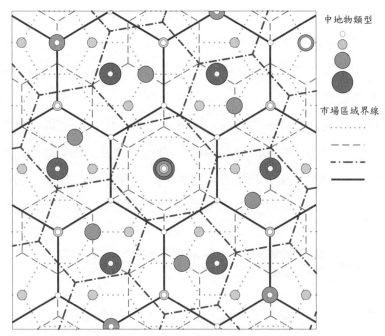

中地物類型

〇
●
●
●

市場區域界線
············
－－－
·－·－
━━━

資料來源：James H. Johnson, 1975。

圖 7-16　勒斯的中地排列模式

三、勒斯與克里司徒勒的中地理論比較

　　勒斯的中地理論是針對克氏的中地理論進行修改產生的，兩者之間有異也有同，Hartshorn (1992) 將兩者整合，以下列角度進行比較：

（一）環境

　　兩者最初均假設人口均勻分布在均質平面中。

（二）對消費者的空間行為

　　克氏認為需求在空間上沒變化，而勒氏則允許需求在空間上有變化。

（三）對供應者的行為

　　克氏藉商閾值界定中地物的等級，遵循「利潤最大化」原則；但勒氏則主張供應者只追尋「正常」利潤 (normal profits)，也就是「超額利

潤極小化」原則。

（四）對於物品間關聯性的假設

克氏認為各中地物之間有階層關係，但勒氏則忽視這種關係。

（五）理論要點的比較

克氏的中地理論中，中地的空間分布是均勻的，物品與中地均具有階層性，且不同階層中心的物品有不同的階層等級；相對的在勒氏的中地理論中，中地的空間分布是不均勻的，有「都市稀少扇面」與「都市眾多扇面」的不同，物品沒有階層性，且中地物沒有特別的等級要求。

第五節　中地理論的應用

中地理論的應用價值並非將理想的中地排列模式照單全收，或根據其結構劃分出各種六角形市場區域，而是把這些理論上過於僵化與不切實際的成分去除後，取其精華、機能專業分工及空間結構，應用到區域與都市發展的規劃上。戰後許多以發展國家或發展中國家紛紛利用中地理論概念，作為國土與區域規劃的依據，著重於中地分級制度與相應的設施選擇，如德國、荷蘭、日本、以色列及非洲迦納都有中地理論應用於區域規劃的例子。其中，最顯著的例子為荷蘭「東北圩田」(Noord Oost Polder) 的規劃。東北圩田位於荷蘭中心，是 1937 年至 1942 年由海埔新生地發展的新開發土地，面積達 48,000 公頃。荷蘭政府規劃在該空間中建立小城鎮與村莊，其規劃工作顯然受到了中地理論的影響。其實圩田本身也頗符合中地理論的一些假設：土地非常的平坦，而且幾乎是完全的均質平面，且最初墾殖的農民也均勻地分布在整個圩田上。

因此從圖 7–17A 可以看到圩田的新聚落計畫，很像中地理論 k=4 的空間安排（圖 7–17B）。圖 7–17A 中的埃默洛爾德 (Emmeloord) 是該圩田的最高級中地，在十年內被許多較低級且等距分布的中地（聚落）包

圍。這些較低等級的聚落被規劃為只能提供較低等級的中地物，而埃默
洛爾德則被設計為提供較高級中地物。根據中地理論的核心概念，荷蘭
政府對每一區位的聚落大小也都作了規劃，如表 7–3。不過經過三、四
十年的發展，聚落的實際發展情形又與當初規劃的有很大的落差。從表
7–3 中可以看出，在 1985 年時，只有最大中地埃默洛爾德比當初預期的
人口增加近九成，以及另一中地馬克內瑟 (Marknesse) 多了近二成，其餘
的中地（聚落）人口成長都比預期少。而且大部分中地在 1985 年時，人
口都不及當初預期的一半，即便到了 2020 年，仍舊有許多地區的人口未
達預期人口數。

　　此外，中地理論中的一些個別觀念，如商閾和商品圈，更普遍應用
於都市計畫與區位選擇的情形。在都市計畫中，部分公共設施的空間配
置規劃，以及連鎖商店的區位規劃，都可應用商閾與商品圈的概念，作
為規劃依據與參考。前者如：國中和國小學區、衛生所、消防隊、社區
公園等；後者如：麥當勞、必勝客 (Pizza Hut) 等。

A

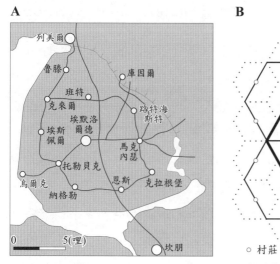

B

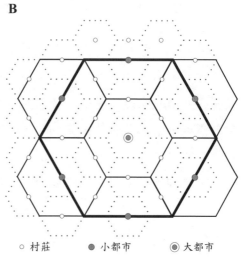

資料來源：Steven Brakman et. al, 2001。

圖 7–17　荷蘭東北圩田的聚落位置與理想中地排列模式

表 7-3　聚落預期人口數與 1985 年、2020 年實際人口數

聚落名	年分	預期人口數	1985 年人口數	2020 年人口數
埃默洛爾德 (Emmeloord)	1946	10,000	18,976	26,055
馬克內瑟 (Marknesse)	1946	2,000	2,194	3,780
恩斯 (Ens)	1948	2,000	1,618	3,105
克拉根堡 (Kraggenburg)	1948	2,000	655	1,410
路特海斯特 (Luttelgeest)	1950	2,000	666	2,255
班特 (Bant)	1951	2,000	651	1,430
魯滕 (Rutten)	1952	2,000	620	1,675
克來爾 (Creil)	1953	2,000	687	1,670
納格勒 (Nagele)	1954	2,000	1,014	1,903
埃斯佩爾 (Espel)	1956	2,000	714	1,475
托勒貝克 (Tollebeek)	1956	2,000	579	2,460

資料來源：Steven Brakman et. al, 2001、*international new town institute*。

　　以國小學區為例，首先要考慮到未來學校所在地的土地利用性質，是屬於工業區、居住區、商業區或其他。因為土地利用的不同決定了未來居住人口的密度。其次，要考慮未來人口的結構，特別是年齡的組成會影響到未來小孩子的數量。最後還要考慮到，從經濟與教學效率來看，到底一個最適宜規模 (optimal size) 的小學需有多少學生？根據上述的考量，可以利用商閾與商品圈觀念，規劃出一個小學的學區範圍。

　　如果學區規劃得太小，將來學生人數可能嚴重不足，達不到維持一個學校有效運作所需的商閾；反之，若學區規劃得太大，又會使學校規模遠遠超過最適宜的大小，導致教學與管理上產生困擾。如新北市永和區就是個很好的例子，在 1960 年代，隨著工業化帶來的快速都市化，移

入人口大幅增加，當初只為了解決居住問題，忽略了學校用地的規劃，以致於產生了像秀朗國小這樣擁有上萬個學生的巨型小學。若按照最適宜的小學規模原則，秀朗國小應分成五個或更多的小學，但當初作都市計畫時未能未雨綢繆，預留學校用地，以至於校地不足。

　　而衛生所主要的功能在於推動公共衛生及政策宣導，如防疫或家庭計畫。可以根據衛生所的編制人員（醫生與護士）數量，規劃每個衛生所的服務範圍，相當於中地的市場區域。至於消防單位的空間規劃，更可以利用商閾與商品圈的觀念。因消防單位的編制，如同中地般具有階層性，如消防總隊、消防大隊、消防中隊、消防小隊與消防站。高階層的消防單位設置區位對當地影響不大，倒是最低階層的消防站等單位較容易影響到救災工作。理論上，全市的任何地方只要發生火災，在幾分鐘內就應有 1 至 2 部消防車前往救災。這幾分鐘的車程就是每個消防站的最大服務區（商品圈），因此消防站應該較均勻設置在全市各地方。

　　許多連鎖商店的區位配置也應用了商閾與商品圈的觀念。以麥當勞與必勝客為例，首先要考慮當地人口組成，如人口密度、年齡、所得、教育程度等，這些人口特徵會影響到對美式食物的接受程度。此外，也要考慮到當地往來人口的量。透過這些資料可以推測一家麥當勞或必勝客至少要有多大範圍，才能具有足夠消費量維持其機能（即商閾值），因此，在一個外地往來人口較少的地方，也就是以當地居民為主要顧客的地方，同類型連鎖店不宜過於密集，否則達不到商閾值。這種情形對於外送服務的市場而言，更適用商閾與商品圈的概念。例如：必勝客的外送服務通常都有規劃其服務區域，由於外送對象以附近居民為主，且必勝客為了展現外送服務的效率，常自立一個規定：接到訂單的電話後，在一定時間內（如 10 分鐘或 15 分鐘）必須把比薩送到顧客家。因此在機車 10 分鐘（假設規定 10 分鐘送到）的路徑範圍，即為該比薩店的最大市場範圍（即商品圈）。在這個範圍內，屬於該比薩店的獨占外送市場

（符合空間獨占觀念），別家必勝客的外送服務不可侵入此範圍。這種外送服務的市場也不能太小，否則達不到維持其機能所需的商閾值（許多必勝客店以外送為主，店內較少提供內用的餐桌）。因此，以外送為主的必勝客，常有其服務範圍的街道圖，可視為商品圈應用的良好範例。

第8章
都市土地利用及其結構理論

第一節　都市土地利用種類概說

　　都市提供居民、外來訪客與就業者生活所需的各種機能，因而形成了一個錯綜複雜的土地利用形態。一般而言，這些土地利用產生了一個具規律性與可預測性的形態。然而由於歷史、文化與技術等因素影響，使世界各地的都市展現了迥然而異的土地利用形態。這種差異性在已發展與發展中國家之間特別顯著，即使是同屬於已發展或發展中國家的都市之間，也呈現不同的面貌。

　　想了解都市的空間結構，土地利用分類是非常重要的第一步。對於都市土地利用的分類，因標準不同而有所差異，下列為 Hartshorn (1992) 從宏觀觀點對都市土地利用的分類：

一、居住用地 (residential landuses)

　　在都市土地利用中，居住機能的使用比例最高。其確切比例常有變化，一方面是計算方式的不同，如計算居住用地比例時，分母是全市土地總面積，可能包括未開發的土地或僅指已利用的土地。其分母值不同，得到的比例當然不一樣。另一方面，不同國家由於其自然與人文的發展條件不同，居住土地利用的比例也呈現很大的差異。一般來說，在地廣人稀的國家，如紐、澳、美、加等，較地小人稠的一些發展中國家，如

中國、印度，其比例要大得多。表 8–1 為美國 10 萬人以上與 25 萬人以上的都市土地利用，居住用地占全市總面積比例超過 30%，遠遠大於其他土地利用類型。若以已開發土地當分母計算，則居住用地所占的比例更高達 40% 左右。這裡所謂的居住用地包括各種作為居住機能的用地，如一般家庭住屋、群體起居間（如宿舍、旅館、汽車旅館）等。

表 8–1　美國大都市一般土地利用

占總土地面積 %　　　土地利用形態	> 100,000 人都市	> 250,000 人都市
私人	67.4	64.7
住宅	31.6	32.3
商業	4.1	4.4
工業	4.7	5.4
鐵路	1.7	2.4
未開發	22.3	12.5
街道	17.5	18.3
公共	13.7	16.2
娛樂面積	4.9	5.3
學校與大專院校	2.3	1.8
機場	2.0	2.5
墳地	1.0	1.1
公共建物	0.5	0.4
其他	3.0	5.1
總計	176.7	172.4

資料來源：Hartshorn, 1992, p. 221。

二、運輸用地 (transportation landuses)

包括街道、鐵路、機場及停車場等與運輸有關的用地，運輸用地在都市中也是重要的土地利用之一。以美國都市為例，其比例往往超過都

市總面積的 20%，使運輸用地成為僅次於居住用地的第二大比例的都市土地利用。

　　當然，不同國家的都市，運輸用地占全市土地總面積（或已開發土地總面積）的比例差異懸殊，如私家車擁有率較高的歐美國家（上述的美國就是個私家車擁有率最高的國家之一）較一些落後的發展中國家，其所需要的運輸用地的比例，當然不能同日而語。其實即便是同一個國家中，不同都市間運輸用地所占的比例也有顯著的不同。一般而言，在古老都市，由於其都市都建立在汽車時代前，一般街道既少又窄，其運輸用地的比例自然不會太高。反之，在一些新興於汽車時代的都市，運輸用地的比例也較大。甚至在同一個都市內，不同地區的運輸用地比例也會有顯著的差異。一般新市區較老市區的運輸用地比例要高，如臺北市信義區為新興市區，較萬華、大同等老市區的運輸用地比例，顯然高出很多。

三、商業與工業用地 (commercial and industrial landuses)

　　從表 8–1 可看出，商業與工業用地占美國都市土地利用的比例卻出乎意料的低，只有約 5%。這可能與美國都市採用嚴格土地利用分區管制 (zoning of land uses)，使商業與工業侷限在少數地區有關，其中商業用地多集中在市區且呈現三度空間發展（如 CBD），因而所占的地面較小。不過工商業用地，特別是商業用地，常占據都市中最具價值的地段，而且就產值與就業而言，工商活動對都市的影響遠超過其土地利用面積所占的比例。

　　戰後歐美都市的郊區化現象，導致許多商業與工業活動遷往郊區，甚至都市外圍地區，此現象使許多歐美都市市區的工商業土地利用所占的面積比例更低。反而在發展中國家的都市，由於都市土地利用分區管制不嚴，到處可見工商業活動，甚至在住宅區中，也可看到林立的商店

與小工廠，加上郊區化不顯著，使一些工商業較發達的發展中國家，其都市土地利用中，工業與商業的用地面積所占比例可能較美國高。

四、公共用地 (public landuses)

公共用地包括公園、運動場地、開放空間、學校用地、機場、墳地等。就使用空間而言，公共用地一般以公園和運動場地，如高爾夫球場，占地面積較大。一些氾濫平原或沼澤地因不適合作為居住或工商業發展，常被闢建為公園或生態保護地，也可看成是公共用地。整體而言，相較於其他土地利用類型，公共用地具有其特殊性與重要性。首先，一般公共用地的變動性小，例如，當運輸路線涉及墓地遷移時，廠商不但需要付搬運費，也因為宗教或信仰上的禁忌、政治上的干擾等難以執行。其次，公共用地的設定，對於鄰近地區的發展可能產生某些特別限制與規範，例如：機場附近建築物會受到高度管制的影響。

有些公共用地反而可能對附近地區的地價與土地利用產生負面的影響，也就是讓地價下跌，造成所謂的「鄰避作用」(Not in my back yard, NIMBY)，例如殯儀館、焚化爐、垃圾場、高壓線等設立，往往使鄰近地區的地價下跌，也可能影響到附近的土地利用。顯著的例子為臺北市第一殯儀館所面臨的民權東路段上，幾乎都是與葬儀社相關的行業。也因為「鄰避作用」，這些公共用地的設置常引起居民的抗爭；有些公共用地的設置則受到居民的歡迎，因為這些公共用地的闢建可能改善環境品質，使地價上漲，這種作用稱為「迎臂作用」(Yes in my back yard, YIMBY)，例如，公園綠地的闢建，往往讓附近地區的居住品質有所改善，而使房價上漲。

都市中未開發的土地通常屬於私人土地，也有部分屬政府土地。這些未開發土地常隨都市規模大小而變化，一般而言，較小都市的空地比例較大。另一方面，在同一都市內不同地方也有變化，距市中心愈遠空地比愈大。在外圍地帶這些未開發土地常被財團掌控，作為投資使用。

第二節　向心力與離心力

美國地理學家蔻比 (Colby, 1933) 提出了「向心力」(centripetal forces) 與「離心力」(centrifugal forces) 的概念，作為解釋都市土地利用空間結構的力量。這個「向心力與離心力」模式可以解釋集中於市中心，與其他特別區位的活動力，也可以說明郊區化的持續誘力。因此，這個模式一直被應用來解釋所有都市活動改變的過程。

有些活動需要與服務對象作直接交流，如各種藝文表演、體育比賽或娛樂設施等；或是需要以人潮作為經營對象，如各種零售商店、餐廳；或者是決策相關部門，如政府機構、公司總部、銀行等，屬於向心型活動，傾向選擇在市中心的區位。

相反的，有些都市的活動傾向往郊區或外圍地方擴散，這些活動屬於離心型活動。有的是需要較大的用地面積，如購物中心、大型企業；有的是為了環境或災害考量，如垃圾掩埋場、工廠；有的可能是為了較安靜的環境，如安養院、傳染病院或高級住宅；有的具特殊用途，如監獄、軍營等。

另外，有些活動則發展出特殊形式，同時適應市中心與郊區的位置。例如，有的零售業可用某種型式存在於市中心，卻也可用另一種經營方式存在於郊區。典型的例子，如設置於市中心的鞋店，採用集約與節省空間的運作方式，而且其生意主要來自於路過行人。另一方面，也可以在郊區發展出需要較大空間，方便開車族停車採購的鞋店。

印證「向心力與離心力」模式發展的最顯著的例子為今日西方都市，特別是美國都市，多由戰前的單核心都市 (monocentric city) 轉變成多核心都市 (polycentric city)，這種轉變充分展現了汽車對都市空間結構的影響。多核心都市的許多中心都位於郊區，其中大部分位於放射狀或環郊

區公路主要交叉路口的地區（圖 8–1）。

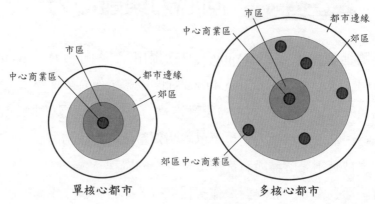

資料來源：Hartshorn, 1992。

圖 8–1　美國都市形態改變

　　向心力作用使都市中心的土地利用集約度增加，為了更有效率利用
有限的地面，而逐漸往立體方向發展，形成強烈的三度空間性，美國都
市市中心的三度空間發展，如紐約的曼哈頓區也是美國都市中心給人的
刻板印象。

　　相反的，離心力作用導致都市郊區與外圍地帶的發展，使原來的鄉
村地區因都市化發展而質變，都市平面因而擴大。一般離心力作用可依
其擴散的空間形式不同，區分為「蔓延型」與「飛地型」。所謂「蔓延
型」 的離心擴散是指都市向外延伸， 卻一直與都市的建成區 (built-up
area) 相連，呈現連續性向外延伸的模式。這種蔓延型的離心發展，在大
都市中最常見，往往將外圍地帶的較小城鎮合併連成一大片。如日本東
京擴張後已與橫濱結合成一個大都會區、臺中市南區與東區擴散合併原
本有間隔的大里市（原為大里鄉）後，中間街道連成一體；另外，高雄
市的前鎮區、三民區與鳳山區也是如此。在發展中國家，這種蔓延型離
心發展常形成千萬人口以上的巨大都會區，對環境品質造成很大的影響。
英國政府為防止大倫敦都會的無限蔓延 ， 採取管制政策 ， 在大倫敦

(Greater London) 外圍透過都市計畫規劃了數公里寬的綠化帶 (green belt)，並在綠化帶外設立許多新市鎮 (new towns)，以疏解倫敦過於擁擠的現象。臺北都會的發展在臺北盆地內，早已連成一片完整的都會區，但盆地周邊由於臺地、丘陵與山地的阻隔，構成了一片自然的綠化帶，限制臺北都會的蔓延，若無地形構成的自然綠化帶，則從基隆市、臺北市、新北市甚至桃園市都可能相連，形成一個近千萬人口的大都會。

　　「飛地型」的離心力作用，是指都市向外延伸的過程中，與都市原有的建成區出現間斷現象，也就是在機能上與中心都市保持聯繫，但空間上則呈現不連續的擴展方式。

　　飛地型的離心力作用一般在大都會才會出現，其產生可能是由於地形的阻隔，如臺北都會受限在臺北盆地內。另外，也可能因人為的刻意規劃而導致，如上述大倫敦都會外「綠化帶」的設置就是個很好的例子。

第三節　影響都市土地利用的因素

一、都市土地利用與自然環境

　　都市土地利用與自然環境之間的關係，實際上是地理學研究面向中「人地傳統」的一環，是個複雜的研究課題，不過在西方都市地理學逐漸傾向社會科學化的趨勢下，並沒有得到應有的重視。然而，實際上自然環境對都市土地利用，依然有其不可忽視的影響力，下列僅就其影響較大的部分加以說明。

（一）地　形

　　首先，影響都市土地利用最重要的自然環境因素是地形。都市地形對都市的影響是多方面的，它可以影響到土地利用的空間分布、機能區組織、道路、綠地及都市景觀。其影響主要表現在高度、坡度與地面起

伏情形。平坦土地最有利於都市建設與土地利用，但過於低緩的地形，有時反而容易造成排水問題，不利於利用。而一些地勢高的山丘上，由於景觀與視野良好，常成為高級住宅用地。另外，坡度可能是影響最大的地形因素之一，不同坡度有不同的土地利用形態，都市計畫也常根據坡度的大小，作出各種土地利用規範，過大的坡度（如 30% 以上）可能就不適宜作為建築用地使用。

　　為取得較平坦土地，以便各種都市土地利用的需要，常採用挖山填土的方式，向海洋（如海埔新生地）及山坡地要地，來增加都市的可用地面積。如香港新機場跑道伸入海中，即是填土築成的。基隆市由於地形起伏，市區中不易找到較大的平坦地，所以一些新設立的學校或公園常利用山頂整地，以取得較大空地來興建教室、運動場或公園，形成基隆市新興學校的特殊區位分布。

（二）氣　候

　　氣候是影響都市土地利用另一個重要的自然環境因素，它可影響到用地區位的選擇與使用機能。氣候因子中，又以風尤為重要，包括風速與風向。為了減少工業汙染帶來的影響，在都市計畫中常把工業區（用地）規劃在該都市盛行風的下風處（見第 10 章）。風速過大往往帶來許多生活上的不便，因此背風坡就變成土地利用上的優點。中國北方的一些都市，當北風從內蒙古吹向中國時，常挾帶大量塵土，造成沙塵暴，且近年來由於內蒙古過度放牧 (overgrazing)，使水土保持被破壞，加大沙塵暴的規模與頻率，對北京市的環境品質影響頗高。內蒙自治區的包頭市為了適應沙塵暴現象，在沙塵暴盛行的季節，民眾的手提包中都備有頭套，可把整個頭部包裹到只剩眼睛在外。每逢沙塵暴時期，街上行人個個包頭，構成包頭市的特殊景觀，也是名副其實的「包頭」市。

　　氣溫、溼度與降水量也會影響到都市的土地利用，例如在夏季炎熱的都市，周圍的山丘地區可能因為氣溫較涼爽，變成高級住宅區，如臺

北市近郊的陽明山地區即有這個氣候優勢。溼度與降水量有時會影響到土地利用，過度潮溼或降水量太多的地方，往往使其在居住或工業土地利用的價值降低。

（三）植　被

植被是另一個影響到都市土地利用的因素。都市的植被一方面是自然環境的產物，另一方面，人為植被也可達到局部改變或緩和都市氣溫與水土保持的功能。因此綠化在都市計畫中，也是相當重要的部分，關係到一個都市的環境品質。綠化具有三個重要的作用：淨化空氣、減弱噪音及調節微氣候，如降低氣溫。由於植被可影響到一地方的環境品質，所以具有優良植被的地區常被選作為公園、遊憩或高級住宅用地。

二、都市土地利用與都市發展

在資本主義國家，都市的土地利用一般具有規律且可預測的形態。大部分土地利用的決策與企業個人較沒關係，而是由已存在的土地利用結構及都市計畫所控制。都市發展不但帶來都市的對外擴張，也使都市內部的土地利用產生結構性改變。為了因應都市的發展，都市計畫常順應時代需要而加以改變。換句話說，不同階段的都市發展，會產生內部土地利用結構的改變。

其中，經濟與利潤動機往往是決定某土地作某些利用的主要影響因素。例如所謂「最高與最佳利用」(the highest and best use)，是指土地所有者傾向發展其土地，使其達到最佳優勢 (optimal advantages)，這包括對土地利用的品味、意願、價值與識覺等，進行土地利用投資的考量後，所作出最適宜的土地利用。除了經濟與利潤動機外，還有其他因素也可能影響到都市的土地利用，如政治、土地的外觀 (natural aspect)、地形、排水、交通易達性、經濟富裕程度、土地面積大小、土地所有權情形和土地利用分區管制等。

　　從較長的時間尺度來看，都市的土地利用多是動態的 (dynamic) 而非靜態的 (static)，常隨都市發展而改變。對都市地理學者而言，這是個有趣的研究主題。都市土地利用的改變，部分是由於都市發展向外擴張，使原屬於鄉村的土地被變更為都市用地。另外部分則是由更重要且複雜的因素導致，就是為了因應都市發展，使都市內原有的土地利用重新調整 (rearrangement)。當都市為了適應就業、易達性、生活形態、所得與技術等改變，產生大小與機能改變時，一種新的土地利用會形成，取代原有的土地利用。

　　保尼 (Bourne, 1976) 在其對加拿大多倫多市的個案研究中，認為多倫多的土地利用形態改變，歷經了四個階段：1. 郊區化 (suburbanization)，成長主要在郊區。 2.更新 (renewal)，主要在市區。 3.公共設施的擴張 (expansion of public uses and utilities)，如公園、快速道路及電話服務等擴建。 4.具有專業機能核心的成長或衰退 (growth and decline of nucleations containing specialized function)，如建築物拆除改為停車場、醫院、公園與機場的擴建。

　　在西方資本主義國家的都市發展過程中，市中心與郊區的土地利用變化最為激烈，堪稱是二十世紀後半葉最深遠的都市土地利用改變。

三、都市土地利用與地價

　　地價可以影響到都市的土地利用，這是不證自明的事實。一個都市內地價的分布顯示了極大的變化，主要決定因素為區位 (location) 與易達性 (accessibility)。通常地價分布以市中心最高，稱為「尖峰地價交點」(peak land value intersection, PLVI)。從中心商業區 (CBD) 向外，地價隨距離增加而減少，但鄰近主要交通要道的地點也有較高的地價。此外，較高地價也發生在主要的商業節點 (commercial nodes)。相對來說，在住宅區中，離開市中心產生地價下降的情形較為一致。在向外放射道路與

環外道路交叉處，地價又會上揚。圖 8-2 為美國都市地價剖面圖，從圖中可以看出最高地價在中心商業區 (CBD)，向外則地價在短距離內快速下降，而外圍的一些商業節點，地價會小幅度上漲，但在外環道路或郊區商業中心，地價的上升幅度更高。

　　邱念的農業土地利用模式，可以引用到都市土地利用中進行討論。都市土地利用中的各種活動，如商業、居住、工業及其他，就像邱念農業土地利用模式中的各種作物 。 在邱念的模式中 ， 由於孤立國 (isolate state) 的假設，所有作物都得送往唯一市場，為了減少運費，所有作物都希望儘量靠近市場區位，但決定作物區位的主要因素為各作物的「區位租」（location rent，又稱經濟租，economic rent），區位租愈大的作物，愈具有接近市場區位的競爭力。同樣的概念應用到都市土地利用中，傳統上各種需儘量減少運費的活動，多聚集在市中心。然而由於市中心的高地價，只有那些能夠支付高地價（或高地租）的活動，才能取得占據市中心區位的競爭力，例如商業活動。而需要較大空間的工業活動用地，則需尋找較遠離市中心的區位。居住用地則介於二者之間。圖 8-3 為典

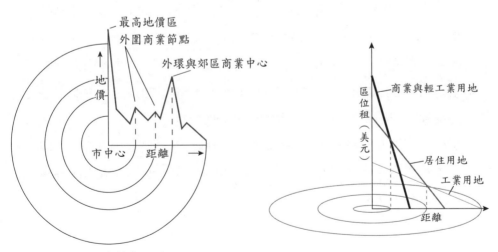

資料來源：Hartshorn, 1992。

圖 8-2　美國都市地價剖面圖　　　　　圖 8-3　都市地租梯度示意圖

型的都市地租梯度示意圖 (classic form of urban rent gradient)，圖中商業
用地在最靠近市中心的距離內區位租最大，因此最具競爭力者會占據這
個區位；相較於商業與工業，居住用地的區位租在距市中心中等距離處
最大，因此緊鄰在商業用地外；工業用地則在最遠離市中心的區位，得
到最大的區位租，也就是在這個區位的工業用地具有最大優勢。

　　根據古典經濟理論爭取已有的區位，最能從該區位中得到最大使用
或利潤，且只要有能力支付最高地價（地租）者，就可占據該地點。我
們可用「極限地租」(ceiling rent) 的概念進一步說明地租（價）與土地利
用之間的關係。

　　「極限地租」是指一個使用者所能支付某地點的最大地租，超過極
限地租，使用者將收不敷支，沒有能力支撐。對於「極限地租」有二個
重要原則：

1. 同一地點的「極限地租」會因土地利用不同而有差異，例如：位於郊
　　區的一塊山坡地具有良好的視野景觀，假設作為居住用地的「極限地
　　租」為 90 美元、零售業為 60 美元、工業為 50 美元，很顯然的這塊土
　　地應出售或出租作為居住使用。不過如果這塊地的主人認為該地不只
　　值 90 美元，則這塊地可能被閒置。另外，假設有一塊幾公里外的土地
　　求售，這塊地的地形相對低平且位於主要公路旁，作為居住用地的極
　　限地租為 30 美元、零售業為 100 美元、工業為 70 美元，在此情況下
　　這塊地可能出售作為零售業用地，如購物中心。

2. 另外一個重要原則為，同一塊地的極限地租常隨時間而改變。如傳統
　　上美國都市的商業用地，其「極限地租」在中心商業區 (CBD) 最高，
　　但現在則不然。

第四節　都市土地利用結構理論

對於都市土地利用結構的研究，大致分為三個觀點：人文生態 (human ecology) 觀點、土地經濟 (land economy) 觀點及活動系統 (activity systems) 觀點。以下就這三個觀點加以探討：

一、人文生態與都市土地利用

所謂人文生態觀點，是指把生物學原理應用到都市土地利用的結構上。生物學上認為一個外來的新物種引進後，必然會在引入地區產生生態上的問題。這個過程通常有三個步驟：首先，新物種「侵入」(invasion) 一個新的自然領域，這時新物種與該地區的原來物種產生「競爭」(competition) 關係，如果無法適應新環境，則會受到淘汰而滅亡；如果能夠適應新環境，則新物種可在移入區「存續」(succession) 發展。

芝加哥社會學者應用了這種「侵入——競爭——存續」的觀念，把不同的土地利用視為不同物種，根據生態的觀點，分別提出了下列三個都市土地利用結構的理論，被稱為「芝加哥學派」。

（一）同心圓理論 (concentric theory)

同心圓理論是由伯吉斯 (Burgess, 1923) 所提出，強調土地利用會隨地區與市中心的距離而變，呈現同心圓的形態。換句話說，只要與市中心的距離相同，其土地利用形態也相同。伯吉斯提出了一個同心圓理論的土地利用形態（圖 8–4）。圖中他列舉五個隨著與市中心距離不同，產生的土地利用區，由中心向外分別是：

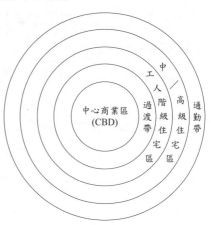

中心商業區 (CBD)

工人階級住宅區

過渡帶

高級住宅區

通勤帶

資料來源：Johnson, 1972。

圖 8–4　同心圓理論示意圖

1.中心商業區 (central business district)

這一帶為商業、社會與市民生活及都市運輸系統的焦點,有百貨公司、精品店、辦公大樓、銀行、組織總部、法庭、旅館、歌劇院、音樂廳、電影院與博物館。而圍繞著市中心零售業區的為批發、輕工業等。

2.過渡帶 (the zone of transition)

這個地區為住宅退化地帶 (zone of residential deterioration),老舊的私家房屋被分隔成數間住戶;而大廈為辦公室與輕工業占用 (機能改變);一些荒廢閒置的住屋被拆除作為都市更新空間(形態上的改變)。根據布格斯,這個帶包括了「貧民窟」(slums),充斥著疾病、貧困、文盲、失業與犯罪。在美國的許多都市,這個過渡帶住著許多新移民,而且被認為是「不穩定社會群體」(unstable social groups) 之家。

3.工人階級住宅區 (the zone of working class homes)

這個地區的特徵為居住密度逐漸減少,而房子的品質與價格增加。這是搬離住宅退化地帶而希望接近工作地點之藍領階級工人所居住的地方。許多屬於移民第二代,已有足夠時間存錢購買自己的住屋。

4.中／高級住宅區 (residential zone)

這個地區更遠離 CBD,居住者以中產階級為主,具有較新而寬敞的獨院住屋,或者是高級公寓與大廈。

5.通勤帶 (commuter zone)

這個地區位於郊區或外圍地區,尚有未開發土地,包含一些衛星小鎮,鐵路沿線或主要公路附近常會出現中產階級或高級住宅區。

在同心圓結構內,不同土地利用區的成長依據「侵入——競爭——存續」的生物學原理,如洋蔥般向外成長擴張。例如:當過渡帶較窮居民住宅區飽和時,只好越界「侵入」鄰近的工人階級住宅區,這時就與原地區的居住用地產生「競爭」,如果競爭力強就可「存續」下來,使過渡帶向外延伸;工人階級住宅區也可以如法炮製,往緊鄰的中／高級住

宅區擴張，同理中／高級住宅區則向更外圍的通勤帶延伸。例如：臺北市近郊的天母，1960 年以前天母還是個以別墅與美軍獨院宿舍為主的高級居住區，由於臺北市的快速發展，市區逐漸飽和，加上美軍撤離，使部分中級住宅區開始「侵入」天母，使原本的美軍宿舍紛紛改建為高級大廈，讓中產階級居民進住，經過幾十年的競爭，現在天母已成為大廈林立的地區，而許多高級別墅則往外圍的坡地或陽明山地區擴張。

　　然而，同心圓理論無法適當地詮釋工業土地利用的聚集，它也無法解釋運輸路線對土地利用的衝擊，使同心圓理論受到質疑。為了彌補這個缺失，有些研究者在探討同心圓土地利用結構時，也考慮到運輸路線對土地利用的影響，把放射狀公路系統加入同心圓模式中，結果使同心圓土地利用區朝主要道路方向延伸擴展，創造了星狀般的同心結構（圖 8-5）。

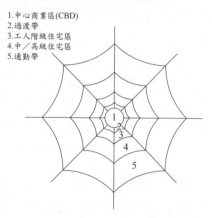

1.中心商業區(CBD)
2.過渡帶
3.工人階級住宅區
4.中／高級住宅區
5.通勤帶

圖 8-5　受運輸路線影響的同心圓模式

（二）扇形理論 (sector theory)

　　霍伊德 (Hoyt, 1939) 分析了一百多個美國都市的土地利用形態後，提出了扇形理論。基本上，扇形理論可視為對同心圓理論的修正。霍伊德認為，都市土地利用形態發展，除了與市中心距離有關外，還有方向上的差異性。圖 8-6 為扇形理論示意圖，從圖 8-6 中可以看

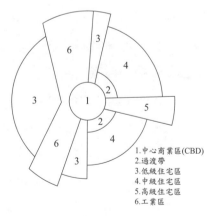

1.中心商業區(CBD)
2.過渡帶
3.低級住宅區
4.中級住宅區
5.高級住宅區
6.工業區

資料來源：同圖 8-4。

圖 8-6　扇形理論示意圖

出，在扇形模式中保留了同心圓模式的土地租機制，由中心商業區往外，隨著與市中心的距離增加，土地利用形態由低階級住宅區變為中／高級住宅區。不過在同心圓的架構上，霍伊德強調了放射狀運輸路線的影響，即「線性易達性」(linear accessibility) 和「定向慣性」(directional inertia)。所謂「線性易達性」是指在運輸路線經過的地方，由於交通改善造成的易達性，有利鄰近地區的土地利用。「定向慣性」是指土地利用發展在某些方向上，一旦形成某種形態，往往會沿習成性而變成偏重該土地利用。有些土地利用之間具有相斥的作用，而也有一些土地利用之間具有相吸的作用。例如：工業用地往往與高級住宅用地呈相斥關係，也就是一塊土地一旦先作為工業用地後，鄰近地區就不易形成高級住宅用地。然而，工業用地卻常吸引低級居住用地的設立，以便利工人就近工作。這樣的發展常使土地利用向外擴展，呈現不規則形狀，各方向則有不同的土地利用形態。

　　受線性易達性影響方面，以工業和商業土地利用最容易受影響。至於居住地，也會根據上述土地利用之間的相斥與相吸作用，在向外擴展時，產生分流現象：低階級住宅在環工商業土地利用地段，而中產階級與高級住宅則朝不同方向，如沿交通大道、河川、湖濱或地勢較高且具良好景觀的地區發展。

（三）多核心理論

(multi-nuclei theory)

　　同心圓與扇形理論皆為單一核心模式，但現代都會常呈現市中心及邊緣衛星中心 (satellite centers) 共存的多核心結構。哈里斯 (Harris) 與烏爾曼 (Ullman)(1945) 針對美國都市的研究中，提出多核心理論，

1.中心商業區(CBD)　4.中級住宅區　7.外圍商業區
2.批發／輕工業區　5.高級住宅區　8.工業郊區
3.低級住宅區　6.重工業區　9.住宅郊區

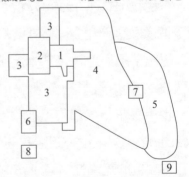

資料來源：Johnson, 1972、Wikipedia。
圖 8-7　多核心模式的土地利用結構

其土地利用結構如圖 8-7 所示。從圖 8-7 可以看出，多核心理論的結構具有同心圓理論與扇形理論的影子，其土地利用形態根據其與市中心的距離改變，也隨方向不同，有不同的土地利用形態。唯一最大的不同點在於外圍產生新的中心商業區。

　　多核心模式假設都市內部除了原本的中心商業區 (CBD) 以外，還有次要的低級中心地及都市成長點。這些地區皆隨著都市的交通路網及機能發展而興起。其中，較具有優越條件的地區可能發展出可與舊有中心商業區抗衡的新中心商業區，形成多核心共存的結構。核心數目與區位決定於都市的大小、整體的結構與特殊的歷史演變。這些核心四周常因下列四個因素 ，促成其專業化土地利用 (specialized landuses) 的分類聚集：1.某些活動需要特殊設施、 2.聚集經濟效益、 3.部分土地利用間有相斥作用，如重工業與高級住宅區、 4.不同活動支付地租的能力不同。

（四）都市土地利用模式討論

　　從粗略而宏觀的觀點來討論上述三個都市土地利用的模式，可以在一些都市的土地利用模式得到印證。以臺北市的發展為例，有一些扇形與多核心模式的影子，如臺北都會的工業用地傾向集中在淡水河對岸的三重、新莊，向外延伸至桃園縣（現桃園市）的龜山、桃園、中壢、楊梅一帶，形成工業走廊。而沿士林、天母、陽明山方向則成為中／高級住宅或別墅區，沒有工業用地。另一方面，由於東區和信義區的發展，除了原本西門町至臺北車站一帶的舊中心商業區以外，在頂好商圈沿忠孝東路及信義計畫區也形成新的中心商業區，在新中心商業區附近則形成中／高級住宅區，類似圖 8-7 的空間結構。

　　不過，由於這三種土地利用模式都發展自美國都市的經驗，且多在1930 年代之前，因此它們比較適合北美早期的都市。如果以較嚴謹的觀點來看，這些模式與北美洲以外地區的都市土地利用結構並沒有非常吻合。西歐國家的公共涉入、東歐的國家控制，及第三世界殖民統治等，

不同政策與政治發展，皆會產生不同的都市土地利用形態。

　　即使在美國，由於戰後實施都市土地利用分區管制 (zoning of urhan landuses)，對地價產生很大的衝擊，例如：規劃為住宅用地的土地，其商業使用的價值等於零。另一方面，也有人認為，不同土地利用需要不同特性的地點，像對商業發展有價值的區位（如繁忙的公路旁）可能對居住缺乏吸引力，因此，土地利用分區管制只是一種由市場或其他力量產生的遵循準則。比方說，德州的休士頓並沒有實施土地立用分區管制，但該地區的土地利用形態卻與其他美國都市沒有明顯的差異 (Hartshorn, 1992)。

　　戰後美國都市正產生一種異於古典模式的土地利用結構，那就是疏散式都市 (dispersed city)。疏散式都市指都市從緊湊聚集於核心的結構轉變為廣泛分散在多中心結構的一種都市過程，洛杉磯就是個典型的例子。

　　至於第三世界，由於其特殊的歷史發展，產生與北美洲和歐洲都市迥異的結構。

　　第三世界傳統都市最大的特徵在於多起源於殖民時代，一群少數但擁有權力的精英控制了經濟與國際關係。而廣大的都市居民依然貧窮且缺乏技術，對農村有著強烈的情感與文化連結。這種情形多發生在拉丁美洲、非洲、西亞等地。

　　從空間的結構來看，第三世界都市常形成與同心圓模式相反的結構。主要是由於從事企業與行政工作的精英人口，常選擇靠近市中心的地區居住，而較低收入的群體則遠離市中心，通常貧民區位於都市的最外圍（見第 11 章）。

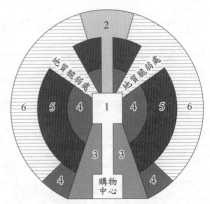

1.中心商業區(CBD)　　4.中級住宅區
2.工業區　　　　　　5.原地成長帶（新興住宅區）
3.高級住宅區　　　　6.違章與鄰避設施區

資料來源：Griffin and Ford, 1980。

圖 8-8　拉丁美洲都市結構模式

　　格立芬 (Griffin) 和福特 (Fords) (1980) 研究了拉丁美洲的都市土地利用形態後，提出了一個拉丁美洲都市的土地利用模式，如圖 8-8。從圖中可以看出，精英群體所擁有的高級住宅區繞圍著林蔭大道 (boulevard) 兩旁，由中心商業區向外延伸。緊鄰中心商業區為中級住宅區，是經過重修後的老住宅，房屋品質中等且樣式較均質，這個地區經長時期的發展後較為穩定，故也稱為「成熟帶」(zone of maturity)。

　　成熟帶的外圍為「原地成長帶」(zone of in situ accretion)，代表新發展的住宅區，具有較多種類的房屋型式與多樣品質，可稱為是混合區，因屬於新興住宅區，有些道路尚沒有瀝青鋪面，還是泥土路，而且不是所有家庭都有電力；不過這個地區的居住品質正逐漸提升。

　　最外圍則為邊緣的違章與鄰避居住區 (zone of peripheral squatter settlement)，這是屬於下層階級住宅區，大多屬貧民區，常是鄉城移民到都市的落腳地。

　　此外，還有許多學者或機構對第三世界都市的結構進行分析，得到不同地區的都市常具有特別的內部結構。例如：Yadav 利用社會的、經濟的與實質的特徵分析印度新德里，得到類似同心圓理論的結構（圖 8-9A），從市中心，即圖中的步行區 (pedestrian)，向外分成幾個同心圓帶，由內向外依序為：「主要規範區」(mainly requrised)，這是傳統為了保障居民某程度的安全所作的規範，接著為「混合區」(mixed zone)，「計畫發展區」(primarily

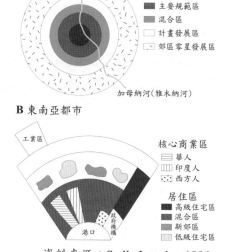

A 印度新德里

■ 步行區
■ 主要規範區
▨ 混合區
□ 計畫發展區
⌐⌐ 郊區零星發展區

加母納河(雅木納河)

B 東南亞都市

工業區

港口
政府機構

核心商業區
▤ 華人
▥ 印度人
▩ 西方人

居住區
■ 高級住宅區
▨ 混合區
▥ 新郊區
▤ 低級住宅區

資料來源：Stella Lowder, 1986。

圖 8-9　非西方國家都市內部結構模式

planned development)，最外圍則是「郊區零星發展區」(suburban zone of sporadic development)。

McGee 早期進行東南亞都市結構的研究時（圖 8-9B），特別注意到構成都市結構的族群，因此在區分商業中心時，依族群聚集情形，分為華人、印度人與西方人的商業區，而住宅區則根據所得分為高級住宅區、混合區、新郊區與低級住宅區。整體來看，McGee 對東南亞都市結構所提出的模式，較接近扇形理論模式。

二、土地經濟與都市土地利用

這個觀點的研究比人文生態還早，哈特 (Richard M. Hurd) 早在 1903 年發表的《都市地價原則》(*Principles of City Land Valves*) 一書中就已提及這觀點。哈特早期作品中主要關心的是地價，因此他將地價與邱念農業土地利用模式應用到都市土地利用上。他認為土地價值視其區位租（經濟地租）而定，而區位租決定於「便利性」(convenience)，便利性又取決於「接近性」(nearness)。於是，他認為「接近性」是影響土地價值的決定性因素。

Ratcliff 從土地經濟的觀點，認為決定都市土地利用形態的因素主要有三項，即：區位租 (location rent)、距離 (distance)、區位 (location)。

區位租指某土地利用在某區位上，所能支付地租的能力。區位租愈大，支付地租的能力愈強，則該土地利用在這個區位上愈有競爭力。不過，部分土地利用支付地租的能力，視其所需土地大小，部分則取決於該土地利用的其他花費，如運費。

由於地價隨「與市中心距離」增加而遞減，因此遠離市中心的地區，可用同樣價格得到較大的土地。另一方面，距離的增加卻增加了通勤至市中心的運費。因此，如何在增加土地取得量與支付運費之間取得平衡，視其土地利用的性質。圖 8-10 為一些主要都市土地利用的區位租曲線，

從圖中可看出，零售業 (retail) 需要的土地面積小，卻最需要接近顧客，所以在市中心可得到最大量的顧客（利潤），以支付市中心昂貴的地價，一旦離開市中心，收益快速減少，故其區位租曲線斜度非常尖銳。工、商業用地 (industry/commercial landuses) 其區位租在市中心比零售業小，但地租曲線的梯度 (gradient) 較緩和。集合式住宅 (multiple family housing) 與獨院住宅 (single family housing) 的梯度更加緩和，因為這二種土地利用都屬非營利，較沒有能力與必要去競爭市中心的土地。至於農業用地因所需土地最大，且接近市中心區位的利益不大，故其區位租曲線的梯度最平緩，由市中心至外圍曲線斜度幾乎沒變化。

利用上述不同土地利用的區位租曲線，可以看出零售業用地最具競爭市中心土地的能力，其次依序為工、商業用地、集合式住宅、獨院住宅及農業用地。將不同的土地利用區位租曲線重疊，可以得到如圖 8-11 的都市土地利用空間分布形態。

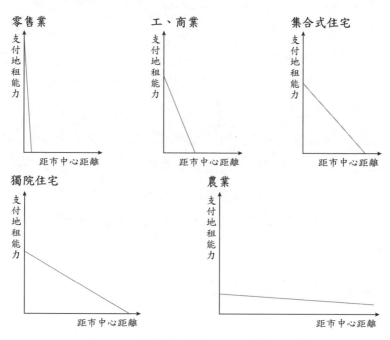

圖 8-10 都市土地利用的經濟地租曲線

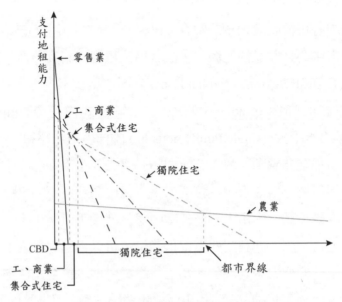

圖 8-11　都市土地利用空間分布圖

　　總結以上論點，從土地經濟的觀點探討都市土地利用形態，大致可歸納為下列三點：

　　（一）土地利用最後決定於各土地利用方式在不同區位的相對效率。

　　（二）土地利用效率可根據其「支付地租」能力來計量。所謂「支付地租能力」是指某種土地利用在一個區位上，能取得的經濟效益能力。

　　（三）一個最有效率的都市土地利用形態，實際上是透過不同區位土地利用之間的競爭，經過長時間適應調整而形成。值得注意的是，區位價值並非一成不變，常因某建設或交通路線改變而改變，這時土地利用可能需重新調整。如捷運通車後，帶動車站周邊及路線經過地方的土地利用改變。

三、活動系統與都市土地利用

　　活動系統 (activities systems) 不是模式，卻是提供探討都市土地利用

形態，另一個有關的方法。基本上，此探討方式是透過活動系統，對空間上的個人、機構與公司的行為形態 (behavior patterns) 加以分析，以詮釋都市土地利用形態。

　　察賓 (F. Stuart Chapin) 企圖建立一個架構，以解釋與都市土地利用決策的人類行為循環。如圖 8–12 所示，影響都市土地利用決策最重要的因素為價值觀 (value)。一塊土地可以經濟目的 (economic ends) 進行開發，如用來作建地以求經濟效益；也可以社會目的 (social ends) 進行利用，如開闢為公園綠地，以供市民休閒活動使用。此外，還要考慮到都市用地中，需要的 (needs) 或缺乏的 (wants) 土地，以確定土地利用的目標 (defining goals)。接著製作不同的計畫 (planning alternatives)，再經過評估，決定最有效益的計畫加以實施 (deciding and acting)，如果中間發生疑慮，則再回到檢驗需求與缺乏項目進行檢核。若沒問題，待施工完成後就成為都市土地利用形態 (urban land use patterns) 的一部分。

　　如臺北市基隆河的廢河道新生地利用案，這塊相當大的新生地如何進行有效地利用？價值觀是影響其決策行為的最重要因素。首先，要檢驗臺北市土地利用的需求與缺乏項目，假設臺北需要建地，缺乏公園綠地。接著是價值觀，也就是規劃者對作為「社會目的」的公園綠地與作為「經濟目的」的建地價值如何衡量，會影響到目標的訂定。如果規劃者認為建地的價值較大，則其利用目標中，建地分配的比例就較大，如建地 60%，綠地 40%。確定目標後，針對該目標作出不同的計畫方案，經過評估選擇最有效益的計畫開始施工，完成後即為現在基隆河新生地的土地利用形態。

　　價值觀是影響土地利用決策行為的重要因素。而價值觀往往又受文化的影響，因此，不同文化圈所建立的都市土地利用形態也大不相同，如歐美國家與中國。一般而言，在歐美國家的價值觀中，公園綠地是相當重要的都市構成元素，而中國傳統上則較輕忽。其結果是，中國都市

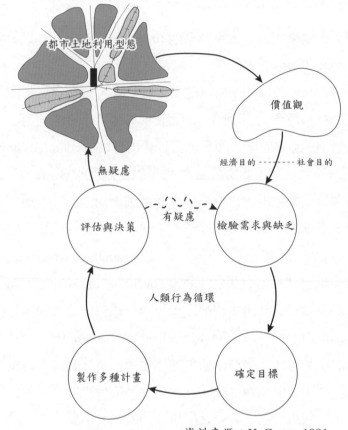

資料來源：H. Carter, 1981。

圖 8-12　Chapin 都市土地利用決策模式

中的公園綠地的比例較低，當然有部分原因在於中國人口較稠密，但不可忽視的是，中國都市即使留下開放空間與廣場，也常常鋪上地磚或水泥，較少闢為草地或林地。如北京天安門廣場大部分為地磚，相對的美國華盛頓國會大廈前的廣場，除了車道外，皆為草地及林木。臺北市戰後的都市計畫也有類似的情形，許多日治時期的公園預定地（1 號至 15 號公園）都被挪用為建地，如美術館、中山足球場、國父紀念館、南海學園等。而一些大型建物外的廣場，如中正紀念堂、國父紀念館及美術館等，大多也鋪上地磚或水泥，而不是美麗的花草與樹木。

第 9 章 都市的商業

第一節　都市商業的特徵與分類

一、都市商業特徵

　　商業活動是都市最古老的機能之一。自古以來不論東西方，都市一直是個商業貿易中心，這個機能隨著經濟的發展愈形重要，成為都市賴以發展的重要機能。一般而言，都市的商業活動具有下列主要的特徵：

（一）種類繁雜且分工細

　　都市商業所提供的物品與服務包羅萬象，如一般商店、精品店、專門性商品店、金融、貿易、保險、各種顧問公司、房地產、休閒健身與醫療服務等，真的是不勝枚舉。不但種類多，而且分工愈來愈細，例如寵物店常又分成狗狗照護店與貓咪照護店。

（二）區位選擇於人口密集處

　　商業活動的區位往往選擇人口密集處，特別是零售業，如汽車站、火車站、捷運站周邊，或主要的交通幹線、十字路口、商業中心區等。

（三）商業區位常是地價最高處

　　商業活動的區位常是都市中地價最高的地方，不過，不同的商業活動由於其性質與支付地租能力的差異，在空間分布上常呈現不同商業活動的區位特性。Scott（1970）曾比較各種商品與地租的關係，如圖 9–1 可

看出，百貨公司支付地租的能力最大，占據最中心的區位，其他如女性
服飾、鞋子、珠寶則其次。家具店因用地面積大，其支付地租能力最低，
多選擇較遠離市中心的區位。

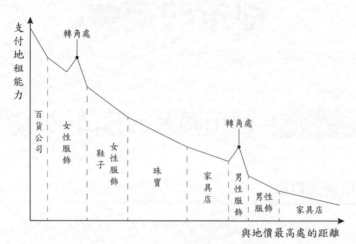

資料來源：Scott, 1970。

圖 9-1　商店類別與地租的關係

二、都市商業分類

從空間分布形態與商業區的商品組成結構，貝里 (Berry, 1963) 將都
市商業大致分為三大類（圖 9-2）：

（一）商業中心 (commercial centers)

商業中心在空間上呈現塊狀的聚集，依其規模大小，又可細分為五
種商業中心，大小間具有階層的關係。這五種商業中心由小至大分別為：

1. 便利商店 (convenience stores)

傳統的雜貨店近年來已慢慢被連鎖便利商店取代，如 7-11、全家、
OK、萊爾富等，這種便利商店是最小的商業中心。

2. 鄰里中心 (neighborhood centers)

是僅高於便利商店的低層商業中心，其出售的物品或服務一般都是

較低級的中地物。以美國來說，鄰里中心服務的市場區人口約為 7,000～
15,000 人，主要提供的商品包含食物、藥品、酒、器具以及一些個人服
務，如美容院、乾洗店等。

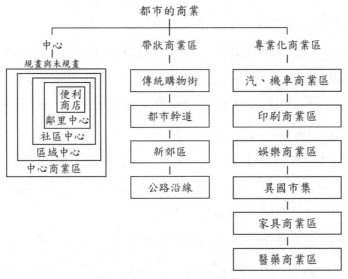

資料來源：Berry, 1963。

圖 9-2　都市商業的分類

　　鄰里中心是美國最常見的商業中心，約占所有購物中心數的一半，
大部分鄰里中心位於主要公路通道，並且是經過規畫的。然而自 1980 年
代起快速崛起的 「超級商店」 (superstores)，也稱 「超級市場」
(supermarket)，正逐漸侵占某些鄰里中心的市場。

3.社區中心 (community centers)

　　社區中心比鄰里中心又高一級，除了銷售鄰里中心提供的物品與服
務外，還包含更專業化的商品店，如婦女服飾、銀行、書店、小型百貨
公司及超市。

　　社區中心在美國是僅次於鄰里中心的最普遍商業中心，約占所有購
物中心數的 30%。每個社區中心可服務約 30,000～50,000 人。

4. 區域中心 (regional centers)

是僅次於 CBD 的第二高階層商業中心，其提供的物品與服務範圍較社區中心廣，至少有一個大型百貨公司。其市場區約有 50,000～200,000 人。除了一般性商品外，還提供了較高階的物品與服務。

5. 中心商業區 (central business district)

這是最高階層的商業中心，其市場範圍最廣，將於下節詳細討論。

（二）帶狀商業區 (commercial ribbons)

呈現線狀的分布，依其所在區位又可分為：

1. 傳統購物街 (traditional shopping street)

這種類型的帶狀商業區最為普遍，散見於一般市區，特別在缺乏都市土地利用分區管制的發展中國家。通常這類型的購物街是隨都市發展自然形成，較少是由都市規畫發展的。

傳統購物街所提供的物品與服務非常繁雜，但大多是與日常生活有關的事物，如飲食、衣物、用具等，一般屬較低級的中地物。也可以經常看到與民俗有關的行業，如算命。在舊市區最常看見這種傳統購物街，如臺北市的萬華區與日本東京都的淺草區（照片 9–1）。

2. 都市幹道 (urban arterial)

由於人車的往來頻繁，都市幹道常形成重要商業街，通常含有提供較高階中地物的商店、銀行、金融機構、娛樂或其他辦公大樓。如臺北市的中山北路、南京東路、忠孝東路、東京的銀座（照片 9–2）與有樂町或紐約的四十二街。

3. 新郊區 (new suburban)

隨著都市的擴展或郊區化，許多原本人煙稀少的郊區慢慢聚集人口，沿著新道路兩旁形成商店林立的帶狀商業區。這些郊區帶狀商業區較類似傳統購物街，只是郊區屬晚近開發地區，道路較市區寬且較有規劃。

4.公路沿線 (highway-oriented)

　　都市聯外的主要公路，在都市的郊區或外緣，常出現提供汽車旅行者所需物品與服務的商店，在公路沿線形成帶狀商業區。較常見的商店如汽車旅館 (motel)、加油站、汽車修護廠、餐飲店等，在美國更有許多可以讓汽車駛入的商店，如汽車餐廳 (drive-in restaurants)（照片 9–3）、汽車電影院（drive-in cinema，屬露天電影院，汽車可開入，人們甚至可以不必下車，在車內觀賞電影。現在這種露天汽車電影院已漸漸沒落）。

（三）專業化商業區 (specialized commercial areas)

　　專業化商業區最大的特色是商店種類集中在一、二種，其空間分布形態可能是線狀也可能是塊狀的商業中心，將於第四節詳細討論。

第二節　中心商業區

一、定　義

　　中心商業區 (central business district, CBD) 在不同國家常有其他稱呼，例如：英國稱為「中心區」(central area)、日本稱為「中央區」，一般通俗的用語則簡稱 "downtown"。原本 downtown 一詞是指紐約曼哈頓區的「下城」，是曼哈頓主要商業聚集的鬧區，而「上城」(uptown) 包括黑人哈林區，商業活動遠不及下城，因此「下城」一詞就轉化成一般名詞，指一個都市中最熱鬧的商業區，意同 CBD。

　　在貝里的分類中，中心商業區是一個都市最高位階的商業中心，理論上，其提供的物品與服務也是屬最高級的中地物，而服務的市場範圍不但涵蓋全市，甚至包括鄰近的整個都會區。

二、CBD 的特徵

　　一般都市的 CBD 常具有下列的特徵：

（一）具高度易達性

　　CBD 往往是各種公共運輸系統交會處，如地下鐵和公車。由於交通帶來的易達性促成了商業興起，而商業發展起來後帶來更多人潮，反過來促進交通運輸的改進，增加易達性，兩者形成互為因果的關係。不過在戰後汽車時代來臨後，CBD 因道路不夠使用，也缺乏停車場，特別是發展歷程較久的 CBD 往往建立於汽車時代前，一般道路狹窄且缺乏停車場，使 CBD 變成許多開車族的夢魘。對開車族來說，CBD 的易達性反而變成了不易達性。

　　為解決 CBD 上述不易達性的問題，一般是加強並改善大眾運輸系統的方便性，減少民眾開車進入 CBD。例如：在倫敦 CBD 上班的人，約有八成以上利用大眾運輸系統，其中 90% 左右使用地下鐵。新加坡政府為了解決過多車潮進入市區，採用嚴格管制的方式，不但要付費，並規定要載到規定的乘客數才可進入。

　　許多第三世界的都市，由於私家車的擁有率偏低，大多還是依賴大眾運輸系統，這些都市 CBD 的易達性問題，反而是因為缺乏便捷的大眾運輸系統所造成的。

（二）高度集約的土地利用

　　由於 CBD 的土地昂貴，為了支付昂貴的地價，只能採用集約的土地利用 (intensive landuses) 方式，以求地盡其利。集約的土地利用方式是希望從土地的使用上，取得最大的利益。集約使用的方式不外乎二者：其一是選擇最適合 CBD 使用的方式，以便得到最大地利，如 CBD 的一塊土地可作為商業、工業、居住等不同使用，其中作為商業使用，可得到最大報酬以支付昂貴地價；另一個方式是，在有限的土地面積，向上作三度空間的建設，以增加樓地板面積。北美洲都市的 CBD 即採用這種方式追求集約的土地利用，因此形成美加都市 CBD 三度空間的特性（圖 9-3、照片 9-4）。

世貿中心大廈原址

資料來源：2001 年根據照片簡化繪製，原世貿中心雙子星大廈已於 911 後毀損。

圖 9-3　紐約 CBD（曼哈頓）的天際線

　　CBD 三度空間的發展並非是世界性的，由於文化、審美、經濟發展及其他因素，雖然集約土地利用原則一樣，許多國家都市的 CBD 卻沒有向三度空間發展的情形。例如：法國巴黎的都市計畫採取相同建屋高度，以追求和諧的天際線，因此 CBD 並沒有向三度空間發展。又如臺灣部分舊市區的 CBD 由於更新不易（涉及太多個人權益），因此其三度空間的發展程度反而比周邊地區低，如臺北市西門町與高雄市鹽埕區。

（三）缺乏居民

　　戰後西方都市 CBD 的居民紛紛往郊區遷移，使居住在 CBD 的居民日益減少，如倫敦的 CBD 在 1920 年代時，尚有 12 萬居民，但到 1960 年代只剩下不到 5,000 人。使得許多西方都市的 CBD 在晚上下班後，一片寂靜，宛如死城，有學者稱之為「死心」(dead heart)。

　　西方都市 CBD 居民外移，一方面是因為居住用地無法與商業用地競爭；另一方面，是因為戰後居民所得增加，對居住環境的要求產生很大的改變，民眾普遍較喜歡寬敞、安靜且有陽光草地的住家，加上汽車擁有率大增、快速道路興建等，逐漸形成居民外移的情形（見第 11 章）。

　　但一般非西方國家都市的 CBD 並沒有顯著「缺乏居民」的特徵。除了由於經濟發展慢、所得低及都市硬體建設不足外，但還有一個很重要的因素是文化與生活習性的差異。以臺北市為例，許多高收入者皆擁

有汽車、道路建設也改善很多，在大臺北近郊擁有私人別墅，但平日還是喜歡住在東區或信義區等的高級大廈。這是因為臺灣民眾較喜歡熱鬧，也喜歡住家鄰近商店，可隨時就近採購。反觀英、美及北歐人他們有較強的「個人主義」(individualism) 文化，喜歡不受干擾的寧靜居住環境。

三、CBD 範圍的界定

對於 CBD 範圍的界定，Marphy 與 Vance (1954) 曾以麻州的伍斯特 (Worcester) 作為個案提出界定方法，可說是界定 CBD 範圍的先驅者。他們也提出了界定 CBD 範圍的標準程序，如下：

（一）要先定義哪些土地利用可代表 CBD 的特徵。例如：商業、辦公等土地利用可代表 CBD，但居住用地就不能當作 CBD 的特徵。

（二）要調查各種土地利用的樓地板面積。為應用公式計量以確定 CBD 的真正範圍界線，必須有可計量的數據。

（三）以街廓 (blocks) 為單位，根據不同計算公式，作為該街廓是否納入 CBD 範圍的依據。為了這個目的，下列一些指標 (index) 常被用來作為計算的標準 (Carter, 1981)。

1. 總高度指標 (total height index, HI)

$$HI = 總樓地板面積 / 底樓樓地板面積$$

HI 的值反映出三度空間發展的程度，HI 的值愈大，代表這個街廓的三度空間發展程度愈高。再取 HI 大於某一值（此值由研究者主觀決定）以上的街廓，併入 CBD 的範圍。

這個方法比較適合於美國都市，因為美國都市的 CBD 具有顯著的三度空間性。但在其他地方，如法國巴黎，所有建物高度都大致一樣，就無法用此公式來確定 CBD 的範圍。

2.**中心商業高度指標** (central business height index, CBHI)

$$CBHI = 作為中心商業使用的總樓地板面積 / 底樓樓地板面積$$

如果 CBHI 等於 1，表示作為中心商業使用 (central business uses) 的樓地板總面積等於底樓的樓地板面積，因此只要一個街廓的 CBHI 值大於 1，則該街廓可併入 CBD 的範圍。

3.**中心商業強度指標** (central business intensity index, CBII)

$$CBII = (作為中心商業使用總樓地板面積 / 總樓地板面積) \times 100\%$$

CBII 表示所有作為中心商業使用的樓地板比例，因此 CBII 可以展現每個街廓作為中心商業使用的優占程度。 如果一個街廓 CBII 值 ≥ 50%，則將該街廓併入 CBD 的範圍。

4.**中心商業指標** (central business index, CBI)

$$CBI = (CBHI \geq 1) + (CBII \geq 50\%)$$

根據 CBI 指標，一個街廓須同時具有二個條件才能併入 CBD 的範圍。也就是說這個街廓的 CBHI 要 ≥ 1，同時 CBII 的值也須 ≥ 50%。

（四）指標應用

應用上述指標來確定 CBD 的範圍時，還有一些規應注意。首先，所計算的街廓必須是與已確定的 CBD 比鄰，若是遠離已確定 CBD 的街廓，即使合乎標準也不能算為 CBD。反之，如果一個街廓不合乎標準，但四周被合於標準的街廓包圍時，該街廓也可併入 CBD 的範圍。

（五）應用上述指標確定 CBD 範圍的可能缺失

1. 上述公式並未考慮到街廓大小的不同。若街廓大小相差太大，往往會影響到界線的位置，特別是作不同 CBD 的比較研究時，這種問題更容易被凸顯出來。

2. 對於中心商業使用的認定，有些使用是很明顯的，但有些使用的認定往往模稜兩可，失之於過分主觀。

3. 樓地板利用的品質也沒考慮進去。同樣是中心商業使用，一個是街角的小商店，但另一個卻是昂貴的精品店。當計算公式時，這二者一視同仁等量齊觀，無法看出其使用的品質。

四、CBD 範圍的變遷

都市的 CBD 範圍並非一成不變，常隨著都市發展而變遷。在變遷中產生了二個地區（圖 9–4）：

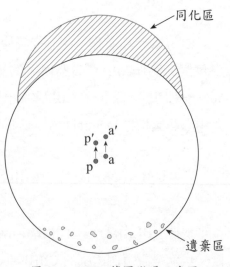

（一）同化區 (zone of assimilation)

指 CBD 擴張的地區，屬新發展地區，特徵為處處可見新建物與新型商店，呈現欣欣向榮的景象。

（二）遺棄區 (zone of discard)

指原來 CBD 逐漸沒落的地區，特徵為房屋老舊甚至荒廢、商業機能衰退，殘存一些傳統的商品店，人潮不再，景象蕭條。

圖 9–4　CBD 範圍變遷示意圖

通常在 CBD 範圍的變遷過程中，隨著 CBD 同化區的發展，其幾何中心 a 會跟著移至 a' 處，但最高地價點 p 的反應一般較慢，要等到同化區發展到一定程度後，p 才會跟著移至新地點 p'。

五、CBD 零售業衰退與機能轉變

（一）CBD 零售業衰退

根據 Hartshorn (1992)，美國都市 CBD 零售業的改變大致可以分為三個時期：

1. CBD 優占時期 (CBD dominance)

大約在 1850 年至 1950 年，這個時期 CBD 的零售業成長快，可稱為黃金時期。

2. CBD 衰退期

約在 1950 年至 1970 年，這時 CBD 的零售業不斷衰退。

3. CBD 取代期 (CBD replacement)

從 1970 年代至今，這時期隨著零售業外移衰退，CBD 的機能產生了質變，一些新的機能反而在 CBD 成長添補零售業的空缺。

不過也有一些特殊的情況，某些零售業依然停留在 CBD 且持續繁榮。例如：在一些少數民族群居的地區，像唐人街 (Chinatown)（照片 9–5）、小義大利區 (Little Italy) 與小哈瓦那區 (Little Havana)。另外，像一些連鎖速食店 (fast-food chain stores) 在行人眾多的地區依然成長著，取代了傳統 CBD 的自助餐館 (cafeteria) 與三明治店。

（二）CBD 零售業衰退的原因

CBD 零售業衰退的原因首推交通的問題，許多都市的 CBD 由於發展較早，一般道路狹窄且缺乏停車場。如果只是上班還可利用大眾運輸系統，但現代社會的小家庭，多屬夫婦都必須上班的雙薪家庭，對於家庭日常需要的採購，常利用週末一次購足。這樣每週一次購物的結果，每次購買的量較多，大眾運輸較不方便，一般都利用私家車，這時老舊的 CBD 就不適合前往，也造成購買者的裹足不前。

其次，在老 CBD 的商店許多設備不夠新穎、商品也不夠時髦流行，

往往不符合現代人對購物環境的要求。

　　但最重要的是郊區購物中心的興起，導致零售業外移至郊區，即所謂零售業郊區化，可能是美國都市 CBD 零售業沒落的最大因素。

　　這種普遍存在於美國都市 CBD 的零售業沒落現象，並沒有出現在大部分發展中國家，在這些國家的都市，CBD 依然是主要的零售業中心，每逢假日或週末依舊人潮滾滾，沒有任何沒落的跡象。

（三）CBD 機能取代

　　由於西方都市 CBD 零售業的外移，為了其造成的衝擊，CBD 機能正逐漸轉型，許多機能正逐漸在 CBD 中發展起來。

　　首先，為「辦公室機能」(office function)。由於 CBD 的區位適中，大眾運輸又方便，許多辦公大樓反而喜歡進駐 CBD，包括金融、保險、律師事務所及其他工、商業企業總部等，這些辦公室的發展主要在戰後，帶給 CBD 新的工作機會，且大多屬於白領階級。

　　其次為旅館市場的興起。1980 年代的一些西方大都市中，旅館已變成 CBD 快速成長的機能，提供開會或觀光的客人住宿需求。部分的古老旅館也在這種市場需求下開始翻新整修，或是拆除重建。

　　第三個重要的機能轉變是成為具會議機能的重鎮，許多大都市的 CBD 因擁有許多具有歷史的會議中心，常常成為國際間或國家各種重要會議的所在，其所招來的客人為數相當可觀。

　　最後一點，但不是僅有的一點，就是許多大都市 CBD 常具優越條件，如歷史古蹟、建物及硬體設備，很容易發展都市觀光，帶來大批觀光客，這方面以歐洲的古老都市最為搶眼，一些有名的歐洲都市，每年觀光客常超過千萬人次。除了觀光外，大都市還可提供各種娛樂與運動比賽場所，這些也常存在於 CBD 或其鄰近地區，變成很重要的機能。

（四）CBD 零售業的郊區化

1.零售業郊區化的發展

　　西方都市 CBD 零售業的郊區化現象，主要產生於戰後，其發展有不同的階段，以色列地理學家凱爾曼 (Kellerman, 1985) 曾對美國都市 CBD 零售業郊區化的現象，作了深入的分析，他把美國都市零售業郊區化的發展大致分為四個時期，各有其特徵（圖 9–5），即：

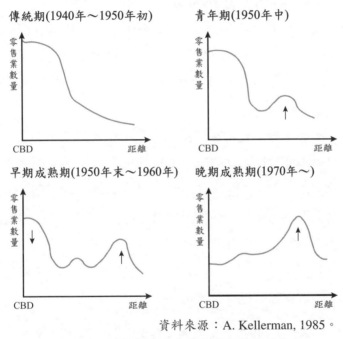

資料來源：A. Kellerman, 1985。

圖 9–5　美國都市零售業郊區化發展階段

⑴傳統期 (traditional stage)

　　傳統階段大概指 1940 年代及 1950 年代初期，這時期零售業主要集中在 CBD 及附近地區，隨著離開 CBD，數量快速下降。

⑵青年期 (youth stage)

　　這個階段大概發生於 1950 年代中期以後，郊區的零售業數量已開始

上升，而 CBD 開始些微下降，不過從數量來看，CBD 零售業仍然占有絕對優勢。

⑶早期成熟期 (early maturity stage)

　　這個時期發生在 1950 年代末至 1960 年代後期。沿襲著青年期的發展，CBD 的零售業數量持續下降，而郊區則繼續上升，雖然 CBD 的零售業數量仍然比郊區多，但差距已明顯縮短，相差有限。

⑷晚期成熟期 (late maturity stage)

　　這時期發生於 1970 年至今。發展趨勢依然不變，也就是 CBD 的零售業數量繼續下降，而郊區則繼續增加。郊區零售業的數量已遠遠超過 CBD，成為都市零售業的主要分布地區，而 CBD 的零售業數量萎縮，變成一個普通的區域中心。

　　如果以都會零售業數量在郊區的比例，作為郊區化的量化指標，然後選擇幾個美國都會從 1976 年至 1994 年的資料，即晚期成熟期，列表如表 9–1。我們可以很清楚看出，在 1982 年以後，除了紐約外，零售業郊區化的比例均在 70% 以上，其中以華盛頓、聖路易、巴爾的摩三個都會最高，到了 1994 年都超過 80% 以上。只有紐約最低，均在 70% 以下。從這個資料可以知道，紐約 CBD（曼哈頓）的零售業依然相當活躍，也就是郊區化程度比其他都會小。

表 9–1　1976 年至 1994 年都會零售業郊區化現象

單位 (%)

年分 都市	1976	1982	1988	1994
紐約	60.7	64.0	66.7	67.3
費城	65.6	70.4	73.0	75.8
巴爾的摩	62.9	70.9	76.7	80.8
華盛頓	74.2	79.8	83.1	84.3
聖路易	74.5	80.0	82.4	83.6
舊金山	72.1	74.4	75.3	75.8

資料來源：根據李梅（譯）(1999) 節錄。

2.促成零售業郊區化的原因

　　造成戰後零售業郊區化的因素中，首推都市人口的郊區化。戰後西方都市的居民多往郊區遷移，尤以美國都市最為顯著，剛開始時是有錢人與中產階級，後來連工人也大量移往郊區（見第 11 章）。人口到了郊區，自然產生了需求市場，有助於郊區零售業的興起。其次，郊區由於地大又便宜，能提供足夠的停車空間，滿足現代社會開車族的需求。

　　另外，還有一個重要的因素是大型購物中心的興起。大型購物中心的商品種類齊全，從低級的日常用品到高級的珠寶服飾應有盡有，可以滿足現代人在同時間地點一次購足的需求。對於消費者來說，既節省時間，又可以達到多目的購物 (multi-purpose shopping) 的目標，何樂不為？

　　晚近的發展，在北美洲一些超大型的購物中心，已不純粹只是個購物的地方，還兼具娛樂與運動功能，嚴格來說，已不是購物中心，而應該說是「購物兼娛樂中心」(shopping-cum-recreation center)。

　　例如：美國明尼蘇達州 (Minnesota) 明尼阿波里市郊外的「布隆明頓」(Bloomington)，在 1990 年代初期建了一個美國館 (Mall of America) 的超級購物中心，號稱全美國第一大。在這個購物中心中，有 520 家商店、 18 家戲院、 100 家餐廳及一個巨大的遊樂場，規劃者希望能吸引 400～500 哩內的顧客。

　　另外在 1981 年 ， 在加拿大西部亞伯達省 (Alberta) 的艾德蒙吞市 (Edmonton) 西部，蓋了一個號稱當時世界最大的購物中心，其零售業使用總面積高達 530 萬平方呎 ， 裡面有 8 個百貨公司、 10 幾家專賣店 (specialty shops)、 12 家電影院、 120 家餐飲店。此外還有娛樂與運動的設施，包括一個人工湖，可乘坐潛水艇沈入湖中觀賞水中植物與魚類、一個溜冰兼冰上曲棍球場、一座高爾夫球場、有人工海浪的水上樂園及一個占地 40 萬平方呎的遊樂場。這樣一個購物兼娛樂的中心，使購物成為一件愉快的事，全家大小可以各取所需，盡興而返。

（五）CBD 的再生 (revitalization of CBD)

零售業最容易帶來人潮，人潮會帶來商機與熱鬧氛圍，所以西方都市的 CBD 雖因其優越的地理區位與歷史發展，使政府機構、博物館、音樂廳、圖書館、銀行與金融機構以及其他行業仍繼續存在於 CBD，但零售業沒落後，使 CBD 失去不少人潮與商機，甚至有蕭條的感覺。為了帶動 CBD 零售業的再發展，使 CBD 恢復傳統的繁榮，西方都市政府莫不積極推出 CBD 的再生計畫，希望把零售業找回來、人潮再帶進來。

在 CBD 再生計畫中最常被使用，也是最重要的一環為改善購物環境。方法之一是興建大型市區購物館 (downtown mall)，使其具有如郊區購物中心的購物樂趣。最有名的例子為加拿大多倫多 CBD 內的伊頓中心 (Eaton Center)，該中心於 1977 年開幕，其主體建物為兩個分開的辦公塔樓 (office towers)，塔樓的一端為「辛普森百貨公司」 (Simpson Department Store)，另一端為「伊頓百貨公司」 (Eaton's Department Stores)。每個百貨公司擁有 100 萬平方呎的售物空間，而兩個塔樓之間，則有一寬敞長廊連接，長廊上覆有玻璃帷幕，可掩風避雨且保暖，在長廊兩側為三層樓的商店，整個長廊擁有 50 萬平方呎的購物空間，並容納 300 家商店。由於地下鐵出口就在伊頓中心的門前，交通非常方便，帶來許多人潮，是一個帶回人潮與零售業的成功策略。

加拿大溫尼伯市 (Winnipeg) 的 CBD 再生計畫中提供了另一種重組購物空間的策略。其策略重點不在蓋大規模的購物館，而是在 CBD 地區選幾條主要的商業街，就原有建築加建高架陸橋、通道及地下道，如圖 9-6。圖中虛線表示高架陸橋與通道，這些陸橋與通道把附近幾條街道兩側的建物，如百貨公司、圖書館、商店、會議中心、銀行、電影院、政府機構等串連起來，陸橋跨越街道或不同建築物間，建築物內則留出獨立通道，上班時間可直接由通道進入大廈內的商場或辦公場所，下班時通道依然可通。在通道右端則轉入地下道，一直到寬闊的波提吉大道

(Portage Avenue) 與主街 (Main Street) 的十字路口處，轉入地下道變成廣大的地下商場。透過這樣高架通道與地下道組成的系統，把 CBD 幾條重要街道串連，如同郊區購物中心般，形成「一個屋簷下」(under one roof) 的購物空間。這對於冬天嚴寒的溫尼伯有特別的好處，由於加拿大冬天寒冷，常常室內溫度 20℃ 以上，而室外卻是 −10℃ 甚至更低。在傳統 CBD 的商店，除了百貨公司外，多為小型的獨立商店，每次逛街時進出各商店，就像洗三溫暖般，在零上 20℃ 與零下 10℃ 之間不斷穿梭，既不方便也不舒服。經過這樣的購物空間重組，不必花費大筆費用興建購物大樓，卻可使購物者進入這個購物空間後，在逛街購物期間均可在同溫度的空間內逗留，使購物逛街變得更為愉快。

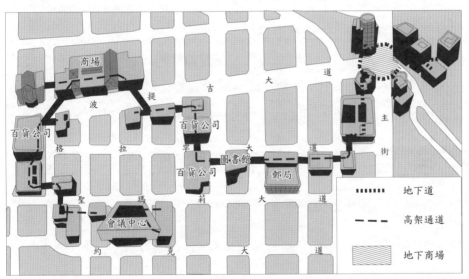

資料來源：根據溫尼伯市觀光地圖改繪。

圖 9-6　加拿大溫尼伯市的 CBD 再生計畫成果展示

　　在 CBD 再生計畫中，另一個常使用的策略為整頓市容及規劃行人徒步區。一般老 CBD 常給人房屋破落與街道紊亂的印象，所以在再生計畫中，首當要務為整頓 CBD 商店的招牌、房屋門面與內部的裝潢，

讓到 CBD 的人有一種煥然一新、賞心悅目的感覺。為了使購物與逛街更自在，常在 CBD 範圍內選擇一個區域或幾條街道作為行人徒步區，在行人徒步區內，設有美化的街道家具及讓人休息的座椅，而且為了增加樂趣，允許街道賣藝者進行表演，如演奏樂器、彈唱、繪畫、魔術及雜要等。此外，還有露天咖啡座等飲食攤位，讓遊客與購物者可以悠遊其中，除了購物還可找到一種與郊區購物中心不同的樂趣。這方面在歐洲一些具有歷史性的古老都市發展得最為傑出，每年可以吸引無數來自其國內外的觀光客，使這些都市的 CBD 不但沒有呈現美國 CBD 常見的蕭條景象，反而維持一片繁榮（見第 4 章）。為了增加 CBD 歡樂的氣氛，以招攬更多的遊客，常在假日或節日時舉辦傳統民間的遊藝活動，並在廣場或公園內開放舉辦傳統市集活動，如法國尼斯的假日跳蚤市場與德國法蘭克福著名的聖誕市集。

當然為了適應現代的汽車時代，讓較遠且難以利用大眾運輸系統的居民也能到 CBD 來購物，常在周邊興建立體或地下（利用原有的開放空間與公園）停車場，如此汽車可直接開到 CBD 周圍再徒步進入。

第三節　臺北市西門町的崛起、衰退與再生

臺北市原本的 CBD 西門町曾歷經與美國都市 CBD 一樣的命運，由繁榮而沒落，然後追求再生。有相似的地方，但也有大異其趣的地方，值得作為比較。

一、西門町的崛起與發展

西門町曾經是臺北市最高級也是最繁榮的商業中心,有這麼一句話:「不到臺北市,不知臺灣的繁榮;不到西門町,不知臺北的熱鬧」(莊永

明，1991, p.158）。提到西門町，可說無人不曉，不過如果問西門町的確
切範圍界線，卻是見仁見智，莫衷一是。根據莊永明的界定，現在西門
町商業區大致的範圍為：東起中華路，西至康定路，南起成都路二段，
北至漢口街，包括昆明街、西寧南路、漢中街、峨嵋街、武昌街二段、
衡陽路與寶慶路等（圖9-7）。

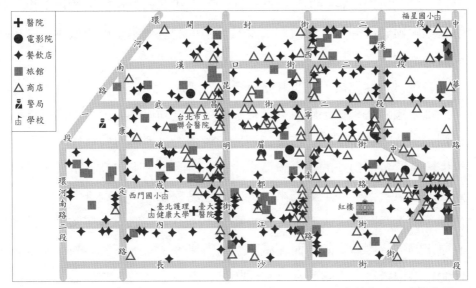

資料來源：開放街圖。

圖 9-7　臺北市西門町

　　現在的西門町在清代時期遍布荒草與墳地，原因是當時在艋舺（萬
華）地區發生所謂的「頂下郊拚」，同樣是泉州府的三邑人與同安人械鬥
後，同安人落敗，只好沿淡水河岸北逃，至大稻埕一帶落腳，為了避免
與三邑人接觸產生糾紛，於是刻意與艋舺保持一般距離，作為緩衝地帶
(buffer)，讓雜草叢生或作為墳地，爾後清代臺北城建立時，就在這塊未
開發地的東鄰興建。日人統治臺灣後，拆除臺北城作為行政與商業中心，
後來日本移民來臺的人數愈來愈多，城中區已不夠容納，於是就開始清
理西鄰的這塊荒地，並建立起日本人的商業、娛樂與居住地區，1922 年

廢除原有街道名，分臺北為 64 町與郊外 10 村落，於是近原臺北城西門一帶，命名為西門町。1920 年代末，日人陸續在西門町開設一些時髦行業：包括收音機行、腳踏車行、汽車行、旅社、浴室、遊藝場、運動器材行、音樂茶行、公共食堂、照相館、洋裁店等，此外還建立了日式風格的電影院、劇場等，為西門町奠下了獨特文化面貌的基礎，並延續至戰後。總而言之，在日治時代時，西門町已成為臺北市最大的電影街、零售業與娛樂中心。其風貌與萬華及大稻埕的臺灣本土風味截然不同，帶有強烈的東洋殖民色彩（葉龍彥，1999）。

　　戰後日人遣返後，西門町遂有臺灣人擁入，設擺打舖蓋，加上 1949年大批中國移民來臺，政府為了安頓中國來臺的小商人，沿著縱貫鐵路兩側，由北門到小南門，搭蓋三列臨時棚蓋，以容納這些移民，於是出現中國南北各地口味的飲食店及小商店。這時候，上海商人扮演了一個重要的角色，把一些上海的東西，如紅包場歌廳、音樂咖啡廳、舞廳、酒樓等引進西門町，使西門町開始繁榮。1960 年起政府為了整頓市容，將原來的臨時棚蓋拆除，而在鐵路東側興建長達一千多公尺的八棟鋼筋水泥三層樓店舖「中華商場」，分別以忠、孝、仁、愛、信、義、和、平命名，是當時臺灣最大的小商販總匯商場。1960 年代與 1970 年代，隨著臺灣工業化與經濟發展，西門町的繁華程度也與日俱增，達到巔峰的黃金時代。這時期西門町聚集許多高級商店、委託行、電影院、歌廳、舞廳及流行服飾店，以電影院為例，西門町最多曾有 37 家電影院（葉龍彥，1999）是當時臺北市唯一且最大的中心商業區。

二、西門町的沒落

　　到了 1980 年代後，西門町逐漸沒落，其沒落的原因與美國都市CBD 衰退原因迥然不同。美國都市 CBD 零售業衰退的最大因素為零售業郊區化，由 CBD 遷移至郊區，但西門町的商業沒落並不是由於郊區

化，而是臺北東區的崛起，使西門町商業受到很大的挑戰，連從日治時期開始一直獨霸臺北市的電影街也今不如昔。因為臺北市東區屬新發展地區，按新的都市計畫發展，首先在頂好商圈附近沿著忠孝東路兩側，形成一個新的商業中心，許多更新更大的百貨公司進駐後開始快速成長，不但足以抗衡西門町，甚至超越它成為比西門町更高級的商業中心，近年來信義計畫區的快速發展，更加助長東區商業的優勢，非西門町可比擬。當然西門町內在的問題也是促成其沒落的重要原因。例如商店的老舊、縱貫鐵路造成的交通阻礙、中華商場的髒亂、治安敗壞及情色行業的氾濫等，都使得許多市民裹足不前。

三、西門町的再生

有鑑於西門町的頹化與沒落，市政府提出了西門町的再生計畫，這個計畫剛好配合了三個重大工程的完成，一個是臺北市區的縱貫鐵路地下化，消除西門町因鐵路經過造成的交通阻礙；其二為中華商場的拆除與中華路拓寬，中華商場拆除後，原本中華商場給人髒亂的感覺也一掃而空，加上中華路拓寬後，變成一條寬闊的大馬路，在安全島及路旁樹木成長後，讓中華路成為一條美麗的林蔭大道，對西門町的周邊環境改善有相當程度的幫助；第三個重要影響是捷運經過西門町，改善西門町的易達性。

早在上述三大重大工程的規畫與建設時，臺北市政府就提出西門町的再生計畫，這個再生計畫是借鏡許多歐美與日本的作法，包括：（一）劃設行人徒步區，引進假日街頭表演，提供藝人與有表演慾的年輕人一個表現其創作空間；（二）整修商店門面，並統一招牌的式樣、大小與懸掛的高低，使得幾條重要商店街整齊劃一，煥然一新；（三）引進一些較新穎且較高品質的商店與娛樂場所，如誠品書店，以及把原本的大電影院分隔為二個或以上規模較小，擁有現代聲光設備的電影院；（四）加強

掃黃與掃黑行動，淨化西門町的購物與娛樂環境。

　　西門町再生計畫的推動，加上上述周邊重大工程的完成，人潮又回籠到西門町，使西門町的熱鬧再現，商業也慢慢回復過來，不過卻明顯產生質變，現在的西門町從幾十年前高級中心商業區，變成以年輕人為主的商業與娛樂地區。

　　如果比較西門町與東區，西門町依然存在著一些優勢：（一）西門町的空間結構呈現塊狀，非常緊湊，而且多為狹窄街道或小巷，加上行人徒步區的規畫，行人可以逛街自如，頗為人性化。相較之下，頂好商圈是沿寬闊而交通繁忙的忠孝東路兩側呈線狀結構較為鬆散，而且由於車多路寬，較難穿越忠孝東路兩側；（二）西門町雖然位在臺北市行政區的邊緣，卻是整個臺北都會區的中心位置，對於隔淡水河對岸的臺北縣各市鎮（現新北市）的廣大市場具地利之便；（三）西門町有捷運板南線與松山新店線交會，捷運站的出口在西門町最熱鬧的中心帶，且近臺北車站，周邊的公車系統則可通往臺北都會區，在交通動線上優於頂好商圈；（四）西門町周邊有重要的政府機關（如總統府、行政、立法、司法與監察等院）、銀行（如臺灣銀行、土地銀行總行）、二二八公園、植物園、戲劇院、國家音樂廳、國立臺灣博物館（原臺灣省立博物館）、國立歷史博物館等。此外西門町西端近淡水河碼頭，銜接大稻埕碼頭與河濱公園，可利用藍色公路通往淡水。總結，其周邊環境優於頂好商圈。

第四節　專業化的商業區

一、定　義

　　所謂專業化的商業區，是指區內以某一種商品的商店占有相當優勢的比例，其空間結構可能屬於塊狀分布，也可能屬於線狀分布。至於一

行業的商店需占全區多少比例，才可稱為專業商業區，則並無施之四海皆準的標準，而且還得視商品性質而定。一般而言，如果屬於使用頻率較低而價格較貴的商品，如珠寶，則其構成珠寶店專業街（區）的優占比例就可低一點；反之，較常用而價廉的商品，如成衣，則其優占比例可能要高一點，才夠稱為成衣專業街（區）。

二、形成原因

專業化的商業區不管是呈線狀的「專業街」，或者是呈塊狀的「專業區」，自古以來就普遍存在於各種文化的都市內。例如：歐洲國家、阿拉伯國家，甚至中國與日本都市也都找得到專業化商業區。古代都市固然有許多專業化商業區，但現代也有不少行業形成專業區（街）。為何專業化商業區會如此普遍存在？主要有下列幾個原因：

（一）聚集經濟效益

相同行業聚集在一起，對供應者來說，可以很容易從同業之間取得各種資訊，如市場或貨物源地的波動，政策的改變等，而且同業之間也可以共享倉庫或運輸工具。例如：一個書店專業區中，若干書店可能都向美國某出版社訂購書籍，這時這些書店可以聯合起來，共同訂購並共同托運，因為量多可以產生規模經濟，讓購書成本與單位運費減少。

另一方面，對消費者來說，專業街（區）可以節省其採購的時間與距離（反映運費），自然比較願意到專業區去採購。專業區的商品都屬於具有選擇性的商品，才會產生互相吸引顧客，不致產生排斥作用。如果是具有標準化的商品，如麥當勞，則不可能聚集一起成為麥當勞專業街，因為商品沒有選擇性，一個人進了 A 麥當勞店後，不會馬上又到隔壁的 B 麥當勞店光顧，所以彼此之間具有排他性。但一個人到 A 書店買了某本書之後，很有可能接著再到隔壁書店採購其他書籍，因為書籍具選擇性，兩間書店的書不會完全一樣，因此 A 店的顧客也可讓 B 店分享。不

但如此，專業化商業區往往可以讓顧客產生額外的採購，例如某人原本只想買某一本教科書，但由於附近都是書店，常會買完教科書後順便瀏覽其他書店，可能意外看到他所喜歡的某小說而購入，無形中增加了供應者的銷售量。總之，這種專業化產生的聚集經濟效益，既有利於消費者，也有利於供應者，最後結果則是增加這個專業區的銷售量。

（二）增加知名度

　　一個專業化商業區一旦歷史夠久或規模夠大，知名度自然就會打開，讓遠近皆知，吸引更多顧客增加銷售量。例如：在臺北市想到買書就想到重慶南路或臺大附近；想買南北貨就想到迪化街（照片 9–6）；要買中古貨物則想到汀州街；要拍婚紗照則想到中正紀念堂旁的愛國東路或近圓山的中山北路段。一旦知名度打開，即使窄巷內也可以做生意，如臺北市赤峰街內的窄巷有一條專作汽機車中古或新零件，許多計程車司機或機車族都會前往選購。

三、分布區位

　　由於專業化商業區有助於銷售量的增加，進而增加其支付地租的能力。所以，傳統上專業化商業區常發生在中心商業區 (CBD) 或一般市區。例如倫敦市區就有許多專業化商業區（圖 9–8）。臺北市較早的專業化商業區多位於老市區，如重慶南路的書店街；迪化街北段為南北貨、中段為中藥參行，南段為布品批發；博愛路為各種儀器行專業街；長沙街為家具專業街；萬華火車站前為成衣專業區（陳玉緞，1992）。另外，像婚紗照相館雖然是近代才崛起的，但也分布在市區，如上述愛國東路與中山北路的婚紗照專業街。

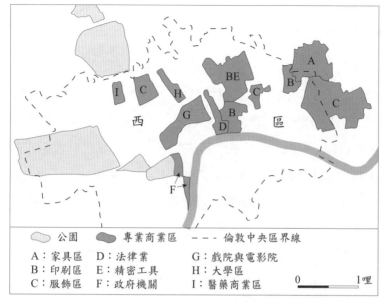

資料來源：Jones, 1976。

圖 9-8　倫敦專業化商業區

　　另外，有些新的行業由於環境考慮及需要較大的空間，常在郊區形成專業商業區，例如：臺北濱江街一帶曾是臺北最大的汽車銷售或修護專業街，因都市計畫已拆除；一些新興大規模的家具行，由於需要空間大也常選擇都市郊區甚至外圍地區，形成家具專業化商業區，如五股工業區有規模相當大的家具專業化商業區。

　　還有一種專業化商業區的區位容易在主要機構附近產生，例如：大寺廟附近常集中相關祭禮或與宗教有關的商店，如臺北市龍山寺旁有許多販賣佛像、祭祀用具的商店聚集的專業街；法院旁則可能有許多律師事務所、代書事務所聚集的專業街；殯儀館附近也可能形成與葬儀有關的專業街，如臺北市第一殯儀館前的民權東路段。

　　專業化商業區的分布區位並非一成不變，有些古老的專業化商業區，常因各種因素而衰退甚至消失。而有些新的專業化商業區則在新區位快速形成。

四、規　模

　　專業化商業區的規模主要決定於商品性質，如前所述，一般使用頻率少而價格昂貴的商品，如貴重珠寶金飾或昂貴儀器，其專業區（街）的規模就不可能太大，如衡陽路與延平北路以前都是著名珠寶店聚集的專業街，但規模（家數）並不大。其他如一些不合現代社會需求的行業，其專業街規模也必然很小，如龍山寺旁的「青草藥街」，就只有短短 20～30 公尺長。反過來說，一般較常使用商品的專業區（街），規模往往就很大，如萬華火車站前的成衣專業區。

　　另外一個影響到專業化商業區規模大小的重要因素為區位，同一種商品的專業化商業區，如果位於交通要道或交通終點站附近，因人潮眾多，往往規模會較大。

第 10 章
都市的工業

第一節　都市吸引工業的原因

在第 3 章有提到，傳統上都市化與工業化在空間上是一致的，換句話說，工業常集中在都市本身或附近地區。為什麼都市，特別是大都市，能夠吸引工業聚集？主要有下列原因：

一、市場大

都市本身就已有很多人口，加上鄰近地區構成的都會區，較大的都市常聚集超過百萬人甚至千萬人口。除了人口眾多外，一般都市地區人口的平均所得較高，而且都市居民相較於鄉村居民的消費傾向較大，也就是說，即使同樣有錢，都市人比鄉下人捨得花錢購買商品或服務。

總之，都市居民不但人口多、平均所得較高，又具有較高的消費傾向，這些因素構成了都市強大的購買力。而非常多的工業產品具強烈的市場導向 (market oriented)，其產品屬於直接提供給大眾，所以集中於都市地區既可節省運輸花費，也可節省時間。

二、勞力充足

一般工業需要的勞工不外乎量與質兩方面。勞力密集且低技術的工業，其所需的勞工主要是量的問題。都市本身擁有充沛的勞工，其中許

多屬於鄉城移民時移入的鄉村地區人口,可以提供工業所需的廉價勞力。另一方面,都市常是精英人口聚集處,本身又有許多高等教育與研究機構,對於需要高技術勞工或研發工作 (R&D) 的工業,都市更是最好的選擇,如臺灣的科學園區、軟體科技工業及高科技工業區,幾乎都位於都市內或都市外圍地區。

三、交通便捷

不管任何工業都要依賴運輸以取得原料及供應產品,得付出一定的運輸成本。一般工業的運輸成本可分為:

(一) 收集成本 (assembly cost)

即從不同地方取得工業原料,所需投入的運費。

(二) 分配成本 (distribution cost)

即工業產品銷售到各地市場所需的運費。

都市是區域交通路網的交會處,包括公路、鐵路、空運,甚至有些都市還具有港口機能,可提供非常方便的聯外交通運輸網。

四、資金充裕

理論上,資金是很容易轉移的,但由於投資者在選擇投資地點時,除了考慮經濟效益外,也會考慮安全性及其他非經濟的因素,例如對家鄉的感情等。因此,較富裕地區比較容易得到較多當地資金家的投資。而都會地區往往有較多富裕人士與大企業家,使都市的工業發展較不乏資金。

五、資訊充足

有關工業發展所需的各種資訊,如市場變化、原料供應、政府政策改變等,在都會區比較容易取得。因為資訊的取得除了透過一般管道,

如新聞媒體、網路以外，也有許多需由同業間或相關政府官員的私人接觸取得。

六、相關產業多

都會區由於工業種類多，往往容易從相關工業得到產業關聯 (industrial linkage) 的經濟效益。

第二節　都市工業的類型

地理學者對工業類型的研究主要是從區位與空間分布二個面向探討。Pred (1964) 根據工業區位特性把都市工業區分為七大類型：

一、普遍所在的工業 (ubiquitous industries)

這類型的工業市場涵蓋整個都會區，傾向集中在 CBD 周邊的地方，像是麵包、糕餅等食品工業即屬於這類，特別是那些主要原料並非取自當地的工業。這類工業常與批發業有強烈關係，因此，靠近 CBD 有倉庫與多層樓房建築的地方常可吸引大規模的工業聚集。

二、中央區位的通訊經濟工業 (centrally located communication economy industries)

這類型工業需要消費者與供應者的面對面接觸，因此最希望接近市中心，如印刷工業就是個很好的例子，因為市中心區位可以讓有印刷需求的顧客，如律師、廣告代理商等，得到最大的易達性；另外的例子則是紐約市中心區的成衣工業。不管是印刷業或成衣業都屬於小規模工業，故有足夠能力支付市中心的高地租。

三、取材當地原料與市場的工業 (local market industries with local raw materials)

這是以在地原料製造，並以銷售當地市場為主的產品，如冰淇淋製造工廠就是這類型的例子。這類工業通常隨機分布在全都市，部分也會稍微偏向 CBD 聚集。

四、非當地市場但具高價值產品的工業 (non local market industries with high-value products)

由於這類工業產品的價值較高，相對不在乎運費，因此其區位不必侷限於接近交通要道或鐵路終點。使這類工業的空間分布也是多呈現隨機分布形態，有時也傾向聚集在市中心區位，如電腦配備的製造就是屬於這一類型。

五、非中央區位的通訊經濟工業 (non centrally located communication economy industries)

這些工業也是具有高價值與全國性市場，但分布上則傾向聚集在一起，如電子工業與航太工業就是個很好的例子，聚集在一起的原因部分是為了產品創新。這些工業通常不選擇市中心的區位，因為它們並不依賴 CBD 的各種服務。

六、位於河岸的非當地市場的工業 (non local market on the waterfront industries)

這類工業高度依賴適當的運輸設施，且經常涉及到國外原料與市場。通常屬於重工業，如煉油工業和造船工業，其原料與產品很容易藉水運

進行運輸。

七、全國性市場導向的工業 (industries oriented toward national market)

這類工業多屬笨重體大的產品，每單位重量的價值較低，因而相當容易受到運輸影響，如鋼鐵工業及汽車裝配廠。

另外，諾廉 (Northam, 1979) 根據工業與 CBD 的距離，把都市工業分為三大帶：

（一）中心帶 (central zone)

指存在於 CBD 內其周邊的工業區。工業的特徵為：規模較小但種類繁多，需要的土地小，卻具有較高的原料與產品價格。土地通常以集約利用為主，以平衡昂貴地價，如成衣與印刷工業。另外，工廠常與倉庫、商店或住家混處一起，不僅擁擠，且多數屬勞力密集工業；還有，部分該地區的工業由於設備老舊缺乏競爭力，或缺乏擴張空間而倒閉。

（二）中間帶 (intermediate zone)

這個地區較遠離 CBD，但基本上仍在一般市區內，由於其位於 CBD 與郊區之間，故為中間區。這個地區的工業以生產家庭用具、汽車及各種的機械製品為主。這些工業需要較大的倉庫空間及僱員停車場，常有許多非正式工業區 (informal industrial district)，也就是非經由都市計畫所建設的工業區。

上述的二種工業帶基本上都位於市區，又可通稱為市區工業。這些工業帶的存在主要原因是一開始就設在市區，常見於早期未有分區土地利用規劃時期，特別是古老都市，典型的例子為倫敦市區。倫敦市區早在十九世紀時就有工業與住宅雜處情形，形成所謂的維多利亞製造業帶 (victorian manufacturing belt)。臺灣一般都市也都有這類市區工業，大多

為中小企業，且與其他土地利用混雜在一起（照片 10–1）。

　　另一種情形是，部分現在的市區工業當初是設立在郊區，因為都市不斷向外擴張，把原屬於郊區的工業包圍起來，變成市區工業。

（三）外圍帶 (outer zone)

　　位於都市的郊區，常以聚集工業區的形態出現。這個地帶的工廠規模一般較市區工業大，因此選擇地價較低廉的郊區。同時，此帶工業產品的市場以全國性為主，因此工業區常設置於接近交通要道處，如州際公路等。戰後這個地區的工業快速成長，這點將在下節都市工業郊區化中詳細討論。

　　在這個外圍帶的工業還有一個特徵，即一般工廠較新且成帶存在，與其他土地利用分開，多屬有計畫性的工業區。

第三節　都市工業區位及演變

一、都市工業區位的發展階段

　　一個都市工業的區位形態，往往受許多外在因素影響，隨時代而改變，這些影響包括交通運輸、經濟發展與環境考量等。在都市工業發展的過程中，以西歐都市工業區位的發展最為完整，主要原因是工業革命起源於英國，然後傳至西歐各地，因此西歐各國都市工業發展的歷史最為悠久，可以看出不同時代都市工業區位形態的發展階段。根據諾廉 (Northam, 1979)，以西歐都市工業區位形態的變化為例，把都市工業區位形態的發展，分為四個階段（圖 10–1）：

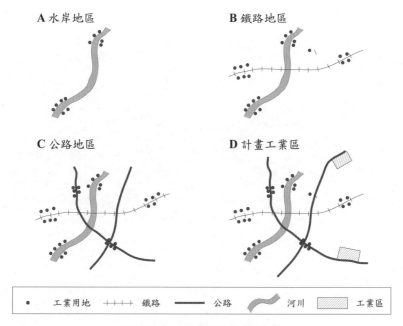

圖 10-1　工業區位發展階段

（一）第一階段：水岸地區 (waterfront district)

　　自工業革命後，耐久性物品的生產開始流行，且以機械取代人力，這時水力與煤成為主要的能源來源。在此情形下，對工業區位的要求愈加嚴苛。由於鐵路運輸尚未興起，為了運輸需求，接近有水運之便的地方常成為工業用地的重要考慮要素，於是有水運（包括河運與海運）之便的都市，工業區位傾向於靠水岸的地區（圖 10-1A），如倫敦早期的工業多沿泰晤士河或運河旁（圖 10-2）；美國麻州的羅威爾 (Lowell) 在十九世紀時是美國主要的紡織工業中心，工廠大多沿河流與運河岸呈線狀分布 (Hartshorn, 1992)。

圖例：
○　大型工廠
⅏⅏⅏⅏　運河
- - -　大倫敦界線
■　主要工業區

資料來源：Richard Haggett and Iain Meyer, 1981。

圖 10-2　倫敦市區的主要工業區分布圖

（二）第二階段：鐵路地區 (railroad district)

在 1800 年代後期鐵路運輸興起後，許多市區內接近鐵路的地方如磁鐵般，吸引工業的設置。這個階段煤與石油是主要的能源來源，進出 CBD 的鐵路沿線成為非常重要的重工業地點。為了運送笨重的原料以及將產品送往區域或全國市場，沿鐵路兩側開始產生線狀的工業帶形態（圖 10-1B）。

（三）第三階段：公路地區 (highway district)

在二十世紀初期，汽車作為都市內運送貨物的主要工具前，馬車提供了當時最有彈性的運輸方式。但由於馬車的運輸時間與運量限制，使馬車難以作為工業運輸工具。等到汽車普遍使用後，因其速度較快且運

費較便宜，如摩斯 (Moses) 與威廉遜 (Williamson) (1967) 所指出，在 1918 年時，馬車每噸／哩的運費為 0.33 美元，但汽車只要 0.15 美元。且汽車貨運有另一個優點是較火車運輸更具有彈性，只要有道路即可到達，因此汽車貨運可直接將原料從產地送至工廠，再由工廠送到各地市場，這是火車與水運無法比擬的。因其便利性，使都市有更多地方可以設置工業區，也就讓都市工業沿著主要道路開始擴散出去（圖 10-1C）。

（四）第四階段：計畫工業區 (planned industrial district)

計畫工業區是二次大戰以後的產物，在西方國家中，大部分戰後的工業成長都屬於計畫工業區。

前三個工業區位的發展階段，多屬自然發展而不是透過完整考量而規劃的，因此很少考慮到以下三點： 1.在一個地區內一個工廠對其他工廠的影響。 2.工業區與相鄰土地利用之間的相容性。 3.工業設置對都市社區的衝擊。

計畫工業區在戰後之所以受到歡迎，主要原因有： 1.計畫工業區考慮到工業之間的相互需求，因此規劃不同性質的專業工業區，如石化工業區與一般工業區。 2.都有一套較完善的設施與規畫，儘量減少其對環境與社區的衝擊，如汙水處理、廢氣處理、廢棄物回收等。 3.一個規劃完善的工業區，必有一個管理局之類的單位，提供廠商需要的協助與管理，使廠商設廠時都能按照規定進行，萬一發生問題，如毒氣外洩或廢水未經處理而任意放流等，可以找到負責的單位，尋求應有的賠償。 4.提供新廠設立或市區內老工廠遷移的理想設廠空間（圖 10-1D）。

有一種較特別的工業區計畫為新市鎮工業區，新市鎮的工業為以汙染性較輕微的輕工業為主， 基本上較不需考慮環境汙染的問題 （照片 10-2）。英國凱因斯 (Milton Keynes) 提出新市鎮工業區位形態的模式，主要以居民前往工作的問題為考量，共有五個模式（圖 10-3）如下：

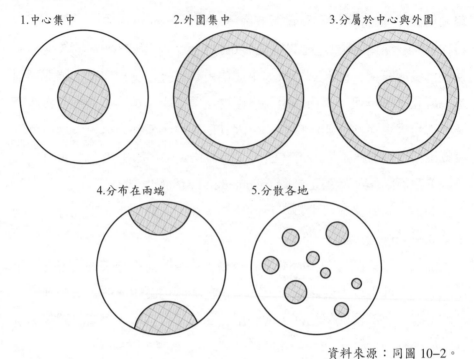

資料來源：同圖 10-2。

圖 10-3　新市鎮的工業區模式

1.**中心集中** (concentrated central employment)

　　這個模式主要是應用中地理論，把工業區設置在新市鎮的市中心附近，可以讓散居在新市鎮各地的人都很容易到工業區工作。英國密爾頓 (Milton) 新市鎮即採用此模式，將工業區設在市中心商業區附近。

2.**外圍集中** (concentrated perimeter employment)

　　把工業區設置在新市鎮邊緣的地區，可讓新市鎮的居民就近到各方向的工業區工作。如林口新市鎮工業區的規畫即屬於這個模式的應用，將其工業區分別設置於新市鎮外緣區。

3.**分屬於中心與外圍** (employment divided between center and perimeter)

　　綜合 1.與 2.的特點，把工業區分別設置於中心位置與外圍地區，使居民到工業區工作的地點選擇，更為多元。

4.分布在兩端 (employment at two opposite sides)

　　把工業區設在新市鎮的兩端，可讓新市鎮的居民就近前往兩端工業區工作。

5.分散各地 (dispersed employment)

　　這種模型等於回到傳統，將工廠與住宅區混合在一起，居民可以像傳統社會一樣，每天到居家附近的工廠工作，節省通勤時間與金錢。

　　並非各國都可以找到上述四個完整的工業區發展階段。以臺灣都市工業區位的發展來說，第一階段水岸地區就沒有出現過，主要是較早時期，如清代以前，現代工業並未在臺灣出現，而另一方面，臺灣河川除了淡水河之外，皆無航行之利，所以沒有這個階段的工業區位形態出現。清代時期，河岸地區也僅有部分手工業，如三峽染坊業沿三峽溪設立，主要是利用水來洗滌，也利用當時的河運運來布料，再運送染好的布匹。第二階段「鐵路地區」也非常少，日治時期一些糖廠或農業加工利用鐵路（包括臺糖小火車）作運輸，因而相關工廠設在鐵路旁。不過由於量太少，基本上並未成氣候。第三階段「公路地區」在臺灣就非常顯著，主要是臺灣戰後工業化開始於 1960 年代，已是汽車貨運普遍使用的時代，許多新興工業區常在主要公路兩旁。至於第四階段「計畫工業區」也非常顯著。臺灣第一個計畫工業區於 1960 年代在六堵（現基隆市七堵區）完工，接著為了因應 1960 年代與 1970 年代臺灣快速工業化的需求，工業區的設立如雨後春筍般，在全臺各地紛紛設立，截至 2021 年已設立超過 200 個工業區。

　　總而言之，臺灣都市工業區位形態的發展，嚴格來說只有第三與第四階段較為顯著。

二、都市工業空間分布的改變

　　都市工業空間的改變大致沿三種方式進行：

（一）擴散作用 (diffusion)

所謂擴散作用就是由較高階層的都市中心轉至較低階層的都市。一般的擴散作用可以分為：蔓延式擴散作用 (contagious diffusion)，即由直接接觸而傳播，如疾病擴散。其接受量由源點向外，隨距離遞減，時間也較晚；階層式擴散 (hierarchical diffusion)，由大都市至中都市至小都市呈現跳躍式擴散，如創新與觀念擴散常呈階層式擴散；位移式擴散 (relocation diffusion)，即擴散時，人、事、物一起產生位移，如移民。

在都市工業的空間分布變遷，常以階層式擴散進行，例如一家在大都市的大企業，當其經營愈來愈大需要設立分廠時，常選擇地價與勞力較便宜的較低階層都市。

（二）疏散作用 (dispersion)

指從高度市場易達性的地區移轉至邊緣地區，常見的是市區向郊區或都市外圍地區遷移，就是所謂的郊區化。都市工業郊區化是戰後常見的發展，也是工業區位形態改變中，最顯著的現象，特別在西方國家的都市，下面會詳細討論。

（三）分權作用 (decentralization)

此作用為工業區位分布由較進步的主要都會區轉移至相對偏遠的地區，例如從臺北都會區遷移至較偏遠而相對落後的東部地區。

一般而言，在都市工業區位變遷中，以疏散作用最為普遍，而且在自由市場經濟國家，多為企業者自主選擇，而非政策刻意的規畫。其次是擴散作用，特別在交通改善後，擴散作用也較常見。倒是分權作用一般較不顯著，不過部分政府為利用工業的分權，達到區域平衡的政策目標，常透過區域計畫或政策，促成工業的分權作用。在已過度發展的都會區，採取管制的政策，如加稅、嚴格的環保要求或透過都市計畫限制工業用地的面積等；另一方面，在相對落後的偏遠地區則採取獎勵政策，如政府透過區域計畫建立工業區並低價標售，減稅甚至幾年免稅的措施、

低利貸款及其他鼓勵政策，以期工業移入增加就業機會，促進地方繁榮及縮小區域之間的發展差距。

　　一般國家的政府雖然都在鼓勵都市工業分權，以追求區域平衡的目標，但成效似乎有限。臺灣政府在十幾年前就提出產業東移政策，希望把部分臺灣西部都會區過多的工業遷移至東部的花蓮與臺東地區，但十幾年來，除了需要當地原料的水泥工業外，其他工業並沒有顯著成長。在西部地區，雖然成功把重化工業遷移至相對偏遠的雲林離島工業區、臺南濱南工業區與彰化的彰濱工業區，但由於石化工業屬資本與技術密集工業，未能帶來較多的就業人口，而且這些工業與當地原有經濟也掛不上勾，廠內員工也都在自己廠內的福利社消費，使這些重化工業對當地經濟的繁榮助益不大。

　　倒是都市工業的擴散作用反而在臺灣比較成功，主要原因為都市大小與工業結構。如第 6 章所提及，在縣市改制前臺灣都市大小呈現等級大小法則型，而且空間分布上也較接近中地形態，而臺灣的工業結構以中小企業為主，這些中小企業對區位選擇的需求較鬆，即使中小都市也都可設置，加上交通與通訊的改善，使一些中小企業容易離開地價昂貴又擁擠的都會遷往中小都市，導致了臺灣鄉村工業化的普及，對城鄉差距與區域差距的縮小有莫大幫助。

三、都市工業的郊區化

　　戰後在西方國家，特別是美國，大都市的工業與零售業開始由市區向外疏散，造成這種現象的原因可分兩大類 (Scott, 1982)：一方面，市區本身因許多因素愈來愈無法吸引工業。首先，許多廠房頹廢不堪，這情形在古老都市尤為常見。一般企業寧可在郊區設立具新設備的工廠，也不願在市區整修老廠房。其次，市中心的都市更新及對工業計畫限制，導致可作為工業用地的土地大量減少。第三，市區的交通擁塞，減少對

工業的吸引力。第四，市中心區的昂貴地價，加上對工業的高稅率，也鼓勵位於市中心的工廠遷離原有區位，以便取得較低地價的地點。第五，市中心勞力缺乏、工會力量較大及相對較高的工資等交互作用，也使得市中心對工業區位的吸引力大為減弱。

　　另一方面，也有一些原因導致都市邊緣的郊區對工業產生吸引力。首先，郊區運輸的改善，包括新公路與高速公路。戰後興建的高速公路的交流道大多位於郊區，若工廠鄰近高速公路交流道，可以很容易上高速公路到各地取得原料或運送產品至各地市場。而且郊區大多屬新開發地區，道路寬闊有利於貨車與貨櫃車的停靠與出入，特別是貨櫃車。貨櫃運輸興起於戰後，已是多數工業產品出口的最重要運輸工具，但貨櫃車體積龐大，若工廠在市區，將使貨櫃車難以進出。所以對於現代工業而言，郊區運輸反而比市區方便。其次，戰後工業大規模生產技術的發展，需要大廠房、儲藏庫、停車場，對土地的需求較大，再加上在美國戰後工廠由多層樓的廠房發展為平房廠房結構的趨勢，所需要的土地面積更大，在市區已無法找到大面積的土地，促使工業往土地較大的郊區發展。第三，勞力隨人口部分分散至郊區及經營管理階層的幹部多住在郊區的事實，更加深郊區對工業的誘力。第四，大部分都市的機場均位於郊區，對工業也是一大助益。

　　此外，對環境汙染的考慮也是工業選擇郊區的一個重要因素。工業發展難免會帶來諸如汙水、空氣汙染、噪音等環境汙染，由於市區人口稠密，加上許多工廠老舊，一旦產生汙染，問題就顯得更嚴重。尤其在戰後，民眾對環境汙染的問題愈來愈敏感，抗爭也愈大。而郊區工業多屬於較晚近興建，比較能注意到汙染問題，特別是新工業區防制汙染的措施更為完備，可使汙染減至最小。另外，郊區工業一般與其他土地利用分開，相互干擾的情形較少。

　　綜合上述，戰後的發展使市區對工業產生許多不利的因素，形成推

力把市區工業推出去，而郊區對工業的利多，則造成拉力將工業吸引過來，產生強大的工業郊區化現象。表 10-1 為美國一些都市的工業郊區化情形。從表中可以看出，從 1976 至 1994 年各都市工業郊區化程度（以郊區工業占都市工業的比例表示工業郊區化程度）逐年增加，可見工業郊區化是個普遍存在的現象。另外，以 1994 年為例，除了巴爾的摩與紐奧良的郊區化程度低於 70% 外，其餘都市多高於 70%，甚至舊金山更達 80% 以上。可見工業郊區化與零售業郊區化一樣，都具有絕對優勢。

表 10-1　1976 年至 1994 年美國都會工業郊區化的變化

單位 (%)

年分 都市	1976	1982	1988	1994
紐約	60.4	64.4	69.6	70.9
費城	63.5	70.3	75.0	78.6
巴爾的摩	54.3	62.2	66.6	66.8
華盛頓	69.5	74.4	81.4	82.4
聖路易	62.8	67.9	71.5	76.7
紐奧良	47.3	51.5	56.9	63.3
丹佛	49.7	68.8	72.0	75.2
舊金山	76.3	75.7	76.8	80.8

資料來源：李梅（譯），《經濟地理》，1999。

斯蔻特 (Scott, 1972) 提出一個整合性的理論，企圖解釋都市工業郊區化的作用。為了方便，把這個理論稱為「潛伏期、產品週期與階層式滲透」理論 (incubation, product cycle, and hierardrical filtering theory)。如同名稱所示，這個理論有三個主要部分，包括（一）小工廠進入工業體系的區位要求；（二）工廠成長與成熟時的改變形態；（三）工廠透過都市體系由上階層向下滲透的作用。

小而新的工廠傾向移入市中心，利用其小規模需要土地較小的特點，

得以在市中心生存。在這個意義上，市中心對未成熟的小工廠可作為其潛伏孕育的地方。這些工廠慢慢成長與擴張之後，最後會開始產生其內部的規模經濟。在這個階段這些工廠開始移往郊區，利用郊區較便宜地價與較低稅率，擴大其廠房。

潛伏期理論 (the incubator theory) 引申自產品週期 (product cycles) 的概念，當工廠擴張其產品市場也開始擴展，生產過程變成標準化 (standardzation)，工廠規模也愈來愈大，這時位於都市邊緣的郊區就愈具有吸引力。

最後，關於「階層式滲透」的過程，當公司成長達到一個相當大的規模時，開始想設立分廠，通常以相對便宜且低技術的勞工為主，選擇較低階層的都市。因此，當某工業發展且成熟後，其分廠常會離開大都會，向較低階層都市尋求設置地點。

斯蔻特進一步探討，強調「區位選擇的本質」(nature of locational choice) 與「生產技術選擇」之間的基本相互依賴關係。他認為，在資本主義商品生產的過程中，都市工業的區位形態可分為兩種：首先，勞力密集工廠傾向設置於都市勞力市場中心；其次，資本密集的工廠則被邊緣區位較便宜的土地所吸引。從發展歷史上看，工業發展的趨勢愈來愈以資本取代勞力，因而產生一個疏散至邊緣郊區的區位形態。

Steed (1973) 利用下列的公式來量化加拿大溫哥華 (Vancouver) 的工業區位改變：

$$x = b - d + m - e$$

x ：都市某區的工廠數淨變化

b ：該區內新工廠數

d ：該區內關閉的工廠數

m：移入該區的工廠數

e ：移出該區的工廠數

　　Steed 利用這個公式計算溫哥華 13 個地區的工廠數變化，結果從 1955 至 1965 年，最近市中心地帶的工廠數量減少最多，而在最邊緣的郊區的工廠數量則增加最多。Steed 分析認為，市區工業重要性降低的主要原因是工廠的移出，另一方面，邊緣郊區的成長主要是由於新工廠的產生，至於舊工廠由市區遷入反而是次要的因素。

　　工業郊區化對市中心產生一些嚴重的影響。首先，最重要的影響為市中心的稅基減少。其次，工作機會的減少，如芝加哥市中心從 1960 至 1970 年失去 211,000 個工作機會，而郊區則同時期增加 548,000 個就業機會。尤其甚者，就業機會郊區化的成長速度為勞力增加速度的二倍，黑人在這波工業郊區化中受害尤其嚴重，因為在郊區化的藍領工人中，黑人相當少。主要是黑人工人常無法購買郊區的房子，加上部分種族的原因。

　　第三，工業郊區化也增加了工人工作的旅程。De Vise(1976) 指出，芝加哥在 1960 年時平均工作旅程為 5.5 哩，但 1970 年時為 7 哩。與這個有關的是工業郊區化後，高速公路的擁塞量增加，及減少利用一般公共運輸設施。

第四節　都市工業對社區的影響

　　都市工業發展分別在社區人口與社經結構及環境方面產生影響，分述如下：

一、對社區人口與社經結構的影響

　　工業發展必然引進外來人口，對原本的人口結構會產生重大衝擊，包括年齡、性別與教育程度等。一般而言，工業所引進的人口多屬青壯年，其再生能力強，對於移入區的人口增加率與年輕化有幫助。

　　對於人口性別與教育程度的影響，則視工業性質而有所不同，如果一個都市的工業是以重工業為主，則引進的工人傾向男性居多；反之若以輕工業為主，則員工傾向女性。為了平衡人口的性別比例，規畫者往往會刻意設置不同性質的工業區或用地，例如在一個以重工業為主的都市，刻意規劃一些輕工業區或服務業。高雄市就是個很好的例子，高雄都會為臺灣最大的重化工業中心，境內及周邊有高雄臨海工業區、林園石化工業區、大社石化工業區及仁武石化工業區，這些工業區皆以男性員工為主，為了平衡性別人口，在高雄都會又規劃了以女性工人為主的高雄加工出口區與楠梓加工出口區。

　　不同工業對工人教育水準的要求也不一樣，如傳統勞力密集的工業，所需要的勞工偏向較低技術與教育程度，因而所引進的人口教育程度偏低；反之，如果引進的工業屬高科技工業，則工人教育程度較高，例如新竹科學工業園區，員工中具有學士學位或研究所畢業的比例相當高，其員工的教育水準較傳統工業區高出許多。

　　工業引進後，除了本身可帶來就業機會外，其所產生的乘數效應 (multiplier effect) 會帶動第三級服務業的發展，增加更多的就業機會，對都市社區的產業結構與經濟發展都有正面的助益。

　　隨著工業與經濟的發展，使社區的社會結構受到很大的衝擊。原本的社群網 (social network) 可能因為外來人口大量移入及經濟形態的改變而蕩然無存，其影響是多方面的，包括治安（治安敗壞）、政治活動（如選舉、黨派）等。

二、對環境的影響

　　工業是汙染的來源之一，包括空氣汙染、水汙染、土壤汙染、噪音汙染、熱汙染等。工業生產大致依賴煤、石油與天然氣等化石燃料 (fossil fuel) 產生能源，常排放出二氧化碳、二氧化硫、煙、有毒金屬和熱等。

　　空氣中的二氧化碳可以吸收地表釋放的長波輻射，產生溫室效應，使氣溫上升，所以空氣中二氧化碳含量愈多，空氣暖化作用愈大。對都市居民而言，若都市的空氣中含有過量的二氧化碳，還可能引起慢性呼吸道相關問題。

　　使用含硫的燃料會產生二氧化硫，若空氣中含有高含量的二氧化硫會刺激肺部；二氧化硫再與雨水結合則產生酸雨，破壞土壤生態、腐蝕金屬與衣物，並造成建築物的損害。部分歐洲都市常需編列預算保護歷史性建築物與紀念物，免受酸雨的破壞。如古希臘衛城 (Acropolis) 的雕像被鄰近雅典工業區的汙染所形成的酸雨，破壞得相當嚴重。

　　不完全燃燒則使化石燃料 (fossil fuel) 產生煙 (smoke)，不論是原來的煙，或與霧氣結合成的煙霧 (smog)，都有害人體健康，如 1952 至 1953 年冬季，英國倫敦由於逆溫導致煙霧與二氧化碳滯留累積，使那年冬季的死亡人數較平時多出四千多人。因此 1956 年英國通過了第一個淨化空氣法令 (Clean Air Act)。當然這些煙霧與二氧化碳不全由工業活動造成，也有部分由日常生活所產生，如家庭燃煤與汽車廢氣。

　　工業活動也會放出塵埃與懸浮粒，較大的懸浮粒很快就會掉落，但細小的塵埃與懸浮微粒則會飄浮在空中形成「霧雲」(mist cloud)，不僅掩天蔽日使天色晦暗，也會對肺部產生危害（照片 10–3、照片 10–4）。許多工業與汽機車，都會釋放有毒金屬物質到空氣中，如鉛與水銀，這些有毒物質可藉由風帶到別處，最後融合在雨水中掉落，毒化土壤與地面水體。有些金屬工業，如熔鋁工廠，則可能產生氟，毒化附近草地。

　　工業所產生的熱則加強了都市的熱島效應 (heat island effect)。許多局部地方從冷卻系統放出的熱，特別是發電廠，常使放流出口附近的河流或海域的水溫上升達 10°C，這種熱汙染可能導致水中生物的生存環境惡化，如珊瑚白化。

　　此外，工業汙水也會汙染到都市中的河流、湖泊、海域甚至地下水。

如工業廢水中，若含有重金屬鎘，可能流入各種水體，農民用這些水灌溉水稻，將導致稻米含過量的重金屬鎘，如桃園觀音曾發現含有重金屬鎘的稻米。又如含汞的廢水流入河流或湖泊，可能使水中魚蛤類的生物含汞量過高，有害人體健康，中港溪曾因頭份石化工業區排放的廢水，導致下游魚蛤含汞量過多的情形。加拿大安大略 (Ontario) 的五大湖也曾有汞過量的情形，他們懷疑汙染源可能來自美國濱五大湖的工業地帶。另外，有些工業廢水也可能使水體優養化，導致水中氧氣減少甚至缺乏，使水中魚類無法生存。

上述的各種工業汙染對都市為害甚深，有些與都市的自然環境有關係，某種自然環境會加劇汙染為害，有的自然環境則可以減輕汙染程度。影響汙染程度的自然環境要素，以地形及大氣現象，如風、溼度、逆溫等最為重要。

例如位於盆地中央或山谷底的都市，其工業造成的空氣汙染往往因地形封閉，無法快速散逸而加重其汙染程度。反之，在空曠的平原地帶，空氣汙染較容易被風吹散，降低其汙染程度。臺北市位居臺北盆地中央，冬季常有滯留性高壓籠罩在約 300 公尺的上空，產生高空逆溫，使盆地內的空氣汙染無法向上逸散，加上四周群山環繞，就像一個鍋子加蓋，滯留長達數天，造成嚴重的空氣汙染，影響空氣品質。美國洛杉磯的空氣汙染也是惡名昭彰，因洛杉磯的發展程度已趕上芝加哥，成為美國第二大都會，而洛杉磯又位於山谷間，兩側被山地所夾，因此同樣也在約 300 公尺左右的上空發生逆溫現象，導致空氣汙染無法逸散的問題。

空氣中的溼氣也有加重汙染的作用，如上所述，倫敦冬天多溼氣（有霧都之稱），而市區內又多工廠，當煙與霧氣結合時就會產生煙霧 (smog)，危害環境。但影響空氣汙染的最重要因素是風。風可以幫助吹走汙染物，卻也可能把汙染物帶進來。因此，盛行風 (dominant wind) 的風力大小與風向，常作為規劃都市工業區位的重要考慮因素。俄羅斯伏爾加格勒

（Volgagrad，原名 Stalingrad）的都市規畫就是個最好的例子（圖 10-4）。

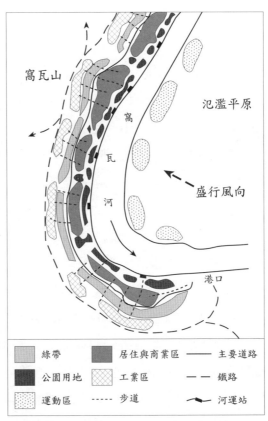

　　這個都市沿窩瓦河 (River Volga) 呈線狀結構，盛行風由右邊向左上吹，其土地利用規劃則把公園與運動場放在上風處，也就是臨窩瓦河兩側的土地，接著則是住宅區與商業區，而工業區規劃在最左側的下風處，如此工業汙染不至於吹入市區的商業與住宅區。臺北的規劃也有作類似的考量，因臺北的盛行風為東北季風，上風處為臺北市東北部，下風處則為西南部，所以臺北都會的工業區主要集中在臺北南部或西南部，如三重、新莊，然後向外延至桃園一帶，形成工業走廊，而臺北市東北部的工廠則較少。

資料來源：R. A French and F. E. I. Hamilton, 1979。

圖 10-4　俄羅斯伏爾加格勒市的土地利用計畫圖

　　逆溫 (temperature inversion) 是影響空氣汙染擴散的另一個重要因素。正常的氣溫變化是從地表向高空隨距離增加而氣溫遞減；與這種變化相反的稱之為逆溫，也就是較高層的氣溫反而比較低層的氣溫高。圖 10-5A 中，虛線代表乾絕熱遞減率 (dry adiabatic lapse rate)，指一團乾空氣或不飽和空氣在沒有接受對外能源的情況下（即絕熱情況），隨高度上升溫度遞減，通常平均每上升 100 公尺溫度下降 1°C。如果是飽和的溼

空氣則每上升 100 公尺，溫度下降 0.6°C。這種遞減率都是一致的。但不同高度的空氣，其溫度也會因高度的改變而改變，稱為「環境遞減率」(environmental lapse rate)，這個環境遞減率會隨著大氣各種環境的變化而改變，有時在某高度以上反而會呈現因高度增加，溫度隨之增加，形成逆溫現象，如圖 10–5B 所示。

在圖 10–5A 中乾絕熱遞減率位於環境遞減率的右側，表示在同一高度時，乾空氣團的溫度比鄰近空氣的溫度高，這時乾空氣團會繼續上升（因溫度較高，密度較小而較輕），空氣呈現不穩定現象 (unstable air)。但在圖 10–5B 中，環境遞減率在某高度時產生逆溫，在逆溫層以上環境遞減率由乾絕熱遞減率的左側轉為右側，這時乾空氣團的溫度比附近的空氣溫度低，密度較大，無法繼續上升，空氣呈現穩定現象 (stable air)。

根據上述概念，Bierly 與 Hewson (1962) 進一步分析在不同的情況下，工廠冒出的煙汙染如何擴散，如圖 10–6。圖 10–6A 的空氣處於不穩定現象，所以當工廠煙囪冒出的煙翻騰不定；圖 10–6B 的空氣擇呈現穩定現象，這時工廠煙囪冒出的煙呈圓錐狀，不會四處飄逸；圖 10–6C 的情況也類似，只是乾絕熱遞減率線與環境遞減率線之間的差距更大，表示空氣更穩定，故冒出的煙呈現更緊束的扁平扇狀；圖 10–6D 則在底

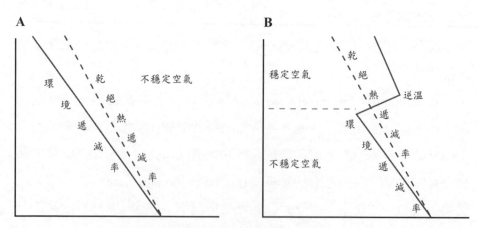

圖 10–5　正常溫度與逆溫分布

層靠近地面部分發生逆溫，使煙在下層很穩定，但在逆溫層以上呈不穩定現象，煙就向上飛揚；至於圖 10-6E，在較高處發生逆溫，使逆溫層以上的空氣呈現穩定現象，逆溫層以下的空氣則呈現不穩定現象，使煙向下飄散。

　　從上述的不同情況中，可以看出 A 與 E 的煙汙染擴散情況最嚴重，而 B、C 與 D 則較穩定，只要工廠的煙囪高度夠高，高出大部分的建築物都在這三種情況，使煙汙染產生的為害較輕，這也是為什麼許多大工廠對於煙囪的高度常有一定的要求。

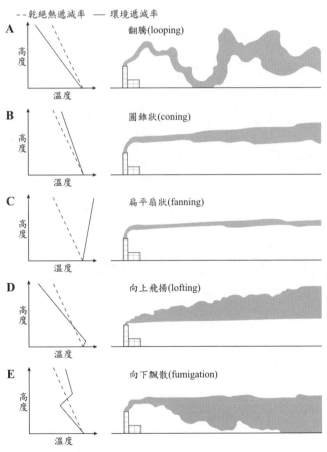

資料來源：E. W. Bierly and E. W. Hewson, 1962。

圖 10-6　不同空氣情況下工廠冒煙的變化

MEMO

第11章
都市的居住

第一節　都市居住的特徵及空間分布

一、都市居住的特徵

　　地理學家比較關心居住空間與行為的面向。傳統上他們的研究強調居住擁有率、所有權、居住密度形態，特別是與居住品質有關的事物。他們也研究各種影響到住屋供應與鄰里提供服務能力的過程 (processes)，比方說，住宅區衰退、仕紳化 (gentrification)、都市郊區的居住量成長及都市內居住移動形態等。在討論其他都市居住的問題之前，先簡單了解一下都市居住的特徵。

　　首先，都市居住的最大特徵在於，都市居住是都市土地利用中占地比例最大的一種，以美國 10 萬人口以上的都市為例，平均約占 30～40% 左右。由於這個特徵，居住用地在都市形態中扮演一個很重要的角色，例如在西方都市所有土地利用的形態中，都市居住分權 (decentralization) 至郊區是最早也是最大量的一種，而且還在繼續擴散中，對都市形態的發展產生關鍵性的影響。

　　其次，都市的居住空間分布極為不均，以西方都市而言，最主要是受到都市土地利用分區管制 (zoning of land uses) 的影響。即使是沒有嚴格執行土地利用分區管制的都市，由於不同土地利用間的競爭及居住特

有的區位條件要求，也使都市居住的空間分布呈現不均勻的情形。

　　第三個特徵為都市居住區位的環境非常多樣化。對居住區位環境的選擇，除了居民本身的主觀願望外，還受到居民經濟能力、工作地點及其他因素影響。即使是居民主觀的願望，也會因個人教育程度、環境識覺與價值觀等而有不同，呈現居住區位環境多樣化的現象。例如有的聚集在市中心附近；有的沿河岸或湖濱；有的在高凸的地方；有的在山坡上，真是不一而足。就不同國家而言，可能因為文化與價值觀的差異，民眾對居住區位環境的喜愛也大不相同。

　　最後，但不是僅有的一個特徵在於，相較於鄉村地區，都市的住屋結構、形式與品質也展現高度的雜異性。在一般鄉村地區，房屋形式與建材結構都具有相當高的同質性，如臺灣以前鄉村聚落的住屋多為三合院或一條龍的房屋形式，建材以磚塊為主，內部結構也大致一樣。但都市地區的住屋則不論在形式、結構與品質上都有很大的變化，像是建材方面，舉凡鋼筋水泥、木造、紅磚、石塊等皆有；在形式與結構方面，有的採用本地傳統，有的則採用外國款式，有的傾向復古形式，有些則為具創意的新潮建築風格。因此在具有悠久歷史的都市中，可以看到各時代留下的建築，如歐洲許多古老都市，同時具有中世紀、文藝復興、工業革命及現代的各種建築，顯得多彩多姿。

二、都市居住的遷移及空間分布

（一）都市居住的遷移

　　在鄉村地區居住相對穩定，很少遷移，有些家族甚至是幾代都居住在同一地方（房屋）。但都市地區居住的遷徙是很平常的事，很少有從鄉下移民都市的人，在工作一段時間與結婚後還住在原來的房子。都市人的居住遷移，也可以根據「拉力與推力因素」(pull and push factors) 的原理加以解釋，如有的地方具有較好的環境或房屋，就會產生拉力吸引居住

在其他地區的居民；反之，有些地方可能因環境惡化而產生推力，把居民推向別處。就具體的原因來說，造成都市內居民遷移的因素可歸納如下：

1.所得與社會地位的改變

　　為了符合個人的所得與社會地位的改變，搬家是有必要的。例如，一個年輕人初進社會時，職位低薪水也少，一切以省錢為考量，可能選擇較便宜地段及較廉價的公寓作為安身之處，但經過一、二十年後，職位升到相當高的地位，所得與儲蓄都增加很多，加上子女慢慢長大，需要一間較寬敞的房子或較好地段，以改善其生活品質。反過來說，個人所得與社會地位也可能減少或下降，這時也會被迫遷居。如一個有錢的商人剛開始住在高級別墅，但後來因生意倒閉而欠債累累，只能將別墅賣掉遷到較便宜地段的一般公寓。

2.工作地點的改變

　　不論是改行或是轉到不同的公司，在現代的都市生活中都是很常見的情形，不管是哪一種都可能涉及到工作地點的改變。如果改變的工作地點與原來住家相距不遠，或者有很方便的交通工具可以到達，則即使改變工作地點，也不一定要搬家。不過，如果改變後的工作地點距原來住家過遠，或是每天需花費長時間在通勤上（不管交通因素或距離因素），這時很可能會在新工作地點附近另尋新房子搬家。這種情形比較容易發生在大都會地區，因為大都會地區範圍較大，而且交通較繁忙，新工作地點對原住家來說，可能距離極遠，通勤又因交通阻塞而更為費時。

　　工作地點的改變是否造成搬家，除了上述的因素外，還有其他的原因也是要考慮的。例如，在一個雙薪家庭中，如果夫婦的工作地點不一樣且有一段距離，那麼到底住家要遷就先生的工作地點，或遷就太太的工作地點呢？當然視個別家庭狀況及其他因素的考慮而定。不過，一般而言，就工作地點這個因素來說，遷就太太工作地點的機率較大，特別是當小孩還小的時候，這樣可以方便太太照顧小孩及家庭瑣碎的事情。

這種情況下，如果原住家靠近太太的工作地點，則即使先生改變工作地點，也不至於造成搬家。

3.子女就學的考量

當子女還在就讀國小或國中時，子女就學的考量往往也是遷移居住地區的重要因素。在升學競爭厲害的地方，更凸顯子女就學對居住區位的影響。以臺灣為例，臺灣的國小與國中採學區制，而不是透過升學考試，學生來自學校附近的學區，因此較有名的國中小附近常成為房地產的熱門地區。許多人想到該區買房子，主要動機是將來他們的小孩子可以名正言順進入這些熱門的學校就讀。許多無法在這些著名學校附近置產，而又極想讓子女進入這些學校的家庭，只好利用法律漏洞，將小孩戶籍寄放在學校附近的親戚或朋友家中，以取得入學資格，結果常造成一個家庭的戶口裡，有幾個甚至十幾個在附近學校就學的小孩子，迫使政府或學校一再修訂辦法以解決這個畸形現象。

有趣的是，當小孩子長大唸大學後，就讀學校對住家的選擇就沒什麼影響，因此有些原先為了子女唸國中小搬家到學校附近的家庭，在子女長大進大學之後，又搬家到房價較便宜的地段或郊區，換一間較寬敞的住家。

4.居住環境的考慮

居住環境包括自然環境、社區品質、公共設施、治安、交通及其他。許多人當初為了經濟因素而住進居住環境品質較差的地方，在經濟改善後，往往搬家到居住環境較好的地方。

另外一種情況是，當初住進時居住環境品質還不錯，至少差強人意，但之後的發展卻有點失控，使居住環境品質日益低落，如特種行業進駐、神壇進入公寓、附近興建焚化爐等。於是許多原住在該地區的居民，就會興起遷往他處的念頭。由於現代人對居住環境的品質愈來愈重視，使許多規畫良好的社區或環境優雅單純的文教區，常成為中產階級或有錢

人喜歡的居住區。其實對居住環境品質的要求，其來有自，古代孟母三遷的故事，就是為了尋找較好的居住環境。

（二）都市居住的分帶

　　居住區經過長時間的改變、調適之後，往往由於社會因素、工作性質、所得、種族、宗教或其他因素形成類聚，結果產生分區或分帶現象。

　　經濟的因素如所得，往往是居住區分帶的很重要的因素。透過所得產生物競天擇 (natural selection) 的現象，使居住區自然形成分帶。在一個民主自由的國家，居住遷移屬人權的一部分，沒有法令可以禁止哪一階級的人不可以住進什麼住宅區，但問題是支付房價的能力，自然使低所得者不致於（或無能力）搬進高級住宅區。除了房價本身外，高級住宅區的日常生活開銷，如管理費等，也會讓窮人裹足不前。比方說，沒有法律規定低所得者不可搬至陽明山高級別墅區，但經濟因素自然產生選擇作用，使居住於陽明山高級別墅區的家庭，均為高所得者。一般而言，高所得者對於居住地點的選擇較有自主性與彈性，他可以選擇住在高級住宅區或一般公寓區，但對於低所得者選擇性就不高，大部分只能住在較廉價的住宅區，沒有能力憑主觀願望去選擇高級住宅區。

　　除了經濟因素所形成的居住區分帶外，種族與宗教的因素，是另一個造成居住區分帶的影響力。這種情形以號稱民族大熔爐的美國最為常見。在美國各大都市中，大部分均有少數民族居住區（ghetto，原指猶太人聚集的地區，後來泛指都市中少數民族居住區），如黑人區（紐約曼哈頓的哈林區）（照片 11-1）、唐人街、小哈瓦那區（古巴移民居住區）。通常在美國都市中的少數民族居住區具有共同特色，即都靠近市中心區、利用原來白人遺棄的老房子、就近就業（商店或市中心工業）、一般所得偏低等。所以少數民族居住區給人們一些較負面的刻板印象，如環境髒亂與治安不好等。早期住在這些少數民族區的人，大多為移民（合法與非法均有），教育程度較低，再加上語言問題，使他們與美國主流社會

（白人為主）接觸時常受到孤立與歧視，於是回到屬於自己種族或宗教的社區裡居住，經濟上有親友可幫助，精神上可以得到慰藉產生安全感。但另一方面，卻在美國的主流社會中，形成一個孤立而與眾不同的社區，表現在文化、生活形態、語言、宗教信仰上，與周邊的主流社會格格不入，常被當作都市中的「異國」，成為美國民族大熔爐的象徵與遊覽異國風情的地方。唐人街就是個很好的例子，北美幾個較大的都市，如紐約、舊金山、溫哥華與多倫多，都有規模龐大的唐人街，它們的共同特點是，都位於市中心附近的老住宅區。由市區其他地方進入唐人街後，一下子就到了一個充滿異國風味的社區：滿街的中文招牌（商店與街道）；到處可見的華人；華人的商品與飲食店；處處可聽到廣東話（廣東三邑地區的話）；紊亂的街景。

在少數民族區生長的移民第二代或第三代，由於接受較好的教育，語言也沒障礙，且具有各種專業，可以和主流社會競爭，於是第二代或第三代常搬離原住社區，融入主流社會。

另外有一種類似少數民族區的居住聚集區，不是因為民族或宗教原因，而是由於某些特定的生活方式，而聚集的社區，也可稱為少數族群居住區，典型的例子如紐約曼哈頓的格林威治村 (Greenwich Village) 是同性戀群聚的住宅區。

如果根據居民所得，把居住粗分為高所得的高所得人居住區 R，中所得人居住區 M 及低所得人居住區 P，則西方都市與非西方都市的居住區分帶結構有很大的不同。在西方都市，以美國都市為例，戰前高所得人的居住區 R 最靠近 CBD，中所得人 M 則緊鄰外緣，而低所得人居住區 P 在最外圍，呈現同心圓結構。這樣的空間分布結構，主要是因為在二次大戰前，都市交通尚不發達，私家車的擁有率不高，而都市中主要的生活機能，如商業、文化、教育與行政等多集中在市區，所以大家都喜歡居住在近市中心地區，以取得較方便的生活機能與公共設施。在這

種情況下，如同邱念農業
土地利用理論中，各農作
競求接近中心市場一樣，
各住宅區也都希望儘量靠
近市中心的區位，但高所
得的人的支付地租能力最
強，中所得人其次，而低
所得者最弱，因此居住帶

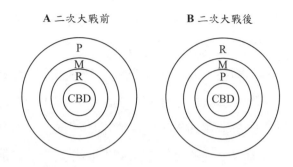

A 二次大戰前　　　　　**B 二次大戰後**

R：高所得人居住區　　M：中所得人居住區　　P：低所得人居住區

圖 11–1　西方都市居住區的分帶模式

區位分布由市中心向外依序為高所得人、中所得人及低所得人（如圖11–1A）。

　　戰後由於交通改善及私家車擁有率的快速成長，加上居民對居住環境的要求改變，高所得人開始大量往郊區遷移，而低所得人為了工作方便及缺乏私家車，反而擁入市區，形成與戰前剛好相反的居住區空間結構，由市中心向外依序為低所得人、中所得人與高所得人（如圖11–1B）。

　　現在西方都市居住帶的結構有個矛盾的地方，即高所得的人們住在最便宜的郊區土地上，而低所得的人反而住在土地最昂貴的市中心區。換句話說，地價隨著離開市中心而遞減。根據伯吉斯 (Burgess) 的分析，其最簡單的說法為，當都市從市中心向外擴張時，新流行款式的房屋會出現在都市邊緣的新興住宅區，這些房子也是大家所期望的，但只有高所得的人有能力支付，結果這些人就往外遷移，市區他們不要的住屋就轉賣給低所得的人。這樣的過程產生了同心圓居住帶的結構，由市中心向外的居住帶，離中心愈遠所得與社會階層愈高。

　　這樣的結構也是基於「易達性」、「通勤費用」與土地成本之間的最後競賽。例如，假設在一個「寧願為較寬敞居住空間而花較長時間通勤」這樣的價值觀與品味的文化中，較遠距離（距市中心）但較便宜的土地，

對高所得人更具有吸引力。其結果是，高所得人的居住區往郊區遷移，與上述歷史性解釋不謀而合。

美國在 1960 年代起，許多市區特別是在北方較古老且較大的市區，已出現人口與住屋淨減少的趨勢。到了 1970 與 1980 年代，市區住屋的減少已是全國通病，包括南部與西部。

值得一提的是，在 1980 年代，幾個發展趨勢導致市區房地產的翻轉。首先，在這個時期許多都市白人遷往郊區的情形已經逐漸緩和。其次，不但有低技術且低所得者移入市區，而且還有較富裕的年輕專業人口，常被稱為「頂客族」（雙薪且沒小孩，DINK, Dual Income, No Kids），也相繼遷入市區，產生了仕紳化 (gentrification)。第三，傳統家庭單元已慢慢被愈來愈多的單身或二人家庭取代。較高的離婚率、獨身主義及沒有小孩的夫妻等，都較喜歡居住在市區，再加上老年人口，導致市區傾向較小家庭的發展趨勢。

市區新家庭數目的成長反映了生活形態的改變。這個趨勢有助於都市新房屋的興建、老社區的仕紳化及現有住宅的分隔。但也由於這些原因，使市區低房租的老舊住宅被拆除重建，對市區窮人產生長期性的住屋問題。

至於非西方都市居住區的空間分布形態，戰前與戰後大致一樣沒什麼改變。它的分布形態與西方都市戰前的分布形態相同，都是高所得人居住區在最接近市中心，往外為中所得人居住區，最外圍為低所得人居住區（圖 11-2）。

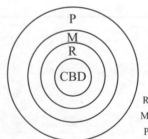

R：高所得人居住區
M：中所得人居住區
P：低所得人居住區

圖 11-2　非西方都市居住區的分帶模式

之所以形成這樣的空間分布結構，最主要原因為都市的交通建設不夠，私家車擁有率偏低，以及都市重要機能，如商業、娛樂、文化、教

育與行政等，戰後沒有顯著郊區化的現象。所以市區依然是集各種都市重要機能於一身，一般交通所依賴的大眾運輸依舊集中在市區，導致高所得人居住區還是靠近市中心，方便享受各種生活機能。

另外一個很重要的因素為文化價值觀與品味。一般非西方國家的工業化程度不高，歷史也短，還繼承著許多農業社會遺留下來的價值觀與生活方式：具有濃厚的家族關聯及喜歡熱鬧的生活形態。高所得人對於市區的各種活動及帶來的人潮與車潮，認為是熱鬧而不是喧譁，所以住在市區裡既方便又不寂寞。反而住在西方人嚮往的寧靜郊區住宅，會感到不方便與無聊。

第二節　都市居住的郊區化

一、西方都市居住郊區化的發展

都市居住郊區化主要發生在西方都市。所謂居住郊區化是指居住地由市區遷往郊區的過程。至於非西方都市的居住郊區化並不顯著，戰後許多非西方都市郊區的居住區也迅速發展，但主要是容納鄉城移民潮，而非市區移民，造成的結果是郊區居住地的發展而非郊區化。

西方都市居住的郊區化是所有郊區化中，包括零售業與工業，發生時間最早的一種。早在戰前就已開始，市區居民最早遷往郊區的為高所得人，當時汽車還很稀有，一般家庭很少有私家車，只有高所得者不會因為住在郊區而有所不便，反而可以享受郊區安靜而寬闊的深院大宅。

到了戰後居住郊區化才開始盛行，在 1960 年代後也愈來愈多的中所得人們移往郊區。到了 1970 與 1980 年代，隨著零售業與工業的郊區化，工作機會也外移，使一般居民與工人階級也大批往郊區移動，形成大量居住郊區化現象。

　　表 11-1 為 1976 年至 1994 年美國部分都市的居住郊區化情形，表中數字代表不同年分郊區人口占全市總人口數的比例。從表中可看出華盛頓、聖路易與舊金山的居住郊區化非常顯著，1994 年時均超過 70%。其中聖路易更高達 75% 以上，而華盛頓也接近 75%；至於郊區化現象較低的紐奧良及紐約，也都超過 50%。

表 11-1　1976 年至 1994 年美國都市的居住郊區化情形

單位 (%)

年分 都市	1976	1982	1988	1994
紐約	50.8	53.7	57.5	58.4
費城	57.6	63.2	68.3	69.8
巴爾的摩	50.8	58.8	64.4	66.9
華盛頓	63.3	69.1	73.9	74.4
聖路易	63.0	69.4	71.9	75.1
紐奧良	39.7	47.3	51.2	54.0
丹佛	46.2	52.7	58.4	62.0
舊金山	59.0	64.0	68.1	70.5

資料來源：李梅（譯），《經濟地理》，1999。

二、居住郊區化興起的原因

　　戰後西方都市興起居住郊區化的主要原因，可歸納出下列幾項：

（一）都市人口增加，市區無法容納

　　戰後初期，由於經濟快速發展，生活富裕，加上醫藥發展，使死亡率迅速下降，人口激增。以美國都市來說，戰後又移入了大量移民，幾乎都住在都市裡，使都市人口增加，為了疏解市區的居住壓力，只好往郊區尋找出路。

（二）小家庭制度盛行

　　小家庭制度使家庭數目增加，對住屋的需求也跟著增加，市區無法滿足，只好往郊區發展，直接刺激郊區房地產的增加。

（三）對居住環境的需求改變

　　戰後一般人對於居住環境的要求產生很大的改變，希望居住在環境安靜、陽光充足、有草地、空氣清潔沒汙染與噪音，而且治安良好的地方。這些條件在郊區比市區容易找到，使郊區成為理想的居住地區。

（四）郊區交通的改善

　　郊區屬於新開發地區，戰後隨著郊區化盛行，郊區道路也積極擴建。新建的郊區道路較市區寬闊，加上快速道路與高速公路，使郊區與市區的聯繫更加便捷，產生時空收斂效果，郊區不再是偏遠地方。尤有進者，戰後西方國家汽車擁有率的快速增加，加強了個人的機動性，使居住在郊區也可以自由與外地互動。這種交通方便性及郊區環境的優越性，使郊區住宅更具有吸引力。

（五）郊區土地便宜

　　郊區有廣大的土地，許多屬於農地或未使用的空曠地，地價較市區便宜很多，而且地面完整少有建物，可以大規模規劃開發，提供給一般市民廉價的住宅，對於市區居民而言，是一大利多。許多厭倦市區住宅狹小、噪音與汙染的平民，都有能力在郊區找到他們所需要的住宅，使得郊區不再是專屬於高所得與中所得人的居住區。平民住宅的郊區化是促進居住郊區化的一個主要因素。

三、郊區居住的特徵

（一）居住密度小

　　戰前郊區以高級住宅為主，多為獨院大宅，密度當然很小。即使戰後初期，雖然有愈來愈多的中所得人移住郊區，但相較市區的居住密度依然還是很低。到了 1980 年代後，因大量平民與工人階級，隨工業與商業的郊區化而移居郊區，使新房屋建造率創新高，郊區不但有獨院房屋，也慢慢出現許多集合式住屋、公寓及大廈，讓郊區住宅愈來愈密集，縮

短了與市區的差距。

（二）與其他土地利用分開

在老市區的居住區常與其他土地利用雜處，有住商混合與住工混合的現象。但在新發展的郊區，居住區、工業區與商業區多先有進行規劃，避免雜處一起發生相互干擾的情形。住宅區又可細分為高級住宅、中級住宅及工人階級住宅，彼此在空間上分離。因此在郊區工人階級住宅區，可以看到市區內常見的高樓層的公寓或大廈，與郊區高級住宅區的獨院房屋截然不同，但也相映成趣。

（三）特殊人口與社經結構

與市區相較，郊區住宅區在種族組成、年齡、所得與家庭狀況等都呈現顯著的特色。以美國為例，郊區住宅的居民多為白人，黑人所占比例很少，這點與老市區的黑人比例相差很多，美國有些都市市區的居民種族組織中，反而黑人居多，如芝加哥與華盛頓。芝加哥的市長曾由黑人擔任過，可見其人多勢眾。在家庭組成與經濟上，市區與郊區也有不同，市區有愈來愈多的年輕單身、兩人家庭、年長者、窮人、無家可歸者、少數民族等，但也有少數非常富有的人；而郊區則多為小孩較多的家庭，中產階級與富有者。

四、對郊區化發展的政策

西方國家對戰後都市居住郊區化的快速發展現象，採用了放任與管制兩個極端的政策因應。

所謂放任政策是任由自由市場機制去調整，政府並不強加管制，該政策以美國為代表。這種放任政策常會造成一些發展快速的都會區向四周無限蔓延，洛杉磯都會的蔓延就是個例子，其副作用是加重洛杉磯都會的環境品質惡化，如空氣汙染。

英國則採用管制政策，其有鑑於大倫敦都會區不斷蔓延擴張，產生

了都會問題，如汙染、交通擁擠等，於是政府採取管制干預政策。管制方式主要透過都市計畫，在大倫敦外圍規劃綠帶 (green belt)，並在綠帶外設立新市鎮，以疏解倫敦過於擁擠的問題。這種管制政策有效地限制了倫敦都會的擴張。英國採用新市鎮以疏散大都會居住過於擁擠的策略，讓許多已發展及發展中國家爭相效仿，臺灣也曾採用新市鎮策略。

五、都市居住郊區化對都市的影響

西方都市郊區化導致郊區的發展，使郊區人口激增，也帶給郊區工商業的活動。從某個角度看，郊區在居住、零售業及工業機能已超越市區，這點以美國的都市最為顯著。總而言之，郊區化在戰後大大改變了都市傳統的空間結構。

不過，從都市市區的觀點來看，居住郊區化的發展卻產生了一個嚴重的問題，就是導致都市的財務困難。首先，居住郊區化移出的居民中，以中高所得的人占很高的比例。其次，郊區化的外延往往超越了都市的行政界線，延伸至另外的行政區域內，例如由紐約市延至新澤西州或紐約州的長島。換句話說，這些中高所得的人隨著居住郊區化浪潮，遷出了都市的行政管轄區，對都市而言，不僅喪失這些人的稅收，也減少其在市區的消費行為。反過來說，留住在都市的人口多為窮人或無家可歸者，不但收不到稅，市政府還要編列預算救濟他們。結果可能導致都市的財政危機，紐約市就曾發生過類似問題。

為了解決因居住郊區化造成的都市財務問題，除了爭取中央政府的輔助外，一般美國都市都以制定新的稅法補救。例如，在紐約工作的人遷居至長島，雖然戶籍不在紐約市，但因工作在紐約市，市政府可以透過公司要求繳交部分稅額，作為他每天在紐約工作時，享用紐約資源所應付出的代價。又例如一個外國觀光客到華府的旅館住宿，結帳時除了旅館費，還得繳納稅額給聯邦政府與市政府。另外，居住郊區化的結果，

許多居民還得每天回市區工作，增加居民通勤時間與金錢，如許多遷居長島的人，每天上班時間還得通勤一個多小時回市區，如果自己開車上班，因塞車則可能要花更多的時間到達地點。

第三節　都市人口特徵與人口密度分布模式

一、都市的人口特徵

都市與鄉村的人口特徵在某些方面呈現強烈的對比。一般來說，在年齡的結構上，由於鄉村為人口移出區，大部分移出人口以具生產力的青壯年為主，所以鄉村人口中，小孩與年長者的比例較高；而都市為人口移入區，青壯年的比例則較高。由於人口遷移，都市人口中，出生於外地的比例較鄉村高。同樣人口的教育程度，都市平均比鄉村高。

至於人口的性別比方面，主要受都市機能、各國文化、經濟與宗教等影響，即使在同一個國家內，不同都市之間也有差異；不同國家之間的差異性則更大。一般以性別比（sexual ratio，即每 100 個女人所對應的男人數）作為比較指標。性別比若介於 95～105，則性別比例大致平衡，但性別比若小於 90 或大於 110，則屬於很不平衡的狀態。一般在服務業發達的進步國家，都市的性別比小於 100，也就是女多於男，如英格蘭與威爾斯的人口性別比平均為 98。不同文化圈的都市，往往也會因宗教或其他因素，產生性別比的差異，如伊斯蘭教國家巴基斯坦的首都伊斯蘭馬巴德 (Islamabad)，根據 2017 年的人口普查資料，其性比例達 110.7，到了極為不平衡的程度。

臺北地區鄉鎮人口性別比也可以印證上述的論述。根據 2020 年臺北市與新北市的統計資料（表 11–2），臺北市各行政區的性比例大致平衡，

介於 95～105 之間。而且各區的性別比均低於 100，可見臺北市呈現女多於男的現象，這與臺北市是個商業與服務業高度發達的產業結構有關。因商業與服務業提供較多女性的工作機會，吸引外地女性人口大量移入，與一般西歐都市特徵相同。反觀新北市各區，除了鄰近臺北市的地區性別比略低於 100 外，較偏遠的地區由於是人口外流區，人口主要移入臺北市及新北市都會區，且以女性居多，導致這些地區的性別比都接近或超過 120，如平溪、石碇、八里、深坑等，其中八里區更接近 130，性別比已屬嚴重不平衡的程度。

表 11-2　2020 年臺北市與新北市各行政區的人口性別比

臺北市					
區別	性別比	區別	性別比	區別	性別比
松山區	90.4	中正區	94.1	南港區	91
信義區	87.1	大同區	95.8	內湖區	92.8
大安區	86.3	萬華區	91.5	士林區	92.3
中山區	90.8	文山區	95.2	北投區	98.2
新北市					
區別	性別比	區別	性別比	區別	性別比
板橋區	96.2	三峽區	91.6	三芝區	108.5
三重區	93.6	淡水區	94.7	石門區	99.3
永和區	95	汐止區	102	八里區	126.8
中和區	90	瑞芳區	96.7	平溪區	118.5
新莊區	92.1	五股區	97.4	雙溪區	104.7
新店區	99.3	泰山區	94.6	貢寮區	96.8
土城區	95.9	林口區	99.8	金山區	100.2
蘆洲區	101.1	深坑區	120.2	萬里區	95.3
樹林區	100.3	石碇區	119.5	烏來區	90.8
鶯歌區	99.8	坪林區	105.6		

資料來源：行政院內政部戶政司（2022 年 1 月 22 日）。

二、都市人口密度分布的模式

透過對西方都市，特別是美國都市的實證研究，不同學者在不同時期提出了各自的人口密度分布模式，下列為幾個較重要的例子：

（一）克拉克 (Colin Clark) 的模式

為克拉克在 1951 年所提出的模式，這個模式呈現傳統都市人口密度的空間分布，如下：

$$D_d = D_o e^{-bd} \cdots\cdots(1)$$

D_d：距市中心 d 處的人口密度

D_o：市中心人口密度

e：自然對數底數

b：人口密度梯度

d：與市中心的距離

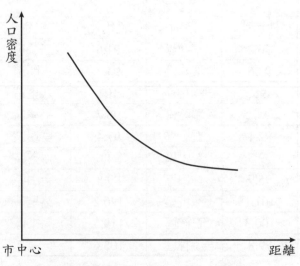

圖 11-3　克拉克的人口密度分布模式

　　圖 11–3 為公式(1)的圖 ，可以看出人口密度隨與市中心距離增加而遞減，這是傳統都市人口密度的結構，不管是已發展國家或發展中國家都一樣。公式(2)可以兩邊取自然對數變成迴歸方程式。

$$\log_e D_d = \log_e D_o - bd \cdots\cdots\cdots (2)$$

（二）田納 (Tanner) 與施納德 (Sherratt) 的模式

　　田納與施納德在 1960 年代初提出另一個都市人口密度分布模式：

$$D_d = D_o e^{-bd^2} \cdots\cdots\cdots (3)$$

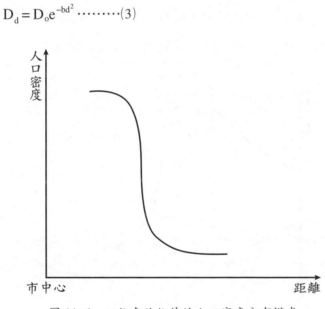

圖 11–4　田納與施納德的人口密度分布模式

　　圖 11–4 為田納公式(3)的圖，這時最高人口密度區向外延伸，但基本上，最高密度區還是在市中心及其外延周邊地區。距離市中心愈遠，人口密度會隨距離而迅速下降。公式(3)同樣可以化成如公式(4)的迴歸方程式。

$$\log_e D_d = \log_e D_o - bd^2 \cdots\cdots\cdots(4)$$

（三）紐鈴 (Newling) 的模式

紐鈴於 1969 年提出的模式為：

$$D_d = D_o e^{bd-cd^2} \cdots\cdots\cdots(5)$$

公式(5)之 c 為係數

　　紐鈴的模式中實際上綜合了克拉克、田納和施納德的模式，例如，公式(5)中，若 c = 0 時，b = 負值，則 $D_d = D_o e^{-bd}$，與克拉克的模式相同。若 b = 0, $D_d = D_o^{-cd^2}$，則與田納與施納德的模式相同。

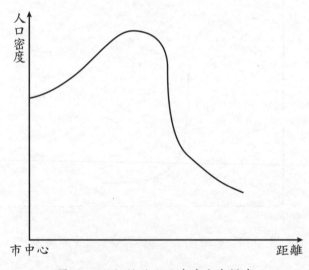

圖 11–5　紐鈴的人口密度分布模式

（四）都市人口密度的發展階段

　　上述各學者對美國都市人口密度分布研究雖有不同，實際上卻是反映研究時期的發展現狀。紐鈴 (1967) 根據歷史發展，將美國都市人口密

度分布形態大致分為下列四個階段（圖 11–6）：

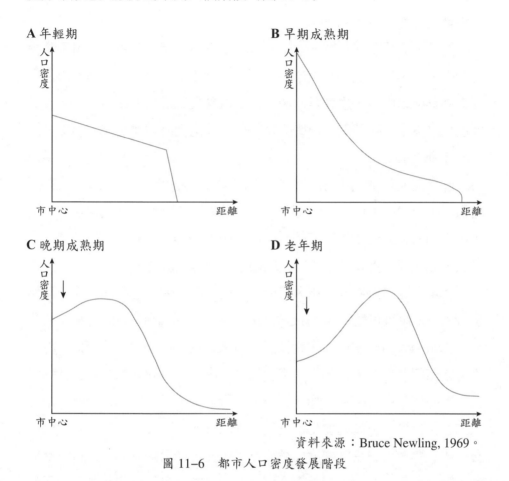

資料來源：Bruce Newling, 1969。

圖 11–6　都市人口密度發展階段

1. 年輕期 (youth stage)

這時期都市剛發展，有幾個特徵：(1)市中心人口密度不大、(2)市區範圍小、(3)由市中心向外的人口密度梯度小，且(4)城鄉界線很明顯（圖 11–6A）。

2. 早期成熟期 (early maturity)

隨著都市不斷成長，人口密度加大，這時期的特徵為：(1)市中心區人口密度大幅增加、(2)市區範圍向外延伸、(3)市區與鄉村的界線因郊區

的發展逐漸不明顯、⑷人口密度梯度逐漸加大（圖 11-6B）。

3.晚期成熟期 (late maturity)

這時期居住郊區化開始產生影響，使人口密度的分布形態也跟著發生明顯變化，其特徵為：⑴市中心人口密度開始下降、⑵最高人口密度區向外移離市中心，也就是市中心已不再是人口最高密度地區、⑶人口密度梯度減小、⑷郊區人口密度隨著居住郊區化而增加（圖 11-6C）。

4.老年期 (Old Stage)

隨著居住郊區化的持續發展，郊區人口密度大幅增加，產生下列的特徵：⑴市中心人口密度大幅下降、⑵最高人口密度已移至郊區、⑶由市中心向郊區人口密度隨距離而增加（圖 11-6D）。

（五）西方都市與非西方都市人口密度梯度變化的比較

大部分西方學者對都市人口密度梯度的研究偏重在歐洲、北美及澳洲等都市。後來貝里等人（Berry, Simmons 和 Tennant）對西方都市與非西方都市的人口密度梯度作比較研究 (Johnson, 1972)。根據他們的研究，西方都市與非西方都市的人口密度梯度均由市中心向外遞減，也就是人口密度隨與市中心距離增加而減少。不過對過去近一世紀的發展，兩者人口密度梯度隨時間的變化卻呈現不同的形態。西方都市在十九世紀最後二十幾年，人口密度梯度已開始減小，而這種趨勢在二十世紀更為加劇。另一方面，在非西方都市人口密度梯度並沒有隨時間而改變，而是維持相當一致的梯度，只是從市中心到郊區人口密度均同時增加 （圖 11-7）。

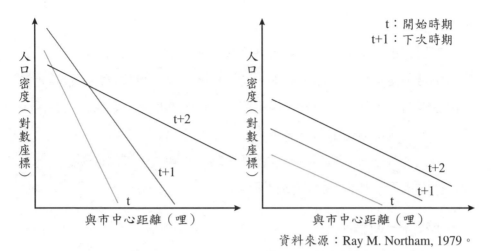

資料來源：Ray M. Northam, 1979。

圖 11-7　西方與非西方都市人口密度梯度圖

　　對於非西方都市的人口密度梯度之所以異於西方都市的主要原因在於二點：首先，非西方國家的都市運輸系統不夠應付實際需要，使都市維持較緊湊的結構；其次為文化與社會的差異，在非西方國家的高所得人還是較喜歡靠近市中心居住，而不是邊緣地區。結果導致市中心附近地區的居住需求較大，當整個都市成長時，市中心區人口密度依然維持很高。

第四節　都市的居住問題

　　都市的居住問題主要有二方面：一為量的不夠，另一為質的不足。這兩方面的問題普遍存在於發展中國家與已發展國家，屬於世界性的問題，當然以發展中國家的都市居住問題，最嚴重也最迫切。

　　量與質互有關聯，當一個發展中國家的都市快速成長時，由於經濟因素無法提供大量人口增加（自然增加或移入人口）所需要的住宅量，於是出現大批簡陋的住屋，甚至違章建築或貧民窟 (slum) 也紛紛出籠，這種由量不夠而導致質惡化的情形，最常發生在發展中國家的大都市（見

第 3 章)。

　　貧民窟由於環境品質太差,許多甚至連基本的自來水都沒有,很容易成為各種傳染病的溫床。此外,貧民窟的居民一般教育程度較差,缺乏謀生能力,容易成為黑社會與犯罪集團活動的地區,影響治安甚鉅,所以有人說貧民窟是都市毒瘤。

　　因此,各國政府莫都在尋求各種策略,來解決都市居住不足及貧民窟的問題。下列為幾個較重要的策略:

一、廣建國民住宅

　　住宅的問題不論量與質,主要發生在中下收入或貧民階層,為了提供較大眾化住宅給這些市民,最普遍的政策是建造相對低廉的國民住宅,讓較低收入的大眾有能力可以支付。不過,在較貧窮的發展中國家,中下收入的家庭為數甚多,而政府的財務又很拮据,無法建造足夠的國民住宅滿足需求,使窮人的居住與貧民窟問題,一直廣泛存在於這些較窮的發展中國家。

　　在提供國民住宅方面,新加坡做得最好,堪為其他國家的楷模。新加坡政府規定,只要是新加坡國民,結婚後還沒有房屋,就可申請國民住宅,而一定可以得到。政府會依照申請者的所得,分配不同等級的國民住宅,給予分期付款的方式慢慢償還。所得較低者只能申請較低廉的國民住宅,但貸款償還的期限長,使每期支付的金額不會超過其負擔能力。如果申請者所得較高,就可以分配到高級國民住宅,但每期支付的金額較多且分期付款的期限較短。透過這樣的政策,使新加坡人人有屋住,貧民窟的問題也得以解決。更難能可貴的是,新加坡政府對住屋的管理嚴格而有效率,例如,規定房子外表不可任意改變,甚至房屋內部的整修也要經過住屋委員會的檢查,是否會危及建築物的結構安全,連房屋外面的環境維持也在規範之列。結果使新加坡的國民住宅即使居住

多年，依然保持整齊。臺灣早期的國民住宅賣出後，因缺乏管理，居住幾年後的國民住宅往往形同貧民窟，為人所詬病。

新加坡國宅政策之所以能夠成功，主要原因為其土地政策。新加坡的土地均為國有，市民買房子只是買地上建築物，土地是向政府承租，所以新加坡的房價較不會被商人加以操作，而能以合理價格賣給市民。與臺北市的房價作比較，新加坡房子一般比臺北市便宜很多。也因為這種土地政策，使一般發展中國家無法像新加坡一樣，藉由廣建國民住宅，解決都市的居住問題。

二、都市更新

都市更新是解決都市居住問題，特別是貧民窟，為較徹底的方法之一。一般都市更新可分為修復性更新及破壞性更新。

修復性更新應用在一些老舊但還可使用的住宅區，只要加以整體修建復原，就可以讓社區面目一新，改善居住品質。這種更新方式較為省錢，可以減輕居民的負擔。

然而許多老住宅區或貧民窟，房屋過於破舊無法透過整修恢復原貌，只能實施破壞性都市更新計畫，拆除原有建築後重新規畫，其步驟如圖 11-8 所示。首先，事前規劃一個可行的計畫；第二步根據計畫的需要開始徵收土地；第三步重新調整各種土地利用或設施區位，與可能涉及到的補償問題；第四步把原本地上物全部拆除；第五步為設立必要的公共設施；最後再加以拋售。

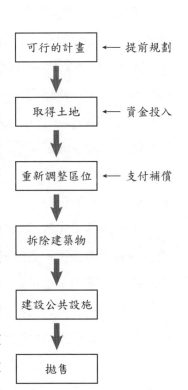

圖 11-8　都市更新的步驟

　　實施破壞性的都市更新是徹底解決老舊市區與貧民窟最有效的方法，但需要資金大，而且可能會引起許多爭議，較修復性更新難度更高。臺北市龍山寺前的更新計畫一直延宕多年就是個例子。而香港政府對調景嶺的都市更新計畫卻是比較成功的例子，調景嶺為中華人民共和國成立後，大批難民逃至香港聚集居住的地方，設備簡陋且髒亂不堪，形同貧民窟，也造成社會問題，後來香港政府實行了更新計畫，拆除全部房屋加以規畫，建成後整個社區煥然一新，大大改善了居住的品質。

三、新市鎮

　　新市鎮的構想與規畫源自英國，為 1898 年時 Howard 看到倫敦發展過快，造成擁擠與汙染等問題，因而提出適合人居住的「田園市」(garden city) 的構想。後來受到友人的支持，分別於 1902 與 1923 年在倫敦外圍建立了二座田園市。受此構想影響，英國政府於 1943 年設立城鄉計畫部 (Ministry of Town and Country Planning)，並於 1945 年頒布《新市鎮法》(*New Town Act*)。接著於 1946 年起積極進行新市鎮的建設，光是 1946 至 1960 年間就建了 15 個新市鎮，以後陸續興建，品質也趨向高品質低密度的新市鎮（見第 14 章）。

　　新市鎮最主要的目的是疏解大都會過於擁擠的人口，其次才是作為成長中心，帶動相對落後地區的發展。倫敦外圍的新市鎮都是為了疏解倫敦的人口壓力，提供較高品質的居住環境而設立的。

　　許多國家也都效法英國設立新市鎮，如香港政府在新界設立了新市鎮，避免香港居民過度聚集在香港島與九龍市區；新加坡本身雖只是個城邦 (city state)，所管轄的也只是個小島，還是設了幾個新市鎮提供居住，這些新市鎮均有便捷的地下鐵或捷運連繫新加坡市區。臺灣為了疏解臺北都會的擁擠，提供臺北都會人口居住的另一選擇，規劃了林口新市鎮（照片 11–2）。

第 12 章

都市的運輸

都市運輸所需的空間與交通陰影帶觀念

一、都市運輸所需的空間

都市的交通運輸系統就像人體的血管，如果設計不良或不夠使用，將會使都市的各種活動無法暢通，都市機能也可能因此無法有效率的運作，增加市民耗費的時間與金錢。因為都市活動都占有一定的空間，使得所有活動，如居住、購物與工作，無法集中在一個點，形成一定的距離。為了克服距離造成的空間阻隔，達到空間互動需求，則有賴交通運輸系統。因此，交通的改善將有助於減少空間互動的成本。有鑑於此，政府皆積極地改善都市運輸系統，特別是大都市，一方面積極增建或改進各種運輸系統；另一方面則進行都市交通管制，以期都市運輸流暢。

運輸的建設需要都市中最珍貴的土地。一般來說，都市運輸所需的土地空間有下列二項：

（一）道　路

都市內交通四通八達，道路交織如網，其所需的土地占都市土地利用極重要的部分，而且愈靠近市中心，道路面積占土地面積的比例愈高。表 12-1 為美國與英國四個都市隨與市中心距離不同，道路所占土地面

積的比例。從表 12–1 可以看出大都市如芝加哥與底特律，市區的運輸
道路占土地面積的百分比，皆超過 30%。而在美國人口數達 10 萬人以
上的都市，平均有 23% 土地為道路用地。

表 12–1　與市中心不同距離的道路面積比例

單位（%）

與市中心距離 都市	市中心	1 公里	2 公里	3 公里
底特律 (Detroit)	47	42	37	34
芝加哥 (Chicago)	36	34	32	30
諾丁罕 (Nottingham)	25	16	8	5
盧頓 (Luton)	10	7	4	3

一般而言，歐美國家的都市運輸所占面積較發展中國家都市要多。
主要原因是歐美國家汽車的使用時間既早，數量也較多。以美國為例，
不但各家有汽車，而且時常一家有二部甚至更多的汽車，其汽車擁有率
是發展中國家難以達到的。為了讓汽車暢通好走，不但道路要多，而且
要寬闊，自然占據了較大的土地空間。

同一個國家內，新興的現代都市較古老的傳統都市，道路面積比例
較高，主要是新都市建立於汽車時代，為了汽車的使用需求，道路自然
較多且較寬。同理在同一個都市內，新市區較道路老市區所占面積比例
要高出許多。以臺北市為例，東區為戰後發展的新市區，區內道路如敦
化南、北路，仁愛路及信義路，都是非常寬敞的林蔭大道 (boulevard)；
西區如萬華和大稻埕一帶，則為老市區，其街道狹窄難行，因此，東區
新市區道路所占土地面積的比例比西區老市區要多。

（二）終點站

運輸的終點站 (terminals) 包括各種公共汽車的車站與沿途招呼站、
火車站、機場、捷運站以及各種停車場。這些終點站也占據不少都市用
地，特別是隨著汽車普及，對停車位的需求激增，使停車場和路旁停車

位時常供不應求。重要的終點站，如火車站、機場及主要的公共汽車站等，除了龐大車站（機場）本身所需的空間外，為了提供眾多交通流量與環境美化所需，設立的車站（機場）外圍廣大的開放空間，也可間接算是運輸終點站所需的空間。

二、交通陰影帶觀念 (Traffic Shadow Concept)

所謂「交通陰影帶」指的是使用某交通工具的旅客或貨物來源地區，類似中地的市場區，它也有階層高低與陰影帶大小的區別。使用某交通工具陰影帶的大小，主要取決於交通工具的等級，等級愈高的交通工具，如飛機、高鐵或火車的自強號，其旅客來源地的範圍就愈大，交通陰影帶也較大；反之，較低等級的交通工具，其交通陰影帶較小。一般而言，較高級交通工具只能在較大都市取得服務，而較低級的交通工具，則在各都市都可取得。如圖 12-1 所示，最高級交通工具空運，只有在最高級都市中心才能取得，其交通陰影帶透過陸上交通，遍及附近廣大地區與較低級中心，較低級中心的居民要使用航空運輸，就需到最高級中心，因此這些較低級中心就成為最高級中心的空運交通陰影帶。即使同為相同的交通工具，也有等級差別，其交通陰影帶也依其等級而異。這些不

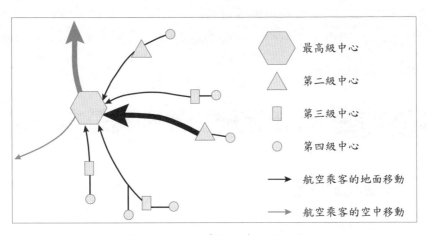

圖 12-1　航空乘客的來源地分布

同等級交通工具，所形成的大小交通陰影帶交織重疊在空間上，如同中地的市場區一般。

　　以臺灣的情形來說，航空是最高級的交通工具，特別是國際航線。而國際航線主要在桃園機場，少數航線在臺中、高雄與松山機場。所以國際航線的交通陰影帶遍及全臺灣，也就是不管住在臺東、花蓮或澎湖離島，要搭飛機出國的話，都得到桃園機場、臺中、高雄與松山機場，而這四個機場分別位於臺北市、桃園市、臺中市與高雄市附近。又以鐵路交通為例，臺灣的火車依票價可以分成不同等級，最高級為自強號（包含太魯閣與普悠瑪列車），依序為莒光號、復興號、區間快車、區間車及普快車。自強號只有在較大都市停靠，因此較小都市即使有火車站也不停，若想搭自強號還得到較大都市，如臺南市的永康區與仁德區都有火車站，但當地居民要搭乘自強號時，需到臺南火車站，因此臺南市的自強號交通陰影帶除了臺南市區，還包括靠近臺南市區的廣大地區。但如果是區間車，則永康與仁德的居民可在當地車站搭乘，因此不屬於臺南市區間車的交通陰影帶範圍。

　　交通陰影帶觀念可以作為一都市規劃交通路線的參考。例如，於2006年底通車的高鐵在規劃時，高鐵臺中站並非設在臺中市火車站，而是設在烏日區。因此當初規劃烏日高鐵車站時，其車站規模與空間，以及對外道路的規畫，都需根據烏日高鐵站的交通陰影帶，也就是主要客源地區來做考量。

第二節　都市運輸的原則與分布形態

一、都市運輸的原則

　　都市內運輸的量與方向受下列三個原則影響：

（一）互補原則 (The principle of complementality)

都市內不同的土地利用與機能在空間上是分開的，但土地利用與機能之間常存在著供應 (supply) 與需求 (demand) 的關係，如居住區的人每天要上學、上班、購物，偶而也要娛樂與運動；而上學、上班、購物的人，等到放學、下班或購物完也要回家。不同土地利用與機能間產生了供需關係，這種關係促成對空間互動 (spatial interaction) 的需要，但空間的分隔產生了距離，為了克服距離，必須付出運輸成本（金錢與時間），這個運輸成本構成了空間（距離）的摩擦效應 (friction effect)。一般來說，兩點間的距離愈大，產生的摩擦效應也愈大，導致兩點間的互動量愈少，呈現「距離衰減效應 (distance-decay effect)」。

距離產生的摩擦效應大小，視行程 (trips) 的形態而異，如小學生上學對距離較敏感，但另一方面對娛樂距離的摩擦效應就較小。此外，一些人口特徵，如性別、年齡、職業及所得，也會影響個別對距離產生的摩擦效應的認知。

凱利 (Carey, 1958) 提出一個重力模式來估計兩地之間空間互動的量，如下：

$$I_{12} = \frac{(P_1)(P_2)}{D_{12}} \cdots\cdots\cdots(1)$$

I_{12}：1 地與 2 地間互動的量

P_1, P_2：分別代表 1 地與 2 地的人口數

D_{12}：1 地與 2 地之間的距離

凱利的模式把兩地人口特徵看成大致一樣，因此，兩地間互動的量與兩地人口數的乘積成正比，而與兩地之間的距離成反比。也可以用其他的指標來代表 P_1 與 P_2，如研究購物的互動時，則 P_1 與 P_2 可用商店數

代表。圖 12-2 表示各地區間
的互動量，由圖中 A 地、B
地、C 地與 D 地的人口數及
A 地與 B 地、C 地、D 地三
地之間的距離，可以根據凱利
的模式求出 A 地與其他三地
之間的互動量如下：

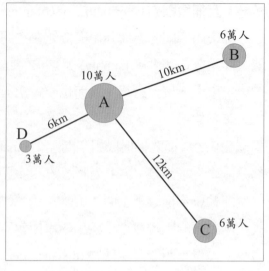

$$I_{AB} = \frac{10 \times 6}{10} = 6$$

$$I_{AC} = \frac{10 \times 6}{12} = 5$$

圖 12-2　四地的空間區位圖

$$I_{AD} = \frac{10 \times 3}{6} = 5$$

　　在都市內的往來，由於距離不遠，加上交通擁擠，一般人比較在乎
的，反而是往來兩地之間花費的時間，而不是實質距離。比方說一個學
生每天從住家到學校上課，他可能不知道住家與學校之間的實質距離，
但一定知道花多少時間可抵達學校，因此若應用凱利的公式，計算都市
內兩地間的互動時，可以用花費時間代替公式中的實質距離，即：

$$I_{12} = \frac{(P_1)(P_2)}{T_{12}} \cdots\cdots\cdots(2)$$

T_{12}：由 1 地至 2 地所花費的時間

　　上式中影響到 T_{12} 的除了距離之外，主要是道路的各種狀況，產生
的摩擦效應。可分為：

1.**路途摩擦** (route friction)

如紅綠燈的數量、停車記號、路上交通擁擠情形、路面情況（如道路寬度、路面是否進行施工……）等都會影響路途摩擦，進而影響到行車的時間。

2.**側向摩擦** (lateral friction)

指一條街道沿途兩側有許多巷道進入，或者有許多百貨公司、大飯店、加油站、停車場、大醫院或其他大機構，則由於側向的車輛多，自然會增加側向摩擦，使行車時間加長。

（二）可轉移性原則 (The principle of transferability)

可轉移性原則指都市內兩地間可利用的運輸工具，如果可利用的運輸工具愈方便，則可轉移性愈高，而可轉移性與距離無關。由於市區內一般交通擁擠又缺乏停車位，如果只靠私家車，可轉移性就不高，最好有方便的大眾運輸系統，如地下鐵、捷運、公車系統等，這些大眾運輸的班次頻率多，且除了公車以外一般不受道路摩擦效應的影響，可節省時間與金錢，所以只要有上述大眾運輸可利用，可轉移性自然增加，有利於空間的互動。即使在已發展國家的大都市，如美國的紐約、日本的東京及英國的倫敦，一般市區內的上班、上學、購物等都依賴大眾運輸，特別是地下鐵或高架捷運（照片 12–1）。

（三）中介機會原則 (The principle of intervening opportunity)

如果 A、B 兩地之間有另一個 C 地，則原本 AB 之間的互動，有一部分會被中間 C 地的中介機會所吸收，使得由 A 至 B 的流量減少。這種情形很容易發生在購物行為上，例如由外雙溪或陽明山前往臺北購物時，大多數的人到中間的士林夜市就下公車，使直接前往臺北市區的人減少許多，這時士林夜市就扮演著中介機會的角色。理論上，產生在 C 的中介機會對於 A 與 B 地的互動是負面的，也就是 C 的中介機會愈強，則會吸收愈多 A 至 B 的旅程，使 A 至 B 的直接互動量大減。可以下列

公式表示這樣的概念：

$$V_{ij} = V_i P (S_j) \cdots\cdots (3)$$

V_{ij}：從 i 地至 j 地的總旅次量

V_i：從 i 地出發的旅次量

$P(S_j)$：由 i 地出發至 j 地的機率

其中，$P (S_j)$ 受中介機會影響，若中介機會愈強，則 $P (S_j)$ 的值就愈小，直接導致 V_{ij} 量的減少。

二、都市運輸起、迄點形態

從運輸起點（出發點）與迄點（目的地）的分布形態，可以把都市運輸歸納成三大類型：

（一）起於市區，迄於市區

也就是出發點與目的地都在市區內，這是都市運輸中最重要的部分。不論是上班、上學、日常購物、社交等運輸，多屬於這個類型。這是無法避免的，也是造成都市運輸過度負荷的主要來源，特別在大都市問題更嚴重。如上所述，一般大都市的解決之道，多朝向大眾運輸方面的改善，以緩和因私家車激增所產生的交通問題。

（二）起於市區而迄於市外（含郊區），或起於市外（郊區）而迄於市區

這種情況也極為普遍，在發展中國家，多數鄉至城移民，為了經濟的原因，往往居住在房地產較便宜的郊區或市外，但因郊區化不嚴重，許多工作機會及商業活動依然在市區中，所以由郊區或市外往市區進行工作、上學、購物、社交，甚至娛樂的交通量，超過由市區往郊區（市外）的流量。但在西方都市，特別是美國，戰後的郊區化不但是居住往

郊區移動，工業與零售業也往郊區移動，使得相當程度的郊區居民可以就地工作、就學與購物，無形中減少了不少市區與郊區間的交通流量。

（三）起於市外而迄於市外

　　這部分的運輸只是借道市區，並沒有停留市區的目的，徒增市區的交通量。例如臺灣在高速公路通車之前，當時由臺北沿縱貫公路（臺1線公路）到高雄時，沿途要經過各都市的市區，增加沿途各都市市區的無謂交通量及行車人時間。為了排除市區這部分不必要的交通量，最常用的方法是修建外環道路，使這部分的運輸流量不必再借道市區。現在臺灣沿縱貫公路的較大都市幾乎都有外環道路，以疏解市區的交通流量。不過，外環道路本身常成為發展的催化劑，若干年之後，外環道路兩側又是商店林立，交通也開始擁擠起來，使借道外環道路的行車距離增加，時間上也沒有縮短，修建外環道路的原意盡失。另外的替代方案是在市區興建高架或地下通道，可以直接貫穿市區但不會造成太大地面交通的負擔，缺點是高架道路或地下通道費用昂貴。

三、都市交通的分布形態

（一）時間上的分布形態

　　一般來說，都市的交通運輸在時間分布形態上，有幾個重要特徵：

1. 在季節或月分上，一般都市的交通運輸量並沒有顯著的差異。但對於某些具有特殊機能或傳統的都市，常會在某個季節或月分呈現特別的交通運輸流量，例如：有些觀光遊憩的都市，會在觀光季節擁入大量車潮，如加拿大的滑雪與觀光勝地「班夫」(Banff)，到冬季滑雪季節時，小鎮的人口與車潮暴增；臺灣墾丁在夏季時也是旅遊旺季，人車激增。有些都市因為宗教機能，也會帶來季節性或月分上的車潮，如沙烏地阿拉伯的麥加，在伊斯蘭教朝聖的季節，從世界各地擁入無數朝聖的穆斯林；臺灣北港在農曆3月分，信徒從臺灣各地擠進朝天宮

朝拜媽祖，使平日平靜的北港小鎮，在農曆 3 月熱鬧非凡。另外，有些都市具有聞名的民俗節慶，也可以帶來季節性或月分上的車潮，如德國慕尼黑的啤酒節及巴西的嘉年華會即為著名的例子。

2. 第二個特徵為，在一日 24 小時內，都市交通運輸量的變化非常顯著，一般有兩個顯著的交通尖峰時間，即上午上班或上學時間，與下午下班或放學時間。此外，晚上可能也會有一個較小的次尖峰時間，通常是夜間部學生放學、晚班下班、宴會結束或其他晚間社交活動結束回家時，所帶來的車潮。通常根據活動的不同，其時間分布形態也不同（圖 12-3）。

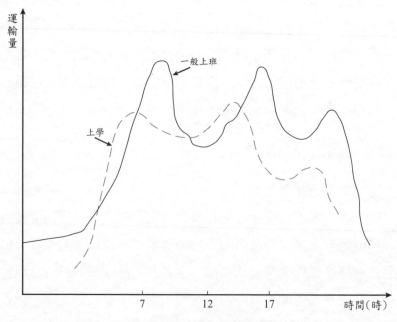

圖 12-3　都市每日交通運輸的時間分布圖

　　活動與時間分布形態的差異，有些是活動性質自然形成，有些則是為了疏解交通尖峰時間，而故意錯開。比方說，以臺灣為例，學生上學與放學時間最早，其次為一般公務員，再次為民營機關與公司，至於一般商店的上班時間最晚，但晚上下班時間也最晚。

（二）空間上的分布形態

　　都市交通運輸的空間分布有二個原則：首先，在 24 小時內，離開 A 地的人數，大約等於進入 A 地的人數。例如，每天由北投區出發到臺北各地上班、上學或從事其他活動的人，大約等於晚上由各地回到北投區的人數；其次，方向也相當對稱，即 24 小時內沿某一方向離開 A 地的人，約相當於由同一方向呈相反方向進入 A 地的人數。比方說，每天由北投區往臺北市區方向的人數，大約等於由臺北市區進入北投區的人數。

　　這個運輸空間分布的特徵，加上時間分布的特徵，可以知道一個都市交通特別擁擠的情形，主要發生在某些道路，且在某特定時間與方向上。為了避免或疏解特定時空的交通流量，常在特定時間與方向上，對某些道路作調撥車道處理。

（三）旅次 (trips) 地點的模式

　　人們往來地點由土地利用決定，如到某地旅次的次數，主要決定於該地土地利用的種類、量與強度。例如，一個純粹的住宅區，其進出的人口大部分為當地居民，但市中心的商業與娛樂區域，其進出的人包括都市內各地，甚至都市外的居民，所以交通流量會特別多。當然，至某一地點的次數常隨距離作有規則的變化，即距離增加，次數減少。這種隨距離遞減的作用，又與活動種類與性質有關。有些活動對距離較敏感，距離增加，旅次就會迅速減少；另外有些活動距離的影響則較小。

（四）交通工具的分布形態

　　一般市民使用的交通工具種類常與距離有關，在空間上形成其特殊的分布形態。每個國家因經濟與文化上的差異，對交通工具的選擇也大異其趣。不過在同一個地方，其使用的交通工具次數卻與距離有關。圖 12–4 為芝加哥市民使用交通工具的分布形態。從圖中可看出，在較短的距離（約 2 哩以內）以開車居多；稍遠的 2 至 3 哩距離，則利用巴士最多；較遠的距離，約 6～10 哩，就以搭乘地下鐵或高架捷運為主；至於更遠的郊區，如 12 哩以外，主要利用郊區鐵路。

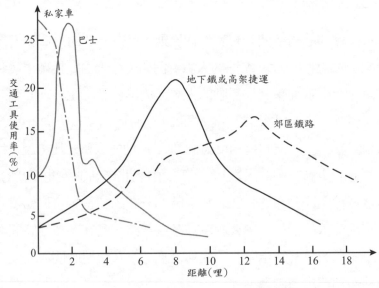

圖 12-4　芝加哥交通工具的分布形態

四、都市的交通問題及解決措施

　　都市交通問題隨著都市的發展日益嚴重。造成都市交通問題的重大癥結，在於都市人口的快速增加，以及經濟發展所帶來的汽車擁有率成長。不但是已發展國家有都市的交通問題，即使是較貧窮的發展中國家，交通問題也日益嚴重，形成世界性的都市問題之一。追根究柢，在於供需失調的問題，也就是都市的交通建設，包括大眾運輸、道路、停車場等，無法滿足因人口激增與汽車成長，所帶來的需求量。這個問題對於戰後發展中國家的都市特別嚴重，許多發展中國家的都市，由於人口自然增加及大量的鄉城移民，導致都市人口暴增。另一方面，都市各種交通建設，因經濟因素無法配合需求，結果造成許多發展中國家的大都市既擁擠又紊亂，尤其在尖峰時間，常有行不得之苦。一般解決或減輕都市交通問題的方法，不外乎下列的措施：

（一）拓寬已有道路或興建新道路

　　拓寬或興建道路是增加運輸的供應面，當然有助於疏解路上交通的擁擠情形。這一方面在郊區新開發的地區比較容易，可以透過都市計畫，不只是現在的需求量，還可以根據交通量的成長預測，對未來作未雨綢繆的規畫，並提供可預見未來所需的道路系統。不過對於舊市區，道路的拓寬與新建不但代價昂貴（因包括土地徵收及補償），而且在拆遷舊房子時，常會遇到頑強的抗爭，甚至造成社會與政治上的問題。

　　另外一個方式是採用高架道路系統，使都市的交通運輸立體化，改善地面的交通狀況。問題是高架道路的造價，可能比平面道路更昂貴，所以通常高架道路較常使用在市區。此外，有些都市計畫者認為，高架道路會造成都市景觀的障礙，所以許多歐美有名的都市，特別是具有歷史遺產的老都市，通常不採用高架道路系統，如巴黎、倫敦與紐約的市區；但在人口稠密的非西方都市則較為常見，例如東京的上空就有許多的高架捷運系統；上海市區的上空除了林立的高樓大廈外，就是交織如網的高架道路系統❶，頗為壯觀，但也顯得很複雜。

　　為了怕高架道路破壞都市的景觀，也有採用地下化道路的方式，不過造價更為昂貴，特別在一些地質條件不適合地下工程的都市，更會增加道路地下化的困難度。所以一般只興建幾條重要聯外的地下化道路，到郊區則浮出地面接一般道路系統，加拿大蒙特利爾就有這樣的地下道路，從市區某些重要據點，如灰狗巴士 (Greyhound Lines) 車站，車子出發後不久後就轉入地下，出來時已到郊區，一路可快速通行避免紅綠燈的阻礙。即使人口只有一百萬人的日本仙台市，也有類似的地下道路，由市區直通郊區。

---

❶　筆者於 2002 年到上海參加兩岸地理研討會時，遇到華東師範大學地理系的劉君德教授，他告訴筆者，上海為了蓋高架道路系統，大概遷移近百萬的居民，代價鉅大。

在一般的經驗中，拓寬或新建道路，往往趕不上實際運輸的需求。即使在經費充裕的已發展國家，也很難靠這個策略完全解決都市的交通問題，更違論財政較拮据的發展中國家。

（二）發展大眾運輸系統

從都市土地利用的觀點，大眾運輸系統相較於私家車，在空間利用上要有效率。比方說，2～3部私家車在街道上所占的空間，與一部大型公共汽車相當，但三部私家車最多乘坐15人（假設每部車坐滿5個人），而一部大型公共汽車同時承載40多人，而且從起站到終點站，沿途上上下下的人算進去，一趟行程所載的乘客，可能超過一百人。從這個假設的例子可以看出，在道路面積增加有限的情況下，發展大眾運輸是有效利用道路空間的方法。

大眾運輸工具中，最有效率的可能是地下鐵或捷運，它具有高乘載量且快速準時的優點，但它的造價非常昂貴，特別在一些地質條件較差的都市，工程困難度與成本都很高，一些較窮的發展中國家無法負擔，如臺北的捷運工程，單位里程的造價較新加坡高出許多。也由於造價高，必須有相當高的乘客率才能回收成本，所以通常地下鐵（或捷運）要在大規模的都市，才合乎經濟效益。地下鐵還有另一個問題，世界上除了少數大都市有稠密的地下鐵網路外，如紐約、東京、倫敦與巴黎，大部分都市的地下鐵網路不夠多，使許多地區無法利用地下鐵。解決的辦法是結合其他大眾運輸工具，如公車與電車，構成一個較完整的交通網路。例如加拿大多倫多就結合地下鐵、電車與公車，利用轉乘制度，在一定時間內可一票到底轉乘各種大眾運輸工具；臺北的捷運、公車與新北捷運也有類似的轉乘制度。

公車是都市的大眾運輸中成本較低的一種，因為道路不用另外建造。只要路線規劃得宜，公車可以深入全市各角落，應是普及性最高的一種大眾運輸工具。缺點是遇到尖峰時間容易塞車，使乘客無法準確控制時

間。為了改善這個缺點，常與地下鐵或捷運系統結合，將公車當作地下鐵的接駁車。另外，也可以實行公車專用道，以增加公車的行駛順暢度，如臺北市的公車專用道不但可順向行駛，還可以逆向行駛。

（三）實行交通改善規定與政策

在交通擁擠而街道狹窄的老市區，最常用單行道來疏解交通，如基隆市區與臺北市西門町。

另外一個普遍使用的彈性方法為，在交通尖峰時間實施調撥車道。一般來說，在早上上班尖峰時間，如早上 7 點至 9 點，車流主要由郊區向市區，為疏解過於擁擠的單方向車流，在一些主要的交通要道實施調撥車道，讓從郊區往市區的車流可以占用一個逆向車道（由市區往郊區的車道）；反過來說，在下午下班時間，如下午 5 點至 7 點，因車流主要由市區往郊區的方向，因此由市區往郊區方向，可以多出一個車道。如臺北市在多條幹道上由週一至週五（假日除外）的上、下班交通尖峰時間，均實施調撥車道。

美國西雅圖實施一個有趣的方案，來疏解市區的交通。為了鼓勵民眾少開車進入市區，利用政府預算，實行市區內公車免費政策，也就是把車子停在進入市區前的停車場，然後利用免費的接駁公車到市區各地。這個政策減少汽車進入市區，不但有效疏解市區交通，也降低空氣汙染，雖然由全民買單（政府預算支付），但市政府還是覺得划算。

新加坡政府則實施了一個嚴厲的管制政策來改善交通，首先要控制車輛的成長。新加坡政府根據道路容量的成長、舊車報廢數等，規劃可增加的車輛數，然後接受申請購車。也就是購車者必須先申請再排隊，如果申請購車者超過政府規劃的車輛增加數，可能有錢也買不到車。其次，對上班時間要進入市區的車輛，採取高乘載且付費的管制方式，以減少車流進入市區。所謂高乘載且付費的方式是指，進入市區的車輛必須搭載一定量的乘客，單獨一人或二人乘坐的車子則禁止進入市區，還

要付進入市區的費用。不過，新加坡政府在實施交通管制政策的同時，也積極發展出一套極為舒適、方便而有效率的大眾運輸系統，包括地下鐵系統與公車，連接市區、郊區及外圍的新市鎮。

第三節　都市運輸的模式

研究都市運輸最常見的模式為：重力模式與其變型，以及抽象模式，分述如下：

一、重力模式 (Gravity model)

重力模式源自牛頓的萬有引力模式，將其修改後，引進社會科學研究中，社會科學最早使用重力模式的目的，只是單純想探討，影響任意二地間流動量或互動的基本因素：人口與距離。多德 (S.C.Dodd, 1950) 在1950 年代提出以下的公式：

$$I_{AB} = \frac{KTP_A P_B A_A A_B}{D_{AB}} \cdots\cdots(4)$$

I_{AB}：A 地與 B 地之間互動量

P_A, P_B：A 地與 B 地的人口數

A_A, A_B：A 地與 B 地兩群體的人口個別活動特別指標，如平均個人所得。

K：常數

T：計算時間

對於許多的互動而言，公式(4)可加以簡化。例如對於具有相似活動強度的兩地，計算某一定單位時間內的互動時，則 T、A_A、A_B 等可以省略，而得到如下的簡化公式：

$$I_{AB} = K\frac{P_A P_B}{D_{AB}} \cdots\cdots(5)$$

公式(5)表示兩地間的互動量直接與兩地人口成正比，而與兩地間的距離成反比。換句話說，兩地人口乘積若增加一倍，則其間互動量也增加一倍；若距離增加一倍，則兩地間的互動量也減半。但實際上並沒有這麼單純的關係。如 F.C.Ikle(1954) 研究美國航空與汽車的交通時，曾設人口的指數為 1，結果得到的 D 指數並不是 1，而是介乎 0.689 至 2.57 之間。其實，這種結果在平時的生活體驗中，很容易察覺得到。因此，公式(5)中的 P_A、P_B 與 D_{AB} 的值必須分別加上指數，才可成為重力模式的一般形式，即：

$$I_{AB} = K\frac{(P_A P_B)^m}{D_{AB}^{\;n}} \cdots\cdots(6)$$

為了求得公式(6)中 K、m、n 的值，可在公式兩邊取對數，使其成為線狀的迴歸方程式，如下：

$$\log I_{AB} = \log K + m\log(P_A P_B) - n\log(D_{AB}) \cdots\cdots(7)$$

公式(7)可改寫成一般方程式的形式：

$$y = a + mX_1 - nX_2 \cdots\cdots(8)$$

公式中，$y = \log I_{AB}$, $a = \log\phi - K$, $X_2 = \log(P_A P_B)$, $X_2 = \log(D_{AB})$

公式(8)中，可利用最小平方方法 (the least square method) 解出 a, m, n 的值，而由 a 可求出 K。同時，也可計算出相關係數 (correlation coefficient)(r)，其平方即為確定係數（R^2, coefficient of determination），以了解模式所預期的數值與實際的相關程度，以及模式可以解釋的變異數 (variance)。

二、抽象模式 (Abstract mode)

假設居住與工作地點一定，而兩地間通勤的工人有二種交通運輸模式（N_1 與 N_2）可以選擇，則工人選擇何種模式通勤的機率較多，主要視可利用模式的各種特性而定。

假設由居住地至工作處有二個模式（N_1 與 N_2）可供選擇，則選擇 N_1 的機率，應為此模式（N_1）各種特性的函數，可用公式表示：

$$N_1 / N = f(P_1, P_2; t_1, t_2; C_1, C_2; S_1, S_2; \ldots) \cdots\cdots\cdots(9)$$

P_1, P_2：表示使用 N_1 與 N_2 模式通勤的成本。

t_1, t_2：表示 N_1 與 N_2 模式通勤所需的時間。

C_1, C_2：表示 N_1 與 N_2 模式通勤的舒適程度。

S_1, S_2：表示 N_1 與 N_2 模式通勤的方便性，如班次多寡或可利用的交通工具種類。

公式中，N_1 / N 為工人選擇利用模式時，以 N_1 作為通勤方式的機率（另一模式 N_2 的使用機率為 $1 - N_1 / N$，因為 $N = N_1 + N_2$）

公式(9)為一種可能性的模式，表示對於交通路線的選擇受到許多因素影響，成本與時間只是其中的因素之一。這點比重力模式更具有彈性，也較能解釋使用者的動機與考量，如舒適程度與方便性等。

第四節　都市運輸路線改變對都市的影響

一、都市運輸路線的改變

　　都市運輸道路為了實際交通運輸的需要，或為了配合整體都市計畫的要求經常改變。其改變的方式大致可分為兩大類：

（一）道路改善 (route improvement)

　　最常見的是道路拓寬。道路拓寬最主要的原因為疏通激增的交通流量，例如臺北市中華路在中華商場拆除後，整條中華路變成寬敞的林蔭大道，對西門町附近的交通疏解有很大的幫助。不過在舊市區，特別是具有紀念性建築的老街，道路拓寬常引起交通改善與文化保存的兩難，甚至引起地方上不同立場間的鬥爭，如三峽民權路老街的拆除就是個很好的例子。原本列為保護建築物的老街，多年來由於鎮公所的道路拓寬計畫，加上部分居民的抗爭，只好廢除老街的保護法令，使老街的風貌逐漸消失。高雄市左營為了拓寬道路，原本計畫把左營古城樓拆除，經地方文化工作者及有心人士的抗爭，最後採取道路轉彎而保存古城樓的方式妥協。

　　另外常見的道路改善方式為採用高架道路。有些高架只是為了避免鐵路平交道的建設，這些鐵路平交道既容易造成交通阻塞，也常導致交通事故。不過較常見的高架道路，主要目的在於疏解市區內的交通流量，這些高架道路由市區一些重要據點附近穿越市區，可直達郊區，對於市區與郊區的車流，具有很大的疏解作用。

（二）道路的建設 (route construction)

　　新道路的建設，包括市內大小街道及連接郊區的幹道或高速公路。新道路的建設較常發生在新發展的市區或郊區。舊市區中常見新道路建

設，通常是原本都市計畫中就有的道路用地，因當時交通量還沒達到需求或是預算不夠，所以有規劃進行，卻並未徵收土地與修建，任由違章建築占用或暫時作其他土地利用，後來由於實際需要，政府才編列預算加以徵收並修建。

二、可能產生的影響

都市運輸線的改變，不管是道路改善或新道路，都可能對都市產生下列幾個影響：

（一）對鄰近土地地價與土地利用的影響

都市運輸道路的改變，對於鄰近地區地價可能產生正面影響，即增加土地價值；但也可能產生負面影響，使鄰近地區地價下跌。一般來說，道路拓寬或新道路的建設，對於緊鄰道路兩旁的土地或房地產容易產生利多，可能導致增值。不過有些道路的改善，卻可能讓鄰近的地價下跌，例如高架道路建造後，使原本面臨馬路的店面，變成在高架道路的橋下，而樓上可能因車輛經過造成的噪音，導致房地產價值下跌。

另外，道路的改變會影響鄰近地區的土地利用形態。如捷運的興建帶動沿途地價上漲，也帶來商機，有助於商業土地利用，也有可能因交通方便，促進住宅大廈或公寓的興建。如新北市淡水線捷運沿線許多林立的住宅大廈，都是捷運通車後開始興建的。

道路拓寬或新道路完成後，許多原本只能作為住宅的地區，可能帶來商業或工業活動，改變土地利用形態。對於局部土地利用影響最大的，是新道路的十字路口或捷運（地下鐵）重要的出口處。重要的捷運出口對商業活動最為有利，常在短時間內帶動周邊商店的增加。

（二）對環境與社會的衝擊

都市運輸改變對環境與社會的衝擊以前較容易被忽略。道路改善與興建，固然帶來交通與經濟的效益，有時卻會對環境品質帶來負面的影

響。例如拓寬後的道路或新建道路，會帶來更多的車潮，產生更大的噪音與空氣汙染，對鄰近住宅有很大影響。特別是高架道路，更會影響到沿線大廈、三樓以上住戶的安寧，雖然可以加蓋隔音牆減少噪音，但效果有限。

　　另一方面，從社會影響來看，道路拓寬與新建帶來的車潮，威脅到學童與行人的安全。此外，有時為了拓寬或新建道路，必須拆除原有的房屋，造成居民遷移，破壞社區中原有的生活形態與鄰里關係，對一些有良好鄰里關係的老社區，會造成無法彌補的損失。

　　對社區而言，道路改善與新建道路，也可能破壞維繫社區感情的地方文化遺產，上述三峽民權路是個例子，但更令地方文化工作者感到遺憾的，應屬1998年鹿港鎮公所因都市計畫拓寬泉州路，將清代最大的行郊「日茂行」臨街的房舍拆毀，門額也毀損成兩段，目前由日茂行的後代進行保管。

（三）對都市形態的影響

　　都市運輸對都市形態的影響與交通工具有關，例如傳統以步行或馬車代步的時代，都市形態的發展傾向緊湊，但隨著汽車時代及各種快速道路的興建，都市形態就顯得鬆懈許多，如美國洛杉磯形成一個疏散的都市 (dispersed city)，有人認為是二十一世紀的美國都市典型案例。

　　在都市交通運輸改善中，對都市形態影響最顯著的是快速公路或高速公路對郊區擴大的影響。以美國為例，在1950與1960年代都市興建許多高速公路，原本強調改善CBD的易達性，但這些高速公路反而更有助於郊區發展。經過一段時間後，這種離開CBD的分權作用 (decentralization) 愈來愈強化，包含所有經濟活動，使都市形態與空間結構產生很大的改變。助長這樣都市結構改變的主要動力為運輸的改善，特別是公路。

　　布德 (H. Budd, 1976) 曾由西方都市運輸的改變，對都市形態提出一

個模式（圖 12-5）。他將都市運輸的改變分為三個階段，並提出其對都市形態的影響：

（一）第一個階段

以步行 A、馬車 B 及電車為主要運輸工具的時代，這時代由於運輸工具較緩慢，都市的形態傾向非常緊湊的結構，以減少互動所需要的時間，有時沿著電車路線的方向作向外延伸。

（二）第二個階段

為鐵路 C 與公路 D 為主要運輸工具的時代，這時因為運輸工具效率較高且速度較快，都市形態向四面八方呈星狀的擴散。

（三）第三個階段

這時期有許多新的快速運輸系統出現，如高速公路 D、快速道路與外環道路 E，由於快速運輸系統的使用，使都市形態更向外擴張，形成疏散形態 (dispersed pattern)。

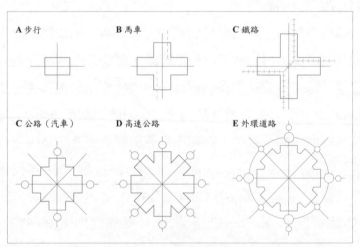

資料來源：Herbert Budd, 1976。

圖 12-5　運輸影響都市形態的模式

第13章
城鄉間與都市之間的移動與互動

第一節　鄉城移民

一、概　說

　　都市與鄉村間的移民基本上呈現非常不對稱的流動。由都市移往鄉村的「逆都市化」現象是戰後才發生，而且主要在歐美等工業化國家，其流量不及郊區化，更遑論與鄉至城的移民潮相比。鄉至城的移民在歐洲及北美等已發展國家中，早在一個世紀前就已盛行。相對的，許多發展中國家這種鄉至城的移民潮，還是比較嶄新的過程，主要發生在二次大戰後，雖然時間較晚，但造成的潮流卻來勢洶洶，與一個世紀前歐美國家的鄉城移民潮相較，有過之而無不及。

　　鄉城移民代表一個社會結構的基本轉化 (transformation)，人口一般由較小且以農業為主的社區，移到較大而以非農產業為主的社區。這種遷移除了具空間的意涵，還有社經意義，包括技術、態度、動機，有時是行為形態的永久轉移。

　　如上所述，鄉城移民在發展中國家是個較晚近的現象，因此較容易追蹤與研究。這些發展中國家與歐洲接觸之前，其典型的鄉村聚落結構

屬於孤立並相對自給自足的村莊，因此較少有鄉城移民。這個現象部分反映了鄉村社區，需居民參與自給自足的經濟活動，也部分反映了這些地區，缺乏吸引移民的都市與可利用的運輸工具。這種在非洲熱帶國家是非常典型的情況，一直到相當晚近才慢慢改變。今日世界大部分地區的鄉村，已不再是孤立而自給自足的社區。

非洲著名的地理學家 A. Mabogunje ❶在分析自己的國家奈及利亞 (Nigeria) 的發展時，認為鄉村經濟的發展改變，雖然多源自殖民時期，但後來非洲新政府的加強推動，卻是更重要的因素。政府利用改善運輸與通訊，減少鄉村孤立策略，進而將鄉村整合於全國經濟，而不是讓該地停留在自給自足的水準。這些整合使鄉村地區的經濟，更能反映工資和價格、顧客意願，以及供需等的改變。換句話說，把都市與鄉村系統帶入更密切結合的關係。這種效應具有二層意義：一方面，鄉村農業地區受到刺激而生產更多物品，以進入交易的經濟；另一方面，則是鄉村人口移往都市出賣勞力換取工資，以便購買所需的物品與服務。

二、鄉城移民的助力與阻力

（一）鄉城移民的助力

如前所述（見第 3 章），對於鄉城移民可用拉力因素 (pull factors) 與推力因素 (push factors) 來解釋：一方面是鄉村地區產生一些負面因素，如就業機會少或生活機能與品質不夠好，產生推力作用，把人口往外推；另一方面，則是由於都市地區的正面因素，如較多就業機會與較高所得、較完備的生活設施及較優質的教育與文化環境等，產生拉力作用，吸引

---

❶ 1983 年時 Mabogunje 擔任國際地理學會 (IGU) 副會長，曾到臺灣參訪並演講有關發展中國家經濟發展的問題，Mabogunje 得到倫敦政經學院地理學博士，著有 *The Development Process* 一書，專門研究發展中國家發展的問題，是一位享譽國際的非洲地理學家。

鄉村的人口移入。對於生活水準與所得都較高的國家而言，鄉城移民除了經濟因素外，也有許多其他的非經濟因素，甚至有些非經濟因素可能更重要。但對於較窮的發展中國家而言，經濟因素是絕對重要，且具有決定性的影響力。

　　戰後較窮的發展中國家由於醫藥進步，特別是來自聯合國與進步國家的醫藥援助，使死亡率大減，導致人口激增，但農業的生產力並沒有提高很多。加上缺乏資金與技術，經濟發展緩慢，尤其是工商業，使鄉村地區產生極大的人口壓力，Reitsma 與 Kleinpenning (1985) 提出了一個「四惡性循環」的模式，來解釋較窮發展中國家的鄉村發展惡化情形（如圖 13-1）：

1. 貧窮與生育率

　　因個人所得減少導致家庭貧窮，孩童難以接受教育，鄉村居民普遍的教育水準低落。而較低的教育水準會影響到生產力，使每個工人的生產量較低，需要較多的勞力。對勞力的強烈需求，則鼓勵了生育率的提高。結果導致大家庭，因家中人口眾多，導致個人所得減少。

2. 購買力與生產力

　　因個人所得減少，限制民眾的購買力，導致經濟成長緩慢，產生高失業率，造成儲蓄量有限，進而導致投資資金缺乏，影響到生產力，最後使個人所得減少。

3. 生產力與健康

　　生產力低導致資金缺乏，沒有足夠的資金，無法增加現代化設施的投入（如機械、肥料、殺蟲劑等），結果使農業的產出量較低，造成鄉村居民的食物不足，導致營養不良與（或）飢餓，進而導致健康程度，使生產力降低。

4. 貧窮與居住空間

　　低生產力與個人所得減少所造成的貧窮，使民眾的居住空間不足且

簡陋，而居住環境不良則易導致健康程度下降，進而使生產力降低。

上述這四個循環交互影響且互為因果關係。

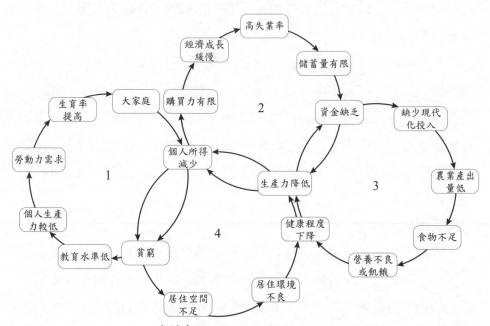

資料來源：H. A. Reitsma and J. M. G. Kleinpenning, 1985。

圖 13-1　發展中國家鄉村的四個交互作用惡性循環

不但是較窮的發展中國家，其鄉村發展（特別是農業）產生嚴重的困境，導致大量人口移出至都市地區，即使是經濟條件較好的發展中國家，在戰後工業化的過程中，也往往犧牲農業扶植工業發展，因此鄉村發展相對地落後都市許多，產生一股推力因素，使人口移往都市地區，以尋找更好的發展機會。戰後臺灣的發展就是個很好的例子。

戰後臺灣經過一段混亂時期後，於 1950 年左右 (1949～1952) 實行土地改革，首先是三七五減租，然後是耕者有其田。這段時間的土地改革，使佃農擁有自己的耕地，工作意願增加，有助於農業生產，農村也展現一股欣欣向榮的景象。

到了 1960 年代後，工業化興起，政府為了維持出口導向的工業化成

長，實施「犧牲農業扶助工業」的政策，以及為了保障軍公教配糧問題，實施下列政策：

1. **土地稅實施臺灣省田賦徵收實物條款，也就是土地稅以實物（如稻穀）代替：**

　　在 1961 年時，一元新臺幣的土地稅加上公務員用糧與防衛捐，一共要繳 19.37 公斤稻穀，1967 年時提高為 26.35 公斤，1968 年實行九年義務教育，因班級增加導致老師增加，於是又追加 0.65 公斤，累計一元新臺幣的土地稅要繳 27 公斤稻穀，使當時土地稅徵糧達總糧食生產量的 14%。

2. **強制收購：**

　　為了確保軍公教的糧食，光靠土地稅繳糧是不夠的，於是又實施強制收購，也就是公訂價格強制收購一定量的糧作，但其收購價格遠低於市價，等於變相剝削農民。例如 1949 年時，收購價格只有市價的 38%，遠低於市價一半，1950 年以後收購價格才升至 60%～70% 的市價。

3. **米、肥交換制：**

　　為了進一步儲存公糧，政府控制肥料的進口與販賣，因臺灣地處溼熱的亞熱帶與熱帶，土壤淋蝕作用嚴重，加上臺灣農作一年四季都是生長季，一般無休耕制度，導致土壤肥力不夠，需要許多肥料。但當時的政府並沒有開放民間自由進行肥料買賣，而是由政府掌握行銷。為了屯糧，於是推出了米、肥交換制，也就是農民須以稻米交換所需的肥料。在 1949 年時，1 公斤稻米可換 1.5 公斤肥料（主要為硫酸胺），到 1950年～1960 年間，1 公斤稻米可換 1 公斤肥料，1960 年時，1 公斤稻米只換到 0.9 公斤肥料，而 1967 年 1 公斤稻米甚至只換到 0.85 公斤的肥料，可見國內肥料價格節節上升。但按 1960 年時的國際價格，一噸硫酸胺約 41 美元，1 噸稻米卻高達 145 美元。換句話說，米價為肥料價（硫酸胺）的三點五倍。但政府進口肥料後，卻把較便宜的肥料賣得比稻米貴，兩

邊通吃，讓農民大吃悶虧。

4.農、工產品間的價差：

　　為了出口工業產品的競爭力，必須維持較低的生產成本，而 1960 年代的工業化是以勞力密集的輕工業為主，所以壓低勞工工資是維持低生產成本的方法。為了安定勞工生活，必須讓維生主要的糧作價格保持低廉。在這種的邏輯思考下推出的政策，當然是壓制米價，儘量不讓米價上升。例如，若以戰後 1953 年時，米價、一般物價及製造業產品價格都當作基數 100，到了 1959 年時，三者的物價基數分別變為 100，159 及 167。換句話說，米價維持不變，但一般物價卻上升了 59%，製造業產品價值更增加了 67%。

　　上述的種種政策，導致鄉村地區農作物收益大幅降低，鄉村經濟隨之沒落，於是在 1960 年至 1970 年代，臺灣工業發展最快速的時期，成為鄉城移民最盛行的時期。許多農村子弟捨棄農業或（和）家鄉，到都市地區尋找非農業的工作，這股移民潮在遠離都會區的農業縣分最為嚴重。

　　另外一個影響鄉城移民的重要助力，為都市本身所產生的有利條件，把人口吸引過來。從都市化的歷史看，不管是一世紀前的歐洲鄉城移民，或者戰後發展中國家蓬勃進行的鄉城移民，都市的經濟發展使其能提供較多的工作機會與較高所得，往往是造成鄉城移民最重要的拉力因素。這種情形在經濟發展較好的國家尤其常見。當然經濟的因素並不是都市吸引鄉村移民唯一的重要條件。當一個社會隨著經濟發展愈來愈富裕後，都市中一些非經濟的條件，常是吸引鄉村地區移民的重要因素，特別對鄉村地區中，較富有且教育程度較高的精英份子而言，更具吸引力。這些非經濟因素包羅萬象，例如較好的學校、博物館、圖書館、音樂廳、購物中心及其他生活機能等。

（二）鄉城移民的阻力

　　雖然有些力量驅使居民從鄉村移至都市，也有些力量卻可能成為鄉

村人口移出的阻力。首先，必須考慮到家庭的問題。發展中國家的鄉村
地區常是大家庭形態，不但家庭成員間早已形成一個密切且相互依賴的
生活方式，甚至這種關係擴大到整個家族及鄰里，構成一個堅固的社交
網絡 (social network)。這樣的人際與社交關係，加上傳統的人倫與道德
價值，如孝順父母與父母在不遠遊等，農業社會遺留下來的行為規範，
使許多發展中國家的鄉村，有強烈的安土重遷傳統。這樣的倫理觀念，
讓許多鄉下人若非不得已，不願輕易遷離自己的家鄉，到都市生活。

　　其次，鄉村社區本身可能就是個控制的次系統 (subsystem)，其控制
的角色雖然不像家庭那樣的直接，但透過活動種類，可能對鄉城移民產
生不同程度的阻礙力量。例如，在採用合作農耕或行銷的鄉村社區，結
果可能改善其經濟情況，這種情形至少可在短時期內，阻止一些可能的
移出。不過值得注意的是，一個鄉村社區積極執行提升社區社會、經濟、
生產力、運輸及通訊的計畫，原本的目的是為了緩和甚至阻止鄉村人口
外流，但因為這些計畫使鄉村地區的年輕一代接受更多教育、更具競爭
力，且更有企圖心到都市尋求機會，以改善其經濟與社會地位，結果可
能反而刺激鄉民移出至都市。換句話說，鄉村各種條件的改善與資訊流
通，使鄉村的年輕人更具備適應都市生活的條件，這點有時是規畫者沒
有預想到的。臺灣 1970 年代時，規劃的十大建設，其中建設北迴鐵路的
主要目的是希望交通改善後，可以吸引西部產業進入花蓮，緩和花蓮的
人口外移。結果北迴鐵路完成不久，不僅未達到預期目標，反而造成更
多花蓮地區的人口外移。

　　另外，以就業機會而言，都市常被看成較有利於具專業技術的人口
就業的地方。對於一個沒有受到較高教育，只有低技術或沒什麼技術訓
練的鄉村移民而言，貿然進入都市的就業市場，常只能居於最低層的勞
力工作。

三、鄉城移民的形態

　　鄉城移民從空間移動的角度
看，可以分為：直接遷移，由鄉城
直接遷移至目的地的都市；階段性
遷移 (stepwise migration)，也就是
鄉城人口的遷移具有階段性，先由
鄉村遷至鄰近小鎮或小都市，經過
一段時間後，再移至較遠且較大的
都市，最後移至目的地大都市。換
句話說，其遷移常循都市體系的階
層，先到較低階層都市，再遷移至
較高階層都市（圖 13–2）。

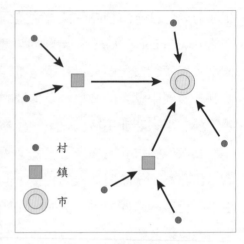

圖 13–2　階段性移民

　　一般而言，經濟發展程度、交通與資訊的改善，可以影響到鄉城移
民的形態。在已發展國家，由於經濟富裕、資訊發達及交通方便，鄉城
移民大多以直接遷移為主。但較窮的發展中國家，除非靠近大都市的鄉
村可直接遷移，若距離較遠，大多採取階段性遷移方式。例如非洲獅子
山 (Sierra Leone)，其鄉城移民多呈階段性遷移，首都自由城 (Freetwon)
為最高階都市，其下再分二階層，一共三階層的都市體系。鄉民常循都
市階層由低階往高階都市，進行階段性遷移，當然，靠近大都市的鄉村，
則多為直接遷移至大都市 (Riddell and Harvey, 1972)。

　　即使在同一個地區或國家，往往隨時代不同，鄉城移民形態也會產
生改變。在較早時期，常見情況是因經濟不富裕、資訊不足及交通不便，
多採用階段性遷移，但隨著經濟的發展，資訊與交通大幅改善後，鄉城
遷移則轉而以直接遷移為主。李素貞 (1985) 進行雲林縣口湖鄉人口外移
的研究中，發現戰後不久，口湖鄉外移人口多往斗六或嘉義等較近距離

的中小型都市，住了若干年之後再遷移至臺北、臺中或高雄都會區。後來隨臺灣工業化的發展，口湖鄉的外移人口多直接前往較大都會區，特別是臺北都會區。

階段性移民在較窮的發展中國家，具有調適的意義。當一個農民從相當孤立而落後的鄉村，在資訊不足與交通不便的情況下，加上教育與技術訓練不夠，如果貿然從鄉村直接遷移至大都市，可能產生適應不良。若能先遷移至較近的小都市，由於環境差距較小，可以慢慢適應調整，等住了一段時間後，再移至大都市。

第二節　鄉城間的互動

一、都市與鄉村間的空間互動

鄉城間的互動呈現多面性，首先，最重要也是歷史最悠久之一的互動為貨物往來。傳統上，鄉村為農產品或原料的供應地，提供都市居民生活或生產所需的農產品與原料。這裡所謂農產品為廣義的農業產品，包括各種農作物、水產、林產和牧產等；反過來說，都市則提供鄉村地區各種商品、工業產品及服務。不過隨著時代的改變，鄉城間貨物的流動形態也產生了變化。例如，工業由市區向外遷移至附近鄉村地區，以及鄉村工業化，結果許多鄉村地區反而是工業產品的供應地。

其次在現代社會中，城鄉間非經濟的互動愈來愈頻繁且重要。在這一方面，都市常扮演著鄰近鄉村社交的中心，如都市附近不同鄉村的居民，為了參加跨鄉村的聚會，像同學會、婚宴、餐會及其他社交活動，常利用鄰近的都市作為集會地點；此外，都市也提供鄉村居民參訪各種藝文活動、展覽會、體育活動、圖書館及娛樂活動。最常見的例子為，鄉民經常到附近的都市觀賞電影、球賽或從事其他娛樂活動。

　　隨著經濟的發展及生活水準提升，鄉村對都市除了提供農產品、原料或工業產品外，更重要的趨勢是，提供都市居民愈來愈多的觀光遊憩活動與休閒資源。觀光遊憩活動基本上是個需求所得彈性 (income elasticity of demand) 很大的產業，也就是對觀光遊憩活動的需求量與所得呈正相關；當所得提高，對觀光遊憩的需求量隨之增加；反之當所得減少時，對觀光遊憩的需求量會跟著減少。也因為觀光遊憩具有這樣的特徵，因此當二十世紀下半葉世界經濟繁榮後，觀光遊憩也快速成長，現在已是世界上產值最大與就業人口最多的產業。

　　都市居民因經濟發展所得增加，加上運輸改善與私家車擁有率增加，假日往鄉村地區從事觀光與遊憩活動的風氣愈來愈盛。特別是許多較進步的國家，工作時間愈來愈短，絕大部分都已實施週休二日，假日長對觀光旅遊活動更是一大利多。鄉村地區可以提供多樣的觀光遊憩資源，供市民選擇：

（一）自然景觀方面

　　有山地、平原、河川、海洋、瀑布、森林、湖泊和水庫、動植物及其他地形與天氣構成的景觀（如雲海、晚霞、彩虹等），可供市民觀賞，還可以在大自然間從事各種活動，如登山、騎單車、露營及水上活動等。

（二）人文景觀

　　鄉村除了充滿大自然的野趣，還有許多與都市迥然而異，且頗為有趣的人文景觀，如鄉村聚落的建屋與街道、田園風光、民俗活動，加上人為的遊樂區。

　　臺灣經過 1960 與 1970 年代快速工業化後，經濟繁榮、所得激增，到了 1980 年代，觀光遊憩活動也開始蓬勃發展。就國內的觀光遊憩而言，鄉村地區的自然與人文觀光遊憩資源開始大量開發，供都市居民從事觀光休閒活動，形成一股強大的城鄉互動。都市居民於節日或週休二日時，大量往鄉村地區移動，從事各種觀光遊憩活動，不管是山地、海

邊、水庫與湖泊或田野，都可看見都市來的人潮。臺灣鄉村地區除了提供市民自然景觀外，在人文觀光資源方面，更是不斷推出新花樣，以招攬遊客。以下舉幾個例子，就可看出鄉村對招攬都市居民觀光遊憩的用心與熱心。首先是到處可見的觀光農業（休閒農業），各鄉村常就其原本的農作物，或新栽培的作物進行觀光休閒化，例如觀光草莓園（如大湖）（照片 13–1）、觀光果園（如卓蘭）、觀光花卉（如田尾鄉的花卉種植與公路花園）（照片 13–2）、薰衣草園（如內灣）。有些休閒農業結合文化活動，形成地方特色，推出所謂「地方文化創意產業」，如臺南市白河區以蓮花為主題，配合各種有關蓮花的藝文活動，每年夏季舉行蓮花節。甚至連養殖業也可以觀光休閒化，提供市民在養殖地釣魚或釣蝦的休閒活動；也有利用鄉村地區特有的民情風俗，加以觀光化吸引都市居民，如高雄市美濃區，以特有的客家風貌，成功地發展了具有地方風情的鄉村觀光休閒活動；有些鄉村利用地方上原有的建築或文物等地方遺產，加以觀光遊憩化，典型的例子如內灣小火車與建築、大溪老街、九份礦業文化遺產，都已變成熱門的觀光景點。有些利用鄉村的優美景觀，把一些都市的生活形態搬至鄉村，既可享受都市物質，也可欣賞鄉村的野趣。比方說苗栗南庄，原本是賽夏族與泰雅族原住民分布的地區，現在已發展成現代化民宿與咖啡廳林立的地方；雲林古坑地區因出產咖啡出名，當地也是咖啡廳林立，一到假日就吸引無數市民前往，常常造成山區塞車。

上述這些非經濟的城鄉互動，卻常可帶來經濟效益，對於鄉村地區的發展有很大的幫助。

二、定期市集

定期市集 (periodic markets) 是一種動態的鄉城互動。前面提到，農民到最近都市中心採購，是一種鄉城互動的形式，這種形式可在進步的

已發展國家和發展中國家找到。

　　不過在許多情況下，發展中國家常出現定期市集：所謂定期市集是指市場不是每天開放，只有在固定的每週，每個月甚至一年之中，有幾次開放營運，提供零售或其他服務功能。這種定期市集常常不固定地點，對販賣者而言，他可以輪流在不同地方營運，其營運次數，也就是週期，隨各地人口與購買力而不同。人口較多且購買力較強的地方，其定期市集的頻率就會比較多。

　　由於與中地理論較為類似，一些中地理論的概念可以應用到定期市集。一般這種定期市集有相對較低的商品圈範圍，和較高的商閾。為了達到維持機能所需要的商閾值，需採用輪流到不同市集去銷售的方法，克服任何單一市場不足維持固定經營的缺憾。經常一個供應者在一週內巡迴至幾個市集銷售物品，其機動性相當高。顯然的，定期市集的週期，與供應者和消費者雙方的行為有關。比方說，許多供應者同時也是產品生產者，他們需要生產時間，沒有辦法每天不間斷到市場銷售。此外，一些供應者所販賣的商品，需要較大的商閾值才能賺取適當收入維持開銷，在較窮的發展中國家鄉村，常無法在一個市場得到，必須到不同市場去販賣商品。

　　這種定期巡迴到不同市集販售物品的方法，在較窮的發展中國家最為常見，主要原因是，在這些國家的鄉下所得低，交通不方便且昂貴（相較其所得），使這些鄉下人無法經常到較遠的都市直接採購，在這個情況下，巡迴的定期市集可在可預期的固定時期，直接把貨物送到鄉下農民的住處附近兜售，這時供應者巡迴各市集的運費，可由售價轉嫁到消費者共同分擔，對每個農民來說，比單獨到遠處市場所需的運費要少得多。換句話說，與顧客從較遠的地方光顧不常去的固定市場相比，這種巡迴市集讓商人在逢市集時，送貨到顧客住處是較有成效的。

　　都市的產品藉這種巡迴各鄉下的市集，分銷到廣大的農村地區，達

到城鄉互動的目的。對於較落後的發展中國家而言，巡迴市集還有其社
會互動的意義。商人趕集時常選擇在鄉村較廣大空地，可供人潮聚集的
地方，如廟前廣場（廟會）或村中無用的空地（廢墟）。一些較大規模的
市集往往是當地的盛事，來自鄰近村莊的鄉民，男女老幼盛裝前往，除
了物品的交易外，也進行個人的社交活動，許多人利用趕集的時候，與
許久不見的親戚朋友碰面，有時在市集時間還有各種民俗活動，因此市
集常成為村民期盼到來的日子。

　　在農業社會及許多的發展中國家中，城鄉間的接觸必須是即時與直
接的。例如，由於這些較窮的發展中國家，一般缺乏可儲存新鮮食品的
設備（如冰箱），因此必須發展出一套複雜而具彈性的行銷機制，以便把
鄉村生產的食品，有效地提供給都市居民。因此市場地點的選擇，應考
慮空間與時間因素，作為供需的調整。

　　市集可以依其週期時間 、 主要機能及市集定位 (market orientation)
加以分類。市集定位，可分為「水平的交易」(horizontal trade) 與「垂直
的交易」(vertical trade)。前者指在同一個區域內物品與食物由鄉村送至
都市的移動；而後者指物品與食物由一個區域的鄉村，送至另一個區域
的都市。Scott (1972) 根據上述的三個指標，在研究比較北奈及利亞鄉村
的定期市集時，將當地市集分為四大類：

（一）村莊與路邊市集 (village and roadside market)

　　市集每天都有，主要是銷售零售物品（包括急用物品），市集定位屬
於水平的交易。

（二）每週黃昏市集 (weekly evening market)

　　市集週期為每週一次，主要機能為銷售零售物品，屬於水平的交易。

（三）二日市集 (two-day market)

　　市集週期為每二天舉行一次，主要為零售業及初期批發，市集定位
屬於垂直的交易。

（四）每週白天市集與都市每日市集 (weekly day market, and urban daily market)

市集為每週一次在白天舉行的市集，以零售業和批發業為主，市集的定位為垂直的交易。

至於都市每日市集，一般位於北奈及利亞的省都，等同於區域的批發市場 (regional bulking markets)。週期為每天舉行，主要銷售物品為零售物品（急用物品）和運輸方面，也是屬於垂直的交易。

在農業社會，市集的顯著特徵之一為商人的移動性。Mckim (1972) 在非洲迦納的研究中發現，商人巡迴於東北迦納市集，通常一個商人會到幾個市集，每天平均到市集的距離約為 25～50 哩，雖然是不算短的距離，但他們幾乎每天都回家過夜。商人對市集的選擇大致基於銷售量、價格、運費和社會因素。至於一個商人要到多少市集銷售，則根據他們所提供的物品種類而變化，在許多定期市場中，這是個很普遍的特徵。

第三節　都市間的移民

都市之間人們的流動多屬於短時間的旅程，而且各有不同目的。只有一小部分屬於永久居留的移民。在進步的工業國家，戰後鄉城移民幾乎停頓，因為這些國家的人口已多集中在都市，鄉村地區幾乎沒有過剩人口可遷出，反而是都市之間的移民較為常見。在工商發達的社會，由於居住與工作需要，經常進行都市間的遷移。地理學者對於都市間移民的研究，主要側重在下列三方面：

一、遷移的空間形態

都市間移民的空間形態分析，可以很清楚看出圍繞在不同大都會的「移民場」(migration field)。大都會就像強大的磁鐵，吸引來自廣大區

域及許多中小都市的移民，這些移民的來源地在空間上構成就如同磁鐵的磁場般，稱為移民場。從這些移民空間的形態，可以分辨出各種不同大小都市的移民場。Brown 等人 (1970) 曾對美國 100 個最大都會區在 1955 年～1960 年間的移民形態作分析，得到都市間移民的結論。該研究確認距離在移民過程中，具有很重要的影響力，除了少數的例外，都會區的移民幾乎都來自鄰近都市的移民。值得一提的是，有些都會區吸引來自較遠距離都市的移民，舊金山就是個很好的例子。舊金山都會的移民場向北可到西雅圖，向東到卡羅拉多州的首邑丹佛，向南則到達聖地牙哥，與洛杉磯都會的移民場重疊競爭。

　　都市間移民的空間形態的另一個特徵是具有階層性。一般由較中小都市移至大型都市的移民數，遠遠大過由大都市至中小都市的移民數，呈現極為不對稱的交流。

　　常用來預測都市間移民及其他空間互動數量的模式為重力模式。在社會科學中重力模式的典型形式為：

$$I_{ij} = \frac{(kP_iP_j)}{D_{ij}^b}$$

I_{ij}：i 與 j 市的互動量

P_i, P_j：i 市與 j 市的大小（人口）

D_{ij}：i 市與 j 市的距離

k, b：為參數

　　在重力模式中，呼應了 Brown 等人的研究結果，距離在都市間移民與其他互動中，扮演著重要的摩擦效應。

二、影響遷移的原因

　　造成不同都市間移民的主要因素，不外乎推力與拉力因素。推力迫使人從某個都市遷出，其因素包括：經濟因素，如失業率、所得水準及生活費用。對於景氣不好、失業率高漲的都市，居民長期找不到工作，只好遷移到較多工作機會的都市。這種情況容易發生在某些專業機能的都市，如紡織工業的都市，一旦該市失去競爭力（可能工資過高或其他因素），導致紡織業的減少或移出，這時大批的紡織工人會因失去工作，另尋其他工作或遷出。中國東北傳統一些老牌的重工業都市，因無法及時調整以適應時代的改變，造成龐大的失業人口（當地稱為下崗人口），還曾導致數萬失業人口抗爭（在管制嚴格的中國社會中相當不尋常），顯現出失業率在都市中的嚴重性。也有不少人遷移的經濟原因，是為了找到更好的待遇與生活費用。

　　此外，還有一些社會因素，也會構成一個都市的推力，例如：生活品質、犯罪率、人口密度及服務品質。這些造成都市推力，迫使人口外移的社會因素中，生活品質惡化與犯罪率上升，可能是一般人最關心的。許多人搬離某個都市，常是因居住品質不好，環境品質惡化（如汙染、交通擁擠），及犯罪率不斷上升，使居民缺乏安全感。

　　另一方面，有些都市會產生強大拉力因素，把移民吸引過來。同樣的，拉力因素也可分為經濟與非經濟因素。經濟因素好比較好的居住環境、工作機會多、所得較高及較好的工作環境等；非經濟因素，如治安良好、環境乾淨、教育設施及氣候良好等，都可以吸引移民。最典型的例子為美國陽光地帶的都市人口快速成長，很多由北方較寒冷地區的都市遷移過來。洛杉磯位於加州，屬溫帶地中海型氣候，晴朗而溫和的天氣，吸引眾多國內與國際移民，使洛杉磯人口快速成長，趕上了芝加哥，成為美國第二大都會。

　　不管是推力或拉力因素，經濟常是都市間人口遷移的最重要因素，特別在較窮的發展中國家，經濟因素更具有決定性的影響力。即使在進步的工業國家，經濟因素也常是都市間移民的最重要因素。Demko (1974) 曾對加拿大安大略省南部的都市，共 159 個居民進行調查，結果主要是所得機會 (income opportunities) 主導著移民對欲移民都市的形象。

　　經濟因素的重要性，可以解釋大都市為何吸引來自較小都市的移民。一般大都市具有非常發達的第三級產業，如商業與各種服務業，產生龐大的就業市場，所以即使大都市可能交通擁擠、空氣品質較差、犯罪率較高及生活費用昂貴，仍然吸引大量的移入人口。諾廉 (Northam, 1979) 根據一些指標，包括經濟、社會、健康及教育、政治與環境的組成要素，綜合評估美國都市的整體生活品質，作為適合居住的評比，結果生活品質最好而適合居住的都市，主要分布在西海岸及大湖區。就個別都市而言，最好的是奧利岡州的波特蘭 (Portland)，其次為加州首邑薩克拉門托 (Sacramento) 及華盛頓州的西雅圖。而一些大都會，如紐約、洛杉磯和芝加哥等排行較低。非常諷刺的是，被評為整體生活品質最好且適居的波特蘭與薩克拉門托，人口成長卻很緩慢，反而評比較差的紐約、芝加哥與洛杉磯等大都市，人口成長卻較快速，也是移入人口較多的都市。主要癥結乃在於經濟因素，紐約等大都市的就業機會多，經濟要素特別強，但其他項目較差而被拉下來。這一點也凸顯出經濟因素在都市間的移民中，占有決定性的地位。

　　在經濟快速發展的年代，臺北都會也是另一個例子，臺北都會居住擁擠、交通阻塞、空氣汙染嚴重、治安也較差，而且生活費用特別高，以房價為例，臺北市平均房價是高雄市的三倍以上，更遑論其他較小都市。雖然充滿了這些負面推力，但當時的臺北都會區，卻還是人口成長最快的地區，其移民場遍及臺灣本島及離島的澎湖、金門、馬祖等地。換句話說，不但是中小都市人口移往臺北都會，甚至一些大都市，如臺

中市、臺南市、高雄市，也都有不少的人口移居臺北都會，最主要還是經濟因素。當然，其他一些生活機能的優勢，如較多的學校、購物商店及娛樂場所等，也有相當的影響力，但相較於經濟因素，這些只能算是加乘作用而已。

三、人口遷移對都市的影響

都市間的移民對於人口淨移出或淨移入的都市，不論在所得與就業上都會產生衝擊。人口的移入會誘導一個都市擴大其就業機會，具有雙重意義：一都市的人口移入，反映出其經濟機會的成長；另外，移入人口也可進一步誘導都市經濟的成長。

一般認為，一個高度失業都市或區域人口的移出，可以減輕人口壓力與降低失業率。不過，Vanderkamp (1970) 對加拿大都市的研究卻得出相反的結論，他的解釋是，即使是失業人員也要維持其生活的開銷，所以當他們遷離時，移出區（都市）也跟著少掉這些消費。以加拿大東部的濱海省 (Maritime province) 為例，每 5 個失業人口遷離濱海省會，產生 2 個新的失業人口。在 1966 年～1971 年間，加拿大三個最大都市，多倫多、蒙特利爾 (Montreal) 與溫哥華吸引了加拿大來自國內外總移民的 60%。Vanderkamp 進一步把加拿大都市移民與都市發展的關係，歸納出幾個特徵：首先，在第一階段，10 萬人至 15 萬人的較小都市，一般從同一省分其他非都市的郡，吸引移入人口；在第二階段，當都市大小達到 30 萬人時，這些都市主要從其他都市吸引移民；到了第三個階段，當都市超過 30 萬人的水平時，開始吸引相當大量的國外移民及國內其他都市移民；三個主要都會區呈現不同的人口移入形態，多倫多主要為外國移民，蒙特利爾的移民主要來自魁北克省其他非都會區，溫哥華則從其他都市及部分國外地區（主要為亞洲地區）。總體來說，都市愈大吸引的移民數愈多，發展也愈快。這點對於北美洲國外移民較多的都市尤其

如此，如北美西海岸的洛杉磯、舊金山及溫哥華，不但吸引美加國內的移民，而且大量吸引了亞裔移民，除了少數難民移民外，由於美加採取「選民」的移民政策，也就是申請移民美加者，大部分都具備相當程度的教育或社經背景，所以移民到這些都市不但帶來人才技術，還帶來投資的資本，對當地都市的經濟發展與就業機會增加，幫助甚大。澳洲一些大都市，如雪梨、墨爾本，也有類似的情形。

有一點值得一提，加拿大的蒙特利爾原本是加拿大最大的都市，但由於魁北克省政府實施「法語政策」，規定非英語裔的移民，其後代都得進法語學校，但在北美近三億人口中，使用法語的只有在魁北克省，約600多萬人，一般國外移民還是希望子女接受英語教育，將來有較好的語言競爭優勢，此一語言政策讓許多移民裹足不前，甚至導致原本住蒙特利爾的非法語裔移民與企業移出，結果使蒙特利爾的發展受到很大的影響，遂被多倫多趕上，變成加拿大第二大都市。多倫多因人口大量移入，工商業發達，成為加拿大第一大都市。從這個例子也可以看出，有時移民對一個都市的發展，具有很大的影響力。

第四節　都市間的互動與空間擴散

一、都市間的互動

在已發展國家都市間的互動，遠遠超過鄉城間的互動。都市間的互動大致有三個主要旅程目的：

（一）為購物或取得服務的旅程

在工商發達的社會，都市間為購物與取得服務而進行的互動，是都市間的互動中，最常見的一種。都市間貨物的流動受許多因素影響，首先是交通條件，它直接影響到運送時間與金錢（運費）。交通愈快速方

便，則可減少運輸時間與成本，對於都市間貨物的互動有莫大的幫助。此外物品在不同都市間的價格差，也是影響兩都市間物品互動的另一個重要因素。如果兩個都市間一種物品的價差大於運費，則較低價格的都市可透過貿易，把物品送到較高價格的都市。反之，即使兩個都市間某物品有價格的差異，但其差距小於運費，則該物品的流動無利可圖，不易產生該物品的貿易。

（二）商務的旅程

各種公司、金融機構及其他企業或生產單位，常在不同都市間有業務上的往來，如開會或出差從事與業務有關的活動，這在現代工商業社會是非常普遍的現象。一些較大的機構，包括政府與民間企業，通常會在不同都市設立分機構或子公司，以擴大業務範圍。為了業務需要，同一公司或機構內的各子公司或辦公處，彼此之間必然有非常密切的連繫。當然，現代通訊的發展下，相當大部分的聯繫可藉由各種通訊工具，如電話、電子郵件、視訊會議、手機、傳真等達到目的，但還是有相當部分須經由面對面的接觸，例如業務考察或一些重大事情的溝通。

（三）個人目的旅程

一般市民為了個人目的所作的旅程，往往也是構成都市間互動很重要的部分，特別在較富裕且交通方便的地方，這種個人目的的旅程更為常見。這些個人目的的旅程，包括到別的都市去探親訪友或純粹觀光。但也可能是多目的，即探親訪友的同時也進行觀光或購物。

都市間的互動，不管是上述的哪一種目的，其頻率與數量主要受到幾個因素影響：首先，是都市的大小。都市間互動的量與都市大小成正比，因為都市愈大，人口愈多且各種企業也愈多，則大都市間的互動自然就較頻繁；其次，距離也是影響二都市間互動量的重要因素，一般距離會產生摩擦效應，距離愈大互動的量會愈少。反之距離較近，則互動量就較多。不過，距離所產生的摩擦效應，視不同目的的旅程而有所不

同。例如，對商務旅程的影響，就不如對個人目的的旅程大；第三個影響因素為經濟發展與個人所得的水準，在經濟發達且個人所得較高的國家，都市間的各種互動較多；最後一個因素為交通運輸。交通愈發達的地方，常常也是運費較低、且方便省時的地方，使距離所產生的摩擦效應大幅降低，有利於都市間的互動。

從各都市間主要交通工具的路線、班次與運量等的空間分布形態，可以明顯看出各都市間互動的形態與都市體系結構。以美國為例，芝加哥是美國最大的鐵路中心，由芝加哥可藉鐵路連繫各主要都市，表示在早期美國以東北部與五大湖區為最大發展中心的時代，芝加哥是鐵路的樞紐，也是都市間互動的最大中心之一。若以航空為例，紐約、洛杉磯與芝加哥是美國三個最大都市，其飛機的班次與乘客數也最多，幾乎美國國內外航線都可以到達上述三個都市之一，形成航線空間分布的三大集結點。臺灣也是一樣，以國內航空為例，臺北與高雄的互動量最多，飛機班次最密集，最多時曾達到每天一百多班次。其他交通工具亦然。從這個事實可以印證上述的論述。

二、空間的擴散

都市之間各種事物與創新 (innovation) 的擴散，如連鎖店、觀念、流行、技術改變等，可視為另一種型式的空間互動。空間的擴散在都市體系中，有以下列三種方式：

（一）蔓延式擴散 (contagious diffusion)

這種擴散如波浪般從中心向外傳送，其接受量由源點向外，隨距離增加而遞減，且接受時間也較晚（圖 13-3）。一些事物創新如果不需要較高的條件就可接受，很容易產生蔓延式擴散，由較大都市（源點）經由頻繁的接觸，自然擴散至鄰近的較小城鎮。但是，如果需要某些條件才能接受的，則即使距離源點很近的小鎮也無法接受。例如臺北市自外

國引進的高級百貨公司，如遠東百貨公司，到目前為止卻還沒有擴散至鄰近桃園的楊梅區。

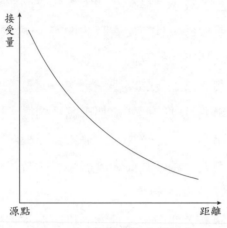

圖 13–3　蔓延式的空間擴散

（二）階層式擴散 (hierarchical diffusion)

這種擴散呈跳躍式，大部分是循都市體系由大都市擴散至中都市，然後小都市，最後到各鄉鎮地區（圖 13–4）。一般需要某些條件的事物常規階層式的擴散，如高級百貨公司與量販店必須有一定的人口數與購買力，達到維持其商閾以上的銷售量，才能接受這種事物的擴散。一般需要較高技術性或較大規模的事物，常依循階層式的擴散方式。即使是一些年輕人的流行，也常循階層式的擴散方式，例如由外國引進的奇裝怪服或染髮的流行，可能先在臺北都會流行，接著傳至高雄、臺中、臺南等較大都市，而不是較近臺北市的一些小城鎮，如苗栗市。主要原因為較小城鎮一般民風較保守，傳統習俗仍具有相當的約束力，使當地的年輕人不敢輕易嘗試，須等到臺灣各大中都市流行了一段時間之後，才能慢慢被這些小城鎮所接受。

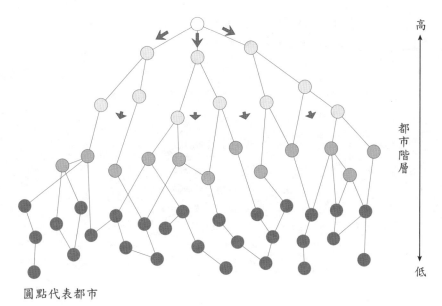

圓點代表都市

資料來源：Abler, 1971。

圖 13-4 階層式的空間擴散

（三）側向擴散 (lateral diffusion)

在同等級都市間作側向平行擴散，如由 A 都市擴散至同等級的 B 都市，然後再從這些都市產生蔓延式或階層式擴散。

上述的各種擴散方式，可以在任何都市體系中同時運作，例如，創新可能在與創新中心同階層的都市間擴散，同時也可能透過蔓延式擴散向鄰近城鎮傳遞，或是透過階層式擴散往不同階層的都市擴散。

MEMO

第14章 都市在區域發展上的角色

第一節 概　說

　　由於戰後快速的都市化，特別在發展中國家，不同學門的學者，如區域科學者、經濟學者、地理學者和計畫學者，開始認識到都市在區域發展中的重要性。多年來，以「都市區域」作為標籤的發展策略一直盛行於西方國家。這些策略後來被許多發展中國家採用，並加以修正成為一系列的區域發展計畫。雖然這些實施於發展中國家的區域發展策略，在廣度與強度方面各有不同，但它們普遍面臨著三個共同的政策問題，即：發展的區域差距、城鄉差距及大都會的無限蔓延 (Gore, 1984)，這點在下面會詳細討論。許多發展中國家規劃區域發展政策的目的，都是希望能減輕上述的問題。一般的認知是，都市本身可以作為區域發展的策略工具，用以帶動區域發展及減輕區域與城鄉之間發展差距的目的。可以理解的，這種策略的成效證之於各國的發展結果，充滿了爭議性。不管如何，顯然在發展中國家的區域發展中，都市扮演著關鍵性的角色。這樣的概念產生了一個被廣泛接受的觀點，認為鄉村的發展，至少是鄉村的福祉，相當部分決定於都市地區。陶德 (Todd, 1983) 甚至傾向主張鄉村的發展，是都市發展的一個因素，也就是鄉村是都市正面效益擴散效應的接受者，因此鄉村發展愈快速，可以間接證明都市效益擴散的影響愈大。故如果一個區域發展分析者從國家經濟發展中，城鄉的向度來

思考，可能會比把都市發展當作是都市本身事物的看法，成果更為豐碩。
Egan 與 Bandich, Jr. (1986) 也持類似的觀點，認為對於都市成長的評價，
不管是正面或負面的，應該從其是否能提升一個國家的經濟機能效率，
與平衡發展作為衡量，會比僅對都市發展本身作為評估依據更具意義。
Miller (1971) 甚至曾嘗試建立一個可以解釋城鄉關係的模式，但並未十
分成功。

綜合各學者對於都市與鄉村的區域發展關係，大致有以下二個極端
的看法：

（一）認為都市可以對鄰近鄉村地區產生淨的正作用

也就是都市發展可以帶動附近鄉村地區的發展，包括經濟與非經濟
層次。這點下面會詳細討論。

（二）認為都市的發展會帶給鄰近鄉村地區淨的負作用

持這個觀點的以「新馬克思主義」的學者為代表。他們認為都市的
發展，反而會吸走鄉村發展所需要的資源，包括人才、資金及其他，使
鄉村地區被剝削，導致鄉村更貧困。這種情形在發展中國家尤其嚴重。
新馬克思主義學者認為，發展中國家的都市，比較像寄生蟲而不是生產
性都市，因此都市的發展無助於扶持較貧窮的鄉村地區。許多的區域發
展理論也持相同的論點，如依賴理論即為一例。

第二節　都市系統對區域發展的影響

都市系統 (urban system) 透過下列兩種機能，影響區域的發展：

一、區域內都市機能 (intra regional urban functions)

把都市當作個別區域內各地區之間互動的節點 (nodes) 及對都市腹
地提供服務的地方。其所提供的機能，由於服務與物品的移動性受到限

制（如提供中地服務的學校、醫院或雜貨店等市場區域），導致其市場或服務區通常侷限在較狹窄的區域。在這個範圍內，實際上所有的需求均由同一個都市或中地提供，超過了這個範圍，則由其他都市提供相似的物品與服務。不同階層的中地重疊在空間上，從局部性階層到全國性階層，主要視其所提供物品與服務的市場範圍與種類而定。

　　在這樣區域內都市（中地）機能的基礎上，一個都市的成長，將視其對潛在腹地的運輸易達性而定（它決定了市場區域範圍）；同時也視腹地活動的專業性與互補性程度而定，因為這二個特徵影響到都市交易與服務的機能；還有與腹地活動的需求和生產力有關，因它決定支付中地服務的能力。

　　對於整個區域的發展，問題不僅在都市本身的成長而已，更重要的是，都市成長的同時，可以提升腹地發展到什麼程度。腹地的發展可以透過腹地對中地（都市）提供物品與服務（如農產品、原料或娛樂機能）所產生的所得轉移促成。腹地發展也可能是因都市本身的發展，所導致的地價與工資上漲，迫使工業外移至腹地，促使腹地的發展。

　　根據區域內機能因素產生的都市與腹地發展，是相當緩和的，相對的如果是基於區域外機能 (extra regional functions) 產生的都市與腹地成長，將會更加快速。

二、區域外都市機能 (extra regional urban functions)

　　區域外都市機能是根據個別都市對整個國家所扮演的角色，以及與其他區域和都市之間的互動。這些互動包括物品、資訊、資金、技術和社會創新 (social innovations) 等流動，以及決策權力等因素。這些流動不僅發生於個別區域內，也產生於不同區域內。如果這些流動都由起點（出發地）直接到迄點（目的地），則所需要的運輸網路成本太高。因此較小中心傾向先集中到較大中心，然後由較大中心之間進行互動。結果，大

部分的流動均透過一個國家的都市體系進行運作。

從這個觀點看，都市可作為腹地產品送往全國或國際市場的收集與轉運中心；相反的，它也可作為腹地所需的其他區域設備的分配中心。甚至都市本身也常成為全國或國際市場中，需求製造商品與服務的生產者和消費者。通常都市可先從區域外透過報紙或各種媒體得到資訊，再將資訊傳播出去到區域內各地方。這些資訊例如：透過銀行設施得到的投資金額、透過教育與訓練機構所得到的技術創新，及透過公共辦公機構得到的有關政治與行政事物。

上述區域內與區域外的都市機能，二者可能同時並存於都市中，而且機能運作上常相互關聯，逐漸產生獨立自主性的發展（通常根基於區域外都市機能的基礎），然後傳遞至都市的腹地（透過區域內都市機能），產生一個成長極 (growth pole)。

上述流動的形態和方向，視一個都市相對於其他區域都市與腹地的經濟結構而定。在低度發展的區域，輸出區域的通常是未加工或半加工的原料，而輸入區域的則是消費性或資本性的製成品、技術與組織人才。雖然這個區域的經濟與人口可能會擴張得很快，但由於其成長主要是基於少數原料，過度依賴外部因素（如外在的需求和其他外在因素），結果常使區域的發展被外在需求與供應的起伏所操縱。可能的解決之道是多樣化其經濟基礎，如在原料輸出之前先進行加工製造，以發展多樣化的產品種類，並提高產品的價值；或是在區域內生產所需的消費品取代輸入品。對於這二種機能以及訓練所需要的人才、資金的流通與加強制度和執行的機能，對新開發地區的都市中心發展上是必要的。

在蕭條區域 (depressed regions) 上述的機能，不管是區域內或區域外的都市機能皆較不顯著，與其它地區也較少密集的互動。它們通常是產品的輸出者，不過外面世界對其產品的需求，只呈現緩慢增加或甚至減少。而其輸入物品卻因人口的購買力較小而阻塞不進，增加非常有限，

甚至萎縮。其人口與資金通常呈現滯留或增加緩慢（因傳統結構），卻穩定移向其他可以提供更好機會的區域。對於提升蕭條區域發展的策略，經常採用活絡與其他區域互動的方法，然後將這些互動轉移成有利於蕭條區域發展的互動。這些方法包括：

（一）加強人口移出以調節區域人口的大小，減輕區域的經濟負擔

這個負面性較高的策略，很少會被完全採納，因為具有政治的效應，而且其效果有時會適得其反，也就是移出人口反而可能導致更多的失業人口。如加拿大濱海省的實證調查，支持了這個論點（見第 13 章）。

（二）增加區域內輸出商品的生產量

藉此方法改進區域的輸出基礎部門（通常為製造業商品）。

（三）合理化區域內部結構

以便用較低成本且較有效率的方式，提供區域間的物品與服務的交流。這個策略意涵著區域內聚落與生產活動的空間形態改變，方法像是把分散的中地集中於少數主要中心（特別在蕭條的農業地區）、實行土地改革、重組製造業活動以改善其效率，或是減少可能影響生活品質的負面環境衝擊。對於這些策略，都市在尋求製造業和中地機能的可能地點上，扮演著關鍵性的角色。

至於主要都會區的問題，一般不是缺乏發展，而是過度密集發展與擁擠的問題。主要都會區通常是輸出較高層次的物品與服務，給國內其他區域或國外的市場。大部分情況是，這些主要都會區是全國政治和行政權力中心，而且也是資金、技術、高品質勞力、企業人才等的主要來源地。這些有利條件的組合，提供主要都會區加乘作用，使其長期較其他區域更具有競爭優勢。不過在下列的情況下，這些主要都會區的成長會緩慢下來：

（一）當經濟或社會成本因過度擁擠，超過其聚集產生的效益時。

（二）都會區發展受到邊緣地區不景氣的影響，導致邊緣地區減少對都會區的資源投入與，且對都會區產品需求的市場也萎縮，使都會區的成長逐漸減緩。

（三）若都會區相對於其他區域發展得太快，常會受政策上的抑制。

第三節　與都市有關的區域發展理論

一、成長中心理論 (The growth-center theory)

成長中心理論源自法國經濟學家貝隆 (F. Perroux) 的成長極觀念 (growth pole concept)。貝隆的成長極觀念是針對當時流行的新古典區域發展理論 (neo-classical theories of regional development)，提出不同的看法。這些新古典區域發展理論屬於平衡模式 (equilibrium models)，強調經濟的市場機制可以產生一種機械力 (mechanism)，減少系統內差異的作用 (Maruyama, 1963; Thomas, 1972)。換句話說，經濟的運作自然使生產因素產生自由流動，最終導向一個最適合的區域平衡狀態，不必借助於政府的干預。例如，當一個區域較其他區域發展得快時，慢慢會產生較高地價、較高工資、擁擠及其他不利因素，使投資流向鄰近地價與工資較便宜的區域，逐漸減少區域間的差距。

然而，貝隆的成長極觀念，最主要的理論要點為：首先，經濟的發展在空間上是不平均的，有的地方因條件較優越發展得較快，而有的地方則發展得較慢。那些發展相對較快的地方，慢慢形成成長極 (growth pole)。這種主張不平衡發展的觀點，被稱為「不平衡模式」(disequilibrium models)。

其次，成長極如何產生呢？貝隆認為是由「發動型產業」

(propulsive industries) 所促成。所謂發動型產業具有幾個特徵：

（一）必須是成長快速的產業。

（二）市場廣大，最好具有全國性或國際性市場。

（三）與其他產業間的產業關聯 (industrial linkages) 相當密切且廣泛。

這些發動型產業可以透過產業關聯產生「向後連鎖效應」(backward linkages effect) 與「向前連鎖效應」(forward linkage effect)，如圖 14-1 所示。假設發動型產業由 A、B、C 等產業輸入其生產所需的投入 (inputs)，而其產品（產出，outputs）則輸出給 D、E、F 等產業，作為另一種產業生產所需的投入。這種產業間的供需關係構成了產業關聯，當發動型產業成長後，對 A、B、C 等產業的產品（產出）需求自然增加，有助於 A、B、C 產業市場擴大，直接刺激 A、B、C 產業的成長，這種作用稱為「向後連鎖效應」；同樣的，當發動型產業成長後，產生了規模經濟效益，使單位成本降低，反映到售價也跟著降價，對於需求發動型產業產品（產出）的 D、E、F 產業，其投入成本減少，間接有利於 D、E、F 等產業的成長，這種作用稱為「向前連鎖效應」。透過這種向前與向後連鎖效應，當發動型產業成長時，可以同時帶動 A、B、C、D、E 及 F 等產業同時成長，產生「滾雪球效應」(Snowball effect)，促進許多產業的成長。

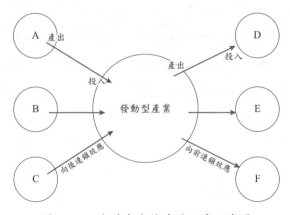

圖 14-1　向前與向後連鎖效應示意圖

　　值得注意的是，貝隆的「極化發展」(polarized development)（也就是不均勻發展）　觀念主要是建立在抽象的經濟空間 (abstract economic space)，或稱為「機能空間」(functional space) 上。對貝隆來說，成長極理論面臨的主要問題是如何解釋經濟的結構性改變 (Blaug, 1964)。雖然貝隆在其成長極觀念中，並不完全排除地理或實質空間 (geographical or physical space)，但顯然的，他強調的是抽象空間，因他認為地理空間使其理論中的經濟力量 (economic forces) 運作受到侷限。

　　貝隆對空間的認知，使其成長極觀念無法直接應用到區域發展的策略上 (Hansan, 1972)，因為成長極與其所帶動的其他產業之間可能相隔千里，而不是地理空間上的鄰近地區。例如，西亞地區在戰後因石油開採及煉油工業的發展，透過機能空間的運作，帶動的卻是數千里外的歐洲、美國及日本相關產業的發展。

　　針對貝隆成長極觀念這種非空間性 (aspatial) 的特點，許多區位（空間）經濟學者、地理學者、區域學者，把地理空間的概念注入貝隆的成長極觀念加以修改，產生了「成長中心理論」(growth-center theory)。

　　在成長中心理論中，貝隆的發動型產業概念，變成空間上具有發展潛力的都市 (Boudevilly, 1966; Nicholls, 1969)，而成長極理論的其他產業（即 A、B、C 等產業）轉變為成長中心（都市）鄰近的廣大鄉村腹地 (hinterland)。簡單來說，貝隆成長極中的部門過程 (sectoral process) 轉變為空間的過程 (spatial process)，也就是由可以誘導經濟成長的發動型產業，變成一個帶動其他地域發展的地方。

　　因此，原本成長極觀念中，發動型產業與其他產業之間的產業關聯，也跟著轉變成「成長中心」（都市）與附近腹地之間的關係。對於成長中心與腹地之間互動的關係，有二派截然不同的看法：一派的學者認為，成長中心的成長可以對腹地產生「正作用」，也就是成長中心的成長可以帶動腹地發展。比方說，當成長中心成長時，會增加對腹地的原料或產

品需求；提供腹地勞力更多的工作機會；成長中心的一些機能（工業、
居住、商業、娛樂）會因成長中心的發展，產生不利生存的因素（如地
價上漲，空間缺乏）而往腹地擴散，這些均有利於腹地的發展。這種正
作用不同的學者常賦予不同的名詞，如麥德爾 (Myrdal, 1957) 稱為效益
擴散效應 (spread effect)，而希爾斯曼 (Hirschman, 1958) 則稱其為「涓滴
效應」(trickle-down effect)。

　　另一方面，有一派學者的看法剛好相反，認為成長中心（都市）的
成長會導致腹地相對落後，這並不表示腹地在絕對量上沒有發展，而是
指腹地發展得很緩慢（當然有些情況也可能留滯沒什麼發展，甚至絕對
量上的減少），相對於成長中心的快速發展，兩者之間的發展差距會愈來
愈大。產生這種現象的理由為：成長中心的快速發展，把腹地的資金及
人才，往往是腹地人口較年輕力壯或較有技術性或接受較高教育者，吸
引到成長中心（都市），導致腹地發展所需要的資金與人才更為缺乏，對
腹地的發展極為不利；成長中心與腹地間物品的交流往往是不對稱的，
一般較有利於都市（成長中心）而不利於腹地。傳統上，腹地的產品屬
於附加價值 (value added) 較低的原料或便宜的加工品，而成長中心的產
品多屬較高附加價值的製造品或服務，因此交流的結果反而是成長中心
獲利較多，使兩者的所得差距擴大。這種負作用麥德爾稱為「反吸效應」
(backwash effect)，而希爾斯曼則叫做「極化效應」(polarization effect)。

　　由成長中心理論所衍生出來的　「成長中心策略」　(growth center
strategy)，在 1970 年代時廣泛地被已發展或發展中國家採用，作為區域
計畫的依據之一，用來縮短區域之間的發展差距。在這個策略中，常利
用加強已存在都市的機能，或建立新市鎮作為成長中心。換句或說，都
市變成區域發展策略的重要工具，其成效如何？後面會詳細討論。

二、工業都市假說

工業都市假說 (Industrial-urban Hypothesis) 為蘇舒 (Schultz, 1953) 提出，他曾在美國幾個州的幾十個郡 (county) 作調查研究，結果發現這些郡的經濟發展，包括農業發展，與當地的自然條件，如地形、氣候、水文、土壤或植被等關係較低，反而是與大都市的相對區位 (relative location) 關係較高。郡的發展與大都市呈現「距離遞減」效應 (distance-decay effect)，也就是愈靠近大都市的郡發展愈快，而愈遠離大都市的郡儘管其自然條件較好，發展也會較緩慢。蘇舒把這個概念稱為「遲滯假設」(the retardation hypothesis)，歸納起來可分成三個部分：第一是經濟發展發生在某特定的區位矩陣 (locational matrix)；第二，這些區位矩陣的組成主要為工業與都市；第三，已有的經濟組織，在某特定經濟發展的矩陣中心或鄰近地方運作得最好。

一言以蔽之，工業都市假說很明確地把鄉村的繁榮，特別是農業部分，聯繫到其與都市中心的距離。理論上，都市中心一方面可以有效率地分配勞力、資金和土地的供應，另一方面，它也可以吸收鄉村的產品。結果靠近都市中心的農業，可以從較大的投入回饋中得到較高的利益，例如因為接近都市中心，土地得以增值；有較多較有訓練的勞力可增加生產力；較多資金的投入而得到較高的收益；還有因靠近都市，使其產品較容易銷往都市市場。綜合起來，接近都市中心的農業，較有條件可生產價值較高的精緻農業，以迎合都市居民的需求。除了農業之外，愈接近大都市的鄉村地區，還可以從都市得到許多非農業的所得，如鄉村居民到都市工作，或者都市的工業與商業向鄰近的鄉村地區擴散，直接把工作帶入鄉村。結果使接近都市的鄉村地區一般所得較高，也較有能力更新生產工具，提高生產率，形成良性循環。

Nicholls (1969) 曾以南加州、喬治亞州及田納西州等作為個案研究，

根據 1860 年至 1950 年的資料，結果大致印證蘇舒的理論，即愈接近都市的鄉村，其農業生產力愈高，經濟發展較快，所得也愈多。

　　蘇舒原始的觀念中假設，都市的力量主要源自於工業活動的集中，這是工業都市假說中的中心論點。後來都市的服務機能也加進了工業都市假說 (Taurianen and Young, 1976) 中，使其與成長中心理論產生很大的不同。如前所述，成長中心理論基本上是基於所謂的「發動型產業」，毫無涉及服務的機能。成長中心理論對服務部門的忽略，顯然與現實不符。比方說，戈特曼 (Gottman, 1974) 認為，目前大都市成長的主要動力來自知識經濟產業 (knowledge industries) 的成長，而不是第二級的產業活動。陶德與薛益忠 (Todd and Hsueh, 1988) 在其對 「臺灣經濟發展之空間意涵」 的研究中發現，臺北都會區第二級產業的成長率減少，但其經濟成長，包括平均個人所得，卻比其他區域快，主要是因為服務業的快速成長。因此，成長中心理論認為一個沒有重要工業的較小都市中心，不能被視為是成長中心；然而，在工業都市假說中卻可將該都市看成是可能帶動鄉村發展的主導媒介。例如，這些都市中心可以提供鄉村居民非農業的工作機會，因而增加鄉村地區每戶的所得。

　　總而言之，工業都市假說的基本觀念，是都市對鄉村地區會產生正面的衝擊；而這個影響隨與都市中心距離增加而減少。從某一個意義看，都市地區的繁榮與鄉村地區的繁榮，彼此之間呈現互補而非競爭的關係。雖然這些都市中心到底可以產生多大的效益擴散效應，仍然有些爭議，不過很顯然地，一般認為鄉村在某方面上，是都市發展的受益者。即使是較小的城鎮也有助於鄉村經濟的轉型，它們作為鄉村地區的行銷、服務、商業、加工、運輸、分配和通訊的中心，而且也是小型製造業、創新擴散與社交互動的中心。基於這樣的認知，加強中心都市機能，常是區域發展計畫中用來縮短城鄉差距的工具。

三、傅里德曼 (Friedmann) 空間發展階段模式

　　傅里德曼對於空間發展所提出的模式，最大的特點是他把區域（空間）不平衡發展的問題，與都市化過程及都市和腹地之間的互動相連接。換句話說，他從都市化與工業化的角度，探討空間發展的變化，強調都市化與工業化是促成區域發展的關鍵要素 (Friedmenn and Alonso, 1964; Friedmann, 1959)。傅里德曼設計了描述性的四階段發展模式，作為針對不同都市化階段的回應 (Friedmann, 1966)（見圖 14–2）。

（一）前工業時期 (pre-industrial phase)

　　在這開始的階段，工業化還沒開始，都市化程度非常低，僅有一些獨立的小都市中心散布在廣大的區域。基本上屬於農業的經濟，空間發展的差異性很小，大致上為平衡發展 (balanced development)，不過，由於整體經濟不發達，呈現均貧的現象。

（二）開始工業化時期 (a period of incipient industrialization)

　　這個時期由於工業化開始，導致都市化加快，其中條件較好的都市發展得特別快，慢慢形成首要都市，控制了整個廣大的區域，為單一核心結構：這時候空間系統變成不穩定，反吸效應開始盛行，造成區域差距 (regional disparity) 擴大。

（三）轉型時期 (transitional stage)，又稱工業化時期

　　這時期的發展慢慢轉向成熟期的過渡階段。這時空間上仍然由首要都市控制，反吸效應依然存在。不過一些次核心都市開始出現，而效益擴散效應也開始增強。雖然區域間發展差距還是存在，卻逐漸減少中。

（四）成熟時期 (a full-fledged spatial organization)

　　這時期由於高度工業化與高度都市化發展，中小都市也發展起來，形成相互依賴的都市體系，效益擴散效應盛行，區域間的差距縮小，形成一個平衡的空間結構，但與第一階段不同的是，這時期的空間發展屬於均富的平衡發展。

(一)前工業時期

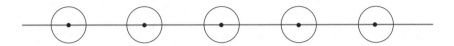

(二)開始工業化時期

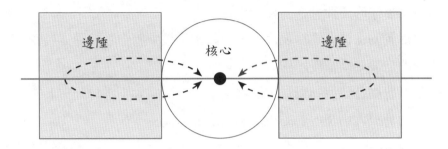

(三)轉型時期

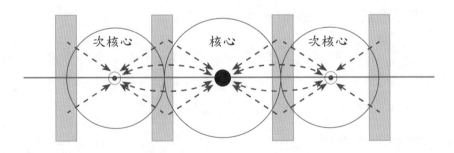

(四)成熟時期

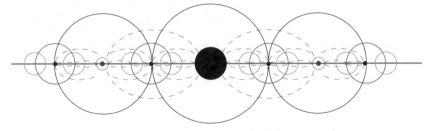

資料來源：J. Friedmann, 1966。

圖 14-2　傅里德曼空間發展階段模式

　　基本上，傅里德曼模式最重要的論點為，主要都會區不斷擴張成長，將會對鄰近區域產生催化性的影響 (catalytic impacts)，促進其成長。因此一旦都市成長，必然會因其對四周鄉村地區的衝擊，導致這些鄉村地區的轉型。根據傅里德曼的論點，這些轉型可以從下列轉變來判斷：

1. 社會與文化形態從孤立的「創新島」(islands of innovation) 轉變為完全現代化平面的空間結構演變過程。
2. 經濟活動的區位形態從現代經濟活動密集集中於中心，轉變為較疏散形態的空間結構演變過程。
3. 聚落形態從首要型轉變為中地體系中，較傾向大小均勻分布形態（如齊夫的等級大小法則）的空間結構演變過程。
4. 政治組織在作政治與經濟決策時，傾向由中央集權方式轉向分權系統的空間結構演變過程。

四、依賴理論 (dependency theory)

　　依賴理論為美國經濟學者佛朗克 (A. G. Frank) 根據發展中國家殖民經濟的發展經驗，特別是拉丁美洲的發展，根據新馬克思經濟學派的觀點，所提出的理論。這個理論的要點為經濟的發展在空間上可分為核心區 (Core areas) 與邊陲區 (peripheral areas)，核心區為經濟較發達的地區，而邊陲區為較遠離核心，經濟相對落後的地區。兩者經濟的互動，不管生產效率，產品的附加價值，邊陲地區都屬於較弱勢的地位，套用新馬克思經濟學者的說法，屬於被剝削者。這種「核心與邊陲」的概念可應用於國際層次，可用於國家層次，也可用在城鄉關係的層次。

　　傅里德曼與希爾斯曼 (Hirschman) 都認為經濟的發展在空間上呈不均衡發展，但這種不平衡可以透過政府政策的干預而加以糾正，基本上屬於較樂觀的看法，在城鄉互動的關係上，都一致認為都市可對腹地鄉村地區產生「淨正作用」(net positive effects)，蘇舒也是這樣的看法。但

佛朗克卻持相反看法，依據依賴理論的觀點，他認為第三世界發展中國家的都市是殖民統御的中心 (centers of colonial domination)；也就是剝削的媒介，而不是進步的催化劑。這個觀點使其質疑傅里德曼認為都市化是帶動發展的看法。在佛朗克的觀念裡，經濟的發展與低度發展，像一個銅板的兩面，因此核心區（如都市）的成長往往是犧牲邊陲區（如鄉村地區）而來。結果，使得核心區與邊陲區的發展（如以所得為指標）差距益形加大產生極化現象，即使政府政策進行干預，也無法改變 (Frank, 1966, 1970)。瑞典經濟學家麥德爾 (Myrdal) 也注意到存在於進步與落後區域間，經濟、社會和政治上的依賴關係。他進一步主張，這種關係對弱勢、低度發展的區域，較常產生不利的「反吸效應」而不是正面的「效益擴散效應」(Myrdal, 1957)。

　　麥德爾拒絕羅斯多夫 (Rostow) 發展階段理論中的論點。羅斯多夫認為低度發展是普世所有區域在經濟發展中必經的一個階段，雖然時間上可能是暫時的。麥德爾反而認為一個區域的低度發展直接與其他區域的發展有關，也就是佛朗克所謂的「低度發展的發展」(the development of underdevelopment) (Frank, 1966)。與傅里德曼及希爾斯曼不同的是，麥德爾認為經濟發展在空間上的不平衡情況，即使政府透過政策加以干預，也很難加以糾正，可說是較悲觀的看法。哈格德與麥伊兒 (Haggett and Meyer, 1981) 也提出成長中心（都市）與邊陲地區間的經濟互動，往往產生反吸效應，使兩者的差距加大。其論點如圖 14–3 所示，首先中心成長吸引了邊陲地區的人口移入；結果使邊陲地區的人口年齡結構改變、市場與購買力減少，缺乏對新工業的吸引力；最後，導致邊陲地區的就業機會減少，與中心的差距也就跟著擴大。

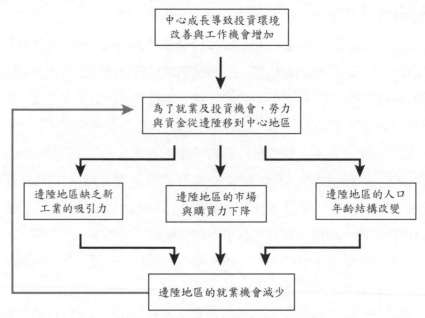

資料來源：Richard Haggett & Iain Meyer, 1981。

圖 14-3　成長中心的反吸效應

第四節　城鄉與區域發展的問題

在城鄉與區域的發展上常產生三個嚴重的問題，尤其是較窮的發展中國家，如下：

一、隨著經濟的發展，區域間的差距 (regional disparity) 擴大

如傅里德曼模式中的「開始工業化時期」，區域間的差距隨經濟發展而擴大。威廉森 (Williamson, 1965) 提出了一個「倒 U 字形假說」(inverted U-shape hypothesis)，又稱為「鐘形假說」(bell-shape hypothesis)，如圖 14-4 所示，最初經濟尚在較低度發展時期，區域間的差距很小；隨著經濟快速發展，區域間的差距快速擴大；接著經濟發展

到相當程度時，效益擴散效應增
強，區域間的差距開始縮小；最
後經濟到了高度發展時期，區域
間的差距縮小到與最初的時期
一樣，威廉森的倒 U 字形假說，
可以和傅里德曼的空間發展模
式相呼應。威廉森還提出了「威
廉森指標」(Williamson index) 作
為衡量區域間經濟發展差距的
依據，其公式如下：

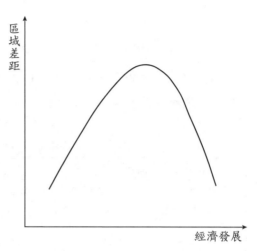

圖 14–4　威廉遜的倒 U 字形假說示意圖

$$V^w = \frac{\sqrt{\sum y_i - \bar{y}\frac{f_i}{n}}}{\bar{y}}$$

V^w：威廉森指標

y_i：i 區平均個人所得

$\bar{y}$：全國平均個人所得

f_i：i 區人口數

n：全國人口數

　　若 V^w 的值愈大表示區域間的差距愈大；反之則愈小。威廉森曾利
用威廉森指標檢驗 1960 年代 ， 世界上不同平均個人所得的國家區域差
距，結果發現最高所得與最低所得的國家，其威廉森指標值較低，反而
是中等所得國家的值較高 ， 頗符合倒 U 字形假說 （表 14–1）。 張隆盛
(1984) 研究臺灣經濟發展的區域差距時，以四個計畫區域（即北部、中
部、南部及東部區域）為空間單位，以個人所得為衡量指標，應用威廉

森指標計算，發現從 1966 年至 1981 年，臺灣經濟發展所產生的區域差
距變化，類似威廉森倒 U 字形模式。不過若使用不同的空間單元，或是
不同的指標時，則從 1966 至 1981 年其威廉森指標值一路遞減，並未呈
現倒 U 字形模式的變化（表 14–2）。

表 14–1　世界不同所得國家的區域差距

依所得分類國家群	國家	威廉森指標
第一群（最高所得）	澳洲	0.058
	紐西蘭	0.063
	加拿大	0.192
	英國	0.141
	美國	0.182
	瑞典	0.2
第二群	芬蘭	0.331
	法國	0.283
	西德	0.205
	荷蘭	0.131
	挪威	0.309
第三群	愛爾蘭	0.268
	智利	0.327
	奧地利	0.225
	波多黎各	0.52
第四群	巴西	0.7
	義大利	0.36
	西班牙	0.415
	哥倫比亞	0.541
	希臘	0.302
第五群	南斯拉夫	0.34
	日本	0.244
第六群	菲律賓	0.556
第七群	印度	0.275

資料來源：Williamson, 1965。

表 14-2　臺灣三種不同空間單位的區域差距

空間單位	指標	威廉森指標			
		1996 年	1971 年	1996 年	1981 年
四個計畫區	個人所得	0.2	0.27	0.31	0.26
	就業機會率	0.35	0.34	0.31	0.27
都會與非都會（二個區域）	就業機會率	0.45	0.43	0.43	0.24
四個都會與非都會（五個區域）	就業機會率	0.48	0.46	0.46	0.26

資料來源：張隆盛，1984。

　　不過許多發展中國家還在開始快速發展階段，無法印證其發展產生的區域差距變化曲線是否合乎威廉森倒 U 字形模式。再者，如張隆盛的研究，使用不同空間單位或不同的指標（作為表示經濟發展指標）則會產生不同區域差距曲線的變化，使威廉森倒 U 字形曲線模式的印證更為困難。但是有一點可以肯定的是，發展中國家在經濟開始快速發展的一段時間，大多會產生區域間差距擴大的情形。例如中國自 1978 年開放政策後經濟快速發展，但多年來經濟發展的成果，並沒有讓全國各區域共享，而是多集中在沿海一些原本就較發達而條件較好的地區，如長江三角洲、珠江三角洲、閩南、北京與天津一帶。大部分的外資也都集中在沿海省分，結果導致沿海地區與內陸地區的發展差距比開放前更擴大。中國政府有鑑於此，近年來開始推動開發大西部的計畫，以期平衡沿海與內陸的區域差距，但從各種客觀條件衡量，未來這個政策是否能達到預期目標，仍有待觀察。

　　巴西也有類似情形，巴西因戰後的快速發展，被認為是南美洲的「新興工業化國家」(newly industrialized countries, NICs) 之一，但其發展大部分集中在南部沿海的里約熱內盧及聖保羅兩大都會中心地區，造成極大的區域差距。

二、隨著經濟的發展，城鄉間的差距擴大

在發展中國家，經濟的發展不但會帶來區域間差距的擴大，而且即使在同一區域內，城鄉間的差距也會因而擴大。一般而言，在較進步的國家，由於交通與通訊方便，都市的效益擴散效應盛行，使都市的生活方式很容易擴散至鄉村地區，縮短都市與鄉村之生活水準的差距，造成所謂鄉村都市化。另一方面，也由於鄉村的基礎設施 (infrastructures)，無論是硬體或軟體，都相當不錯，使一些中小企業也很容易存在於鄉村地區，造成鄉村工業化。上述的效應使得進步國家的城鄉之間互動頗為頻繁，導致城鄉間的差距大為縮短。反觀較窮的發展中國家，一般鄉村還是相當落後，交通與通訊也不發達，使經濟發展往往集中在都市地區，更使都市產生磁場效應吸收鄉村的人才與資金，導致都市的發展相對於鄉村更為快速；另一方面，由於鄉村的基本設施太差，都市發展無法有效擴散至鄉村地區。結果，經濟的發展在較窮的發展中國家，反而容易拉大城鄉之間的差距。

三、大都會無限蔓延

大都會不斷擴大是戰後普遍存在的現象，特別是在發展中國家。如前所言（見第 3 章），進步國家在二次大戰後，多已高度都市化，鄉村人口僅占總人口的 20% 左右甚至更低，已無多餘人口可湧入大都市。但反觀發展中國家，大量的城鄉移民潮盛行於戰後，至今仍方興未艾，加上都市本身人口的自然增加，使得許多發展中國家大都市的發展失控，大大超過都市計畫的最大人口容量，導致大都市出現各種嚴重問題，構成了發展中國家城鄉與區域發展的困境與難題。

第五節　都市作為解決城鄉和區域發展問題的策略

　　直到二十世紀中葉以前，都市計畫者主要關心的是都市本身的問題，偶然討論到緊鄰都市四周地區的相關條件。畢竟都市大多是一個國家經濟發展最快速的地方，沒什麼理由要特別關心到整體的發展。

　　然而，今日大部分國家都已察覺到主要都會區常過度發展，其他區域卻無法從全國的發展中得到應有的好處，也就是全國經濟的發展結果並沒有將利益分享給各區域，因此產生一系列以都市作為區域發展的策略產生。有些是針對整個國家的規畫，如英國新市鎮政策，及法國為了平衡都會發展的政策；或是針對個別都市或區域的都市政策。

　　根據史特爾 (Stöehr, 1972) 的研究，把大部分國家以都市作為城鄉與區域發展的工具，大致歸納為下列五個基本策略（圖 14-5）：

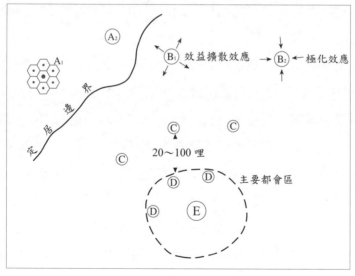

資料來源：Walter B. Stöehr, 1972。

圖 14-5　都市作為區域發展的策略

一、在邊陲未開發地區，通常遠離主要都會，設置新市鎮（圖 14–5 的 A_1 與 A_2）

　　一般來說，只有少數國家依然擁有廣大未殖民開發的地區。對於這些未開發的「資源邊陲地區」(resources frontier areas)，其開發目的通常不是在提升該區域的生活水準，而是想把這些地區的自然資源，整合到全國或世界的經濟體系。

　　因此，較容易接近資源的邊陲區常最早被開發利用，不易達到的邊陲地區除非因其價值高，否則不會獲得優先開發。如 1960 年代時，中國大慶油田的開發案即為一例。大慶油田位於偏遠的黑龍江省，氣候嚴寒，原為不適農業發展的沼澤地，卻因發現豐富的石油儲藏，在 1960 年代一躍成為中國石油產量最多的地方，礦城無中生有，成為中國一顆明珠，「工業學大慶」也變成文革時的口號。

　　如果這個資源主要是屬於農業方面的利用，則土地利用將會相對分散，而作為提供物品或服務的村莊或城鎮傾向如典型中地理論般，呈現階級式體系，重疊在空間上，如圖 14–5A_1。

　　除非對整個區域同時進行緊密而有組織的集約耕作計畫，如荷蘭圩田 (polder) 的開發，一般在資源邊陲地區的農業聚落，其形成中地結構的過程是很緩慢的，而且常是自然形成而非透過完整的規畫。因此，生活水準提升也相當緩慢，其墾居也傾向由已殖民地區呈蔓延式 (contagious) 向外擴散，或沿著主要穿越道路發展，而都市大小傾向「等級大小法則」發展，形成中地體系。

　　如果是屬於礦物資源的情況（如石油或各種金屬礦），則通常集中在少數區位，甚至跳躍過較少開發的地方，而在礦產或能源開採地區，形成如飛地狀 (enclave-like) 的城鎮，四周被未開發的地區包圍。這些城鎮

通常與四周地區的關係較少，傾向為採掘或加工輸出的地方。因此對鄰近地區的衝擊自然較小（如圖 14–5A$_2$），甚至產生極化效應現象。一個典型的例子為 1960 年時，委內瑞拉政府在東南部偏遠的瓜雅納 (Guayana) 地區建立一個龐大的新市鎮資源開發計畫。瓜雅納地區距委內瑞拉首都卡拉卡斯 (Caracas) 約 300 哩（約 480 公里），介於其間的是很少開發的廣大地區。一直到 1950 年代，這個地區依舊缺乏農業發展潛力，實際上還是個空曠未開發的地方。到了約 1960 年時，中央政府設立了一個特別的區域發展公司 （即委內瑞拉的瓜雅納公司， Venezuelan Guayana Corporation ） 負責對該區域的鐵礦、鎂礦、水力及其他資源的開發。到了 1970 年代時，當初為了開發這個區域所設立的新市鎮瓜雅納城 (Ciudad Guayana) 人口已成長到 13 萬人，但其四周地區卻依然人煙稀少 (Stöehr, 1974)。

二、在落後地區設立新市鎮或加強原有都市作為成長中心的策略（圖 14–5 中的 B$_1$ 與 B$_2$）

這個策略是在遠離主要都會區而較落後區域，設立新市鎮或加強建設某些已存在都市，作為成長中心，其主要目的是：

（一）提升相對落後區域的發展水準，降低區域發展差距。

（二）減輕主要都會及四周地區過於擁擠的情況。

在發展中國家通常主要以第一個目的為主。

從經濟效率觀點來看，成長中心策略是很有效率的區域發展策略。這個策略最大的要點為把有限的資源集中在最有發展潛力的成長中心（都市），然後，藉著成長中心發展產生的效益擴散效應 (spread effect)，帶動附近廣大地區的發展。因此成長中心策略的應用有個重要的前提，那就是成長中心對四周腹地的影響，必須是「淨正作用」(net positive effect)，才能產生效益擴散效應 （如圖 14–5 中 B_1）；如果是淨負作用 (net negative effect) 的話，則成長中心反而對四周地區產生強大的反吸效應 (backwash effect) 而造成極化現象，使成長中心與四周腹地間的差距加大（如圖 14–5 中 B_2）。一般而言，在較進步國家成長中心策略的實施，成功機率較大，而較窮的發展中國家，在較落後的地區推動成長中心策略常招致失敗，而產生極化現象。根本的原因仍在於較窮發展中國家其廣大的鄉村腹地，特別在落後區域，一般基礎設施 (infrastructure) 嚴重不足，不只硬體的交通通訊與水電等極端缺乏，軟體的教育與醫療也頗為匱乏，導致成長中心的發展無法有效擴散至附近廣大的鄉村腹地。

　　如上所述，理論上成長中心策略從經濟的觀點來看，是個很有效率的區域發展策略，因此，不論在已發展國家或發展中國家，都廣泛地使用成長中心策略，作為區域發展中提升落後區域發展水準及縮短區域差距的方法。進步國家如英、法等國，以及較落後的發展中國家如巴西、乃至非洲一些國家，都曾在其區域發展計畫中推動成長中心策略，但結果是成敗互見。其中，最有名也是規模最大的例子為巴西，巴西戰後經濟快速發展，但在空間上卻承繼了前殖民地時代所留下的空間發展形態。除了廣大的亞馬孫盆地屬熱帶雨林（與非洲剛果盆地並稱世界上兩個最大的熱帶雨林區）不宜開發外，主要的發展大部分集中在東南沿海以聖保羅與里約熱內盧為中心的狹長地帶，而內陸廣闊的高原地區卻人煙稀少，產業不發達。巴西政府為了糾正這種極端不均衡的空間發展形態，於 1960 年代時，大力推動成長中心策略，毅然將首都從原來的里約熱內盧遷至內陸新市鎮巴西利亞 (Brasilia)。在新都巴西利亞大舉建設作為成長中心，希望帶動內陸廣大而相對落後地區的發展，以期縮小區域差距。作為首都的巴西利亞，其地理位置較原來的里約熱內盧更為適中 （圖 14–6），可以觀照到南北間及沿海與內陸間的發展。

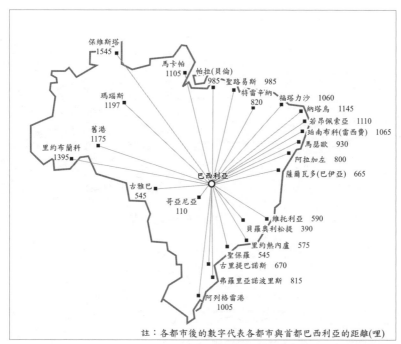

註：各都市後的數字代表各都市與首都巴西利亞的距離(哩)

資料來源：King and Golledge, 1978。

圖 14-6　巴西利亞的地理位置

　　法國也有類似不均衡的區域發展，即經濟發展高度集中在以巴黎為中心的地區，生活水準隨著與巴黎的距離增加而遞減，特別往西南方向。為糾正這種過度集中於巴黎附近的不平衡發展現象，法國政府一方面採取消極的政策，藉由減少國家在巴黎的房地產、教育、研究和基礎設施等投資的比例，控制新經濟活動設置於巴黎地區；另一方面，則在其他邊陲區域積極選定一些都市，發展一系列「平衡都會」(equilibrium metropolises) 策略。所謂「平衡都會」策略就是在法國巴黎以外各區域，選出該區域較重要的都市，如里昂 (Lyon) 或馬賽 (Marseilles)，再以這些都市為中心，結合鄰近一些中型都市形成都會（圖 14-7），透過政府鼓勵投資的政策，刺激這些都會的成長，希望藉此達到分散資源過度集中巴黎的現象，進而促進其他區域的發展，以縮小區域差距。

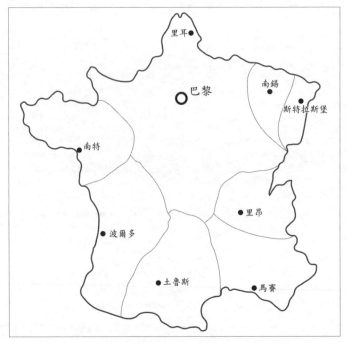

資料來源：Lloyd and Dicken, 1972。

圖 14-7　法國平衡都會的分布

　　1970 年代時，臺灣積極推動十大建設，其中臺中港選定於中部的梧棲設置，主要的考量就是為了平衡當時臺灣南北兩極的發展（臺北都會與高雄都會）(Todd and Hsueh, 1990)。為了配合臺中港的發展，臺灣省住都局規劃了臺中港新市鎮（即臺中港特定區，結合梧棲區、清水區、沙鹿區和龍井區等四鄉鎮），企圖結合港市的發展，形成一個成長中心，帶動中部沿海的發展，再結合臺中市以平衡區域發展。

　　其實，在遠離主要都會的廣大農村地帶，設立新市鎮或加強發展已存在的中小城鎮，還有一個很重要的目的，就是將發展藉都市延伸並擴散到廣大的鄉村地區，刺激鄉村的都市化（現代化），也有助於縮小城鄉差距。

三、距主要都會中等距離,設置衛星都市以疏解大都會過於擁擠的情形

第三種都市發展策略是在距離大都會中等距離，如 20 哩至 100 哩（約 32 公里至 160 公里）， 設置新市鎮或加強提升已存在的都市 （圖 14-5C），其目的是希望大都會外圍的衛星都市可以分擔大都會的一些機能，以疏解大都會過於擁擠的情形。這類策略最著名的例子為環繞在大倫敦外圍的新市鎮。這些新市鎮的主要目的是為了避免人口或工作過度集中在倫敦市區，造成大都會無限蔓延。這些新市鎮與倫敦市區有非常好的交通運輸系統連繫，但與倫敦的建成區 (built-up areas) 中間有間隔，並未連成一片。 以倫敦的例子，中間有綠帶 (green belts) 隔開。一般來說，這種策略並沒有減少全國性區域差距的功能。實際上，這些大都會外圍的衛星都市策略常受到批評，認為它們反而間接導致區域差距擴大，因為它們增加了大都會的成長量與效率，因此，使得一些原本可能擴散到遠離大都會地區的活動，反而留在大都會外圍的衛星城鎮。

四、緊鄰大都會邊緣的新都市中心

與上述衛星都市的策略不同的是 ， 緊鄰大都會邊緣的新中心 （圖 14-5D）並不是如衛星都市要有相當自足性，而是形成原來都會的一部分。換句話說，此策略的主要目的並非要疏解大都會過於擁擠的情形，而是延伸大都會高度發展的地區 ， 以及對大都會結構的重組 (reorganization)。例如，巴黎都會邊緣的新中心與新市鎮就是屬於這種策略。其主要目的不是要讓分散 (decentralize) 巴黎的發展，而是給人口重建選擇的機會，與「平衡都會」的發展策略迥然有異。在巴黎緊鄰邊緣地帶的新市鎮策略，希望能重組傳統由巴黎市中心獨占的結構，讓住在

都市邊緣的居民也能有多樣的選擇（物品及服務），因此位於巴黎邊緣的新市鎮，儘可能的提供多樣與多量的就業機會。此外，北美洲主要都市邊緣的許多郊區購物中心，也是屬於此策略。

五、位於市區內的「城內新市鎮」(in-town new town)

這個策略（圖 14–5E）主要目的是都市更新，重組都市的內部空間結構。在美國都市更新計畫中，經常使用這個策略，但其對廣大區域的發展影響很小。

總而言之，如上所述以都市作為區域發展的策略（都市的發展策略，urban development strategies），對於跨區域發展形態 (interregional development pattern) 及區域內發展形態 (intraregional development pattern) 的影響可以簡單概括如表 14–3 所示，表中可看出這些策略各有不同的功能與目的。如：策略 B 與 E 的目的分別為減小區域間及區域內蕭條地區與較發展地區間的差距。其他的策略，有的是針對在未開發地區創造新的高所得地區（如策略 A）；有的是延伸已存在的高度發展地區（如策略 C 與 D），但它們對蕭條地區並沒有多大幫助。

作為區域發展策略，毫無疑問的，新市鎮扮演一個很重要的角色。主要原因是，新市鎮是無中生有，可以隨著規畫者的意願設置在適當區位，並可按照規畫者的理想來塑造新市鎮的規模、內部結構及機能。

新市鎮的規畫源自英國霍威爾 (E. Howard) 的田園市 (garden city) 構想，原本的田園市只是作為居住的目的為主。如前所述（見第 11 章），受到田園市構想的影響，英國政府於二次大戰期間的 1943 年成立城鄉計畫部 (Ministry of Town and Country Planning)，並於 1945 年時頒布《新市鎮法》(New Town Act)。戰後於 1946 年至 1960 年間，設立了 15 個新市鎮，屬於第一代新市鎮，密度較大；接著又於 1961 年至 1971 年，針對第一代新市鎮的缺失加以改進，興建第二代新市鎮；1971 年以後，由

於生活水準的提升，興建的第三代新市鎮則傾向於低密度且較高品質的設計。

表 14-3　都市的發展策略

基本發展策略	跨區域發展形態的影響			區域內發展形態的影響		
	減小區域差距	延伸高度發展區	整合新資源邊陲區	極化效應	分散效應	重組效應
A 資源邊陲區的新市鎮			○	△	△	
B 蕭條區設立新市鎮	○			△	△	△
C 與主要都會中心中等距離的衛星都市		○			○	
D 都會邊緣的新都市中心		○				○
E 市區都市更新（城內新市鎮）						○

○：有相關　△：可能有相關

資料來源：Walter B. Stöehr, 1974, p. 25。

　　新市鎮與一般大型純居住機能的社區，如新店的「大臺北華城」與「花園新城」及桃園龍潭的「百年大鎮」等，是截然不同的。新市鎮具有下列幾個特徵：（一）完全規劃出來的都市聚落，（二）考慮最適合大小與密度，（三）具有高度自足性及社會與經濟的平衡性。即新市鎮不但有居住機能，也有工業、商業及其他機能。而且居民要能反映一般社會的結構，例如，不能只居住高所得階級的人口，也要有一般大眾甚至工人階級，以達到社會的平衡，（四）新市鎮的發展依設計的觀點、程序及標準進行。

　　新市鎮的設置由英國迅速擴散至世界各國，包括已發展國家及發展中國家，如加拿大、美國、德國、法國、前蘇聯、以色列、荷蘭、南非、

瑞典和印度等，都有新市鎮的設立。這些新市鎮都賦予上述各種策略，
其中以策略 C（疏解大都會過於擁擠的情形）及策略 B（作為成長中心
以縮小區域差距）最多。例如，位於倫敦外圍的新市鎮幾乎都屬於策略
C，而前蘇聯在 1926 年至 1963 年間共建立 800 多個新市鎮，其中約有
三分之一位於低度發展地區，作為成長中心，以帶動低度發展地區的發
展 (Northam, 1979)。臺灣也效仿英國新市鎮的發展策略，首先，南投中
興新村即是源自霍威爾的田園市的構想。後來臺灣省住都局規劃了五個
新市鎮，即：林口新市鎮、南崁新市鎮、臺中港新市鎮、大坪頂新市鎮
（位於高雄小港附近）及澄清湖新市鎮，其中南崁與澄清湖新市鎮後來
被取消變成一般市鎮，於是剩下林口、臺中港及大坪頂三個新市鎮。之
後，內政部營建署也規劃了淡海新市鎮（淡水附近）及高雄新市鎮（位
於高雄市橋頭區）。這些新市鎮除了臺中港新市鎮當作成長中心外，皆為
疏解都會功能的新市鎮。

　　最後，有一點值得強調的是，在全球化的衝擊下，一些大都會扮演
愈來愈重要的角色，也對傳統區域發展的觀念，特別是區域平衡的概念，
產生很大的反省。全球化是近來快速發展的現象，反映到空間結構上，
人口與產業往都市集中，有些都市的規模與功能不斷擴大，且與其他國
家重要都市的互動關係增強而成為核心，若未能成功與全球化接軌則會
被邊陲化。在全球化的過程中，世界經濟網絡與都市網絡緊密結合，在
這個結構中扮演指揮命令功能 (command and control function) 的都市即
為世界都市。世界都市根據其所有的全球化經濟或政治社會功能差異，
而形成的階層關係，即為世界都市階層。傅里德曼將世界都市階層分為：

　　（一）核心國家的主要都市，主要為控制全球資本的最核心節點。

　　（二）核心國家的次要都市，在一些先進國家的區域經濟體系中，
居於控制地位的都市。

　　（三）半邊陲國家的主要都市，這些都市通常是作為先進工業化國

家連接第三世界國家，發展空間的重要節點。

　　（四）半邊陲國家的次要都市，作為全球資本體系進入半邊陲與邊陲國家的入口，同時也是新興工業化國家集中資本的空間與經濟核心。

　　在這樣的結構下，世界空間系統或空間組織是以都市為節點彼此接軌，在此網絡中的都市若無法提升為世界核心，則會淪為世界邊陲。為了能躋身為世界都市或主要都市，各國的主要空間發展策略，都傾向以全力發展一個或二個都市，強化其國際競爭力，發揮全球指揮命令功能為主軸。換句話說，在全球化衝擊下，許多國家已拋棄了均衡區域發展，縮短城鄉差距的觀念（楊重信，2003）。

　　其實，由於交通與通訊的快速改進，產生時空收斂，有助於全球化產生的空間極化與擴張型都會區域 (extended metropolitan region) 形成。以臺灣為例，空間極化現象已很明顯，不管是生產、消費與社會資本主要集中在臺北、臺中及高雄等大都會，尤其是臺北都會。未來宜加強臺北發展成為主要都市（如半邊陲主要都市），以便與世界主要都市接軌，然後透過交通的改善（如高鐵），把臺北、臺中、臺南與高雄連成一都市走廊，將與世界主要都市接軌後產生的發展效益，透過都市走廊擴散至各地，也因為快速運輸的建立，全臺灣幾乎可納入臺北的一日生活圈，從宏觀的觀點來看，也就沒有所謂區域平衡與城鄉差距的問題。

MEMO

圖目次

表目次

參考文獻

王恩涌等 (2001)，《人文地理學》（第三版），北京：高等教育出版社。

行政院經建會住宅及都市發展處 (1978)，臺灣地區綜合開發計畫。

行政院經濟設計委員會都市規劃處 (1975)，臺灣地區都市體系之研究。

李素貞 (1985)，《雲林縣口湖鄉人口外移之研究》，中國文化大學地學研究所碩士論文。

李棟明 (1970)，臺灣都市化人口之推定與研究，《臺灣銀行季刊》，21 卷 2 期。

李梅（譯）(1999)，James O. Wheeler 等原著，《經濟地理》，臺北：臺灣西書出版社。

李瑞麟 (1973)，臺灣都市之形成與發展，《臺灣銀行季刊》，24 卷 3 期。

李瑞麟 (1982)，《都市及區域規劃學》（再版），臺北：茂榮圖書有限公司。

辛晚教 (1982)，《都市與區域計畫》（第二版），臺北：中國地政研究所。

林玉茹 (1996)，《清代臺灣港口的空間結構》，臺北縣中和市：知書房出版社。

林鈞祥 (1966)，臺灣都市人口之研究，《臺灣銀行季刊》，17 卷 3 期。

胡兆量、謝啟瀾 (1996)，《新世紀的中國城市》，臺北：唐山出版社。

張景森 (1993)，《臺灣的都市計畫 (1895～1988)》，臺北：業強出版社。

莊永明 (1991)，臺北老街，臺北：時報文化出版事業有限公司。

許學強、周一星、宁越敏 (2001)，《城市地理學》（第六印），北京：高等教育出版社。

陳玉綸 (1992)，《臺北市商業專業街之研究》，中國文化大學地學研究所碩士論文。

陳伯中 (1983)，《都市地理學》，臺北：三民書局。

陳政祥、孫得雄 (1958)，《臺灣人口之分布及其變遷》，臺北：敷明產業地理研究所。

黃錫疇（主編）(1988)，《地理研究文集》，長春：科學出版社。

楊重信 (2003)，全球化下之臺灣都市發展策略都會走廊發展，《自由時報》，2003 年 1 月 23 日，15 版。

經合會都市發展處 (1971)，臺灣都市之研究。

葉龍彥 (1999)，《紅樓尋星夢：西門町的故事》，臺北：博揚文化事業有限公司。

葉龍彥 (2004)，《臺灣旅館史》，臺北：臺北市文獻委員會。

劉克智 (1975)，《都市人口定義之研究》，行政院經濟設計委員會都市規劃處委託研究印行。

鄭勝華、劉德美、劉清華、阮綺霞等（譯）(2005)，Paul Claval 原著，《地理學思想史》（第二版），臺北：五南出版社。

薛益忠 (1980)，臺灣城鎮順次大小分布之分析，《華岡大夏季刊》，創刊號。

薛益忠 (1985)，臺灣都市空間分布之型態與變遷，《地學彙刊》，第五期。

薛益忠（譯）(1988)，《社會的空間組織》（再版），臺北：幼獅文化事業公司。

謝森展 (1993)，《臺灣回想》，臺北：創意力文化事業有限公司。

謝敏聰、宋肅懿（譯）(1987)，Andrew Boyd 原著，《中國古建築與都市》，臺北：南天書局有限公司。

Abler, Ronald, John S. Adams and Peter Gould (1971), *Spatial Organization The Geographer's View of the World*, Englewood Cliff, New Jersey: Prentice-Hall, Inc.

Berry, Brian J. L. and Frank E. Horton (1970), *Geographic Perspectives on*

Urban Systems, Englewood Cliff, New Jersey: Prentice-Hall, Inc.

Berry, Brian J. L. (1963), *Commercial Structure and Commercial Blight*, University of Chicago, Dept. of Geography, Research Paper 85.

Berry, Brian J. L. (1961), City size distribution and economic development, *Development and Cultural Change*, 9: 573–588.

Blaug, M. (1964), A case of the emperor's clothes: Perroux's theories of economic domination, *Kyklos*, 4: 551–564.

Boudeville, J. R. (1966), *Problems of Regional Economic Planning*, Edinburgh University Press.

Bourne, Larry S. (1972), Urban structure and land use decisions, *A.A.A.G.*, 23: 1–20.

Brahman, Steven, Harry Garretsen and Charles van Marrewijk (2001), *An Introduction to Geographical Economics*, Cambridge, England: Cambridge University Press.

Brierly, E. W. and E. W. Hewson (1962), Some restrictive meteorological conditions to be considered in the design of stock's, *Journal of Applied Meteorology*, 1: 383–390.

Brown, L. A., J. Odland, and R. G. Golledge (1970), Migration, functional distance and the urban hierarchy, *Economic Geography*, 46: 472–485.

Brunen, Stanley D. and Jack F. Williams (1983), *Cities of the World*, New York: Harper & Row Publishers.

Burgess, E. W. (1923), The growth of the city, in R. E. Park, E. W. Burgess, and R. D. Mackenzie (eds.), *The City*, University of Chicago Press.

Cadwallader, Martin T. (1985), *Analytical Urban Geography*, Englewood Cliff, New Jersey: Prentice-Hall, Inc.

Carter, Harold (1981), *The Study of Urban Geography* (3rd ed.), London:

Edward Arnold.

Chang, Sen-dou (1963), The historical trend of Chinese urbanization, *A.A.A.G.*, 53 (2): 109–143.

Colby, C. C. (1933), Centrifugal and centripetal forces in urban geography, *A.A.A.G.*, 23: 1–20.

Cybriwsky, Roman A. (1978), Social aspects of neighborhood change, *A.A.A.G.*, 68 (1).

De Blij, H. J. and Alexander B. Murphy (2003), *Human GeographyCulture, Society, and Space* (7th ed.), New York: John Wiley & Sons, Inc.

De Souza, Anthony R. and J. Brady Foust (1979), *World Space-Economy*, Columbus, Ohio: Charles E. Merrill Publishing Company.

De Vise, P. (1976), The suburbanization of jobs and minority employment, *Economic Geography*, 52: 348–363.

Demko, D. (1974), The effect of out-migration on regional development, *Canadian Journal of Economics*, 3: 541–549.

Dickenson, J. P., C. G. Clarke, W. T. S. Gould, A. G. Hodgkiss, R. M. Prothero, D. J. Siddle, E. T. Smith, and E. M. Thomas (1983), *A Geography of the Third World*, London: Methuen.

Edgan, Mary Lou and Bendick, Jr. Marc (1986), The urban-rural dimension in national economic development, *The Journal of Developing Area*, 20: 203–222.

Emerson, V. F. (1908), A Geographic Interpretation of New York City, *Bulletin of the American Geographical Society*, 40: 587–612.

Foot, David (1981), *Operational Urban Models*, London: Methuen.

Frank, A. G. (1966), The development of underdevelopment, *Monthly Review*, 18: 17–31.

Frank, A. G. (1970), *Underdevelopment or Revolution*, New York: Monthly Review Press.

French, R. A. and F. E. I. Hamilton (1979), *The Socialist City*, New York: John Wiley & Sons, Inc.

Friedmann, J. and Alonso, W. (1964), *Regional Development and Planning: A reader*, Cambridge, Mass.: M.I.T. Press.

Friedmann, J. (1959), Regional planning: a problem in spatial integration, *Paper and Proceedings of the Regional Science Association*, 5: 169–178.

Friedmann, J. (1966), *Regional Policy: A Case Study of Venezuela*, Cambridge, Mass.: M.I.T. Press.

Gore, Charles (1984), *Regions in Question: Space, Development Theory and Regional Policy*, London: Methuen.

Griffin, E. and L. Ford (1980), A model of Latin American city structure, *Geographical Review*, 70: 397–422.

Haggett, Richard and Iain Meyer (1981), *Industry*, London: Harper & Row Publishers.

Hansen, N. M. (ed.) (1972), *Growth Centers in Regional Economic Development*, New York: The Free Press.

Hartshorn, Truman A. (1992), *Interpreting the City: An Urban Geography* (2nd ed.), New York: John Wiley & Sons, Inc.

Hirschman, A. O. (1958), *The Strategy of Economic Development*, New Haven: Yale University Press.

Hoyt, Homer (1939), *The Structure and Growth of Residential Neighborhoods in American Cities*, Washington D.C.: Federal Housing Administration.

Hsu, Mei-Ling (1965), *Taiwan Population Distribution*, University of

Minnesota.

John, Palen, J. (1981), *The Urban World* (2*nd* ed.), New York: McGraw-Hill Book Company.

Johnson, James H. (1972), *Urban Geography* (2*nd* ed.), Oxford: Pergamon Press.

Jones, Emrys (1976), *Towns and Cities* (6*th* ed.), Oxford: Oxford University Press.

Kellerman (1985), The suburbanization of retail trade: a U.S. national view, *Geoforum*, 16.

King, Leslie J. and Reginald G. Golledge (1978), *Cities, Space, and Behavior: The Elements of Urban Geography*, Englewood Cliff, New Jersey: Prentice-Hall, Inc.

Knox, Paul (1987), *Urban Social Geography* (2*nd* ed.), New York: John Wiley & Sons, Inc.

Knox, Paul L., and Sallie A. Marston (2004), *Human Geography* (3*rd* ed.), Upper Saddle River, New Jersey: Pearson Education, Inc.

Kooij, P. (1986), Peripheral cities and their regions in the Dutch urban system until 1900, *Journal of Economic History*, 48: 357–371.

Lloyd, P. E. and P. Dicken (1972), *Location in Space: A Theoretical Approach to Economic Geography*, New York: Harper & Row.

Lowder, Stella (1986), *The Geography of Third World Cities*, Totowa, New Jersey: Barnes & Nobles Books.

Maruyama, M. (1963), The second cybernetics: deviation-amplifying mutual causal processes, *American Scientist*, 51: 164–179.

Mattila, J. M. and W. R. Thompson (1955), The measurement of the economic bade of the metropolitan area, *Land Economy*, 31.

McKin, W. (1972), The periodic market system in northeastern Ghana, *Economic Geography*, 48: 333–355.

Miller, Vincent P. Jr. (1971), Towards a topology of urban-rural relation, *The Professional Geographer*, 23 (4): 319–323.

Morrill, Richard L. (1974), *The Spatial Organization of Society* (2nd ed.), Belmont, California: Duxbury Press.

Murphy, R. E. and J. E. Vance, Jr. (1954), Definition the CBD, *Economic Geography*, 30: 189–222.

Myrdal, G. (1957), *Economic Theory and Underdevelopment Regions*, London: Duckworth. 5.

Nicholls, IV. (1969), Growth poles: an evaluations of the propulsive effects, *Environment and Planning*, 1: 193–208.

Northam, Ray M. (1979), *Urban Geography* (2nd ed.), New York: John Wiley & Sons, Inc.

Pedersen, P. O. (1970), Innovation diffusion within and between national urban system, *Geographical Analysis*, 2: 203–254.

Pred, A. R. (1964), The intrametropolitan location of American manufacturing, *A.A.A.G.*, 54: 165–180.

Reitsma, H. A. and J. M. G. Kleinpenning (1985), *The Third World in Perspective*, The Netherland: Van Gorcum, Assen.

Riddell, J. B. and M. E. Harvey (1972), The urban system in the migration process: an evaluation of step-wise migration in Sierra Leone, *Economic Geography*, 48: 270–283.

Robinson, G. and R. B. Salih (1971), The spread of development around Kuala Lumpur: a methodology for an exporatory test of some assumption of the growth-pole model, *Regional Studies*, 5: 303–314.

Rosen, K. T. and M. Resnick (1980), The size distribution of cities: an examination of the Pareto law and privacy, *Journal of Urban Economics*, 8: 165–186.

Schultz, T. W. (1953), *Economic Organization of Agriculture*, New York: McGraw-Hill.

Scott, A. J. (1982), Locational pattern and dynamics of industrial activities in the modern metropolis, *Urban Studies*, 19: 111–141.

Scott, E. P. (1972), The spatial structure of rural northern Nigeria: farmers, periodic market and villages, *Economic Geography*, 48.

Scott, P. (1970), *Geography and Retailing*, London: Hutchison.

Skinner, G. W. (1964), Marketing and social structure in rural China, *Journal of Asian Studies*, 34.

Smailes, A. E. (1974), The analysis and delimitation of urban fields, *Geography*, 32: 151–156.

Smith, R. H. T. (1965), Method and purpose in functional town classification, *A.A.A.G.*, 65: 639–648.

Steed, G. P. F. (1973), Intrametropolitan manufacturing: spatial distribution and locational dynamics in Greater Vancouver, *Canadian Geographers*, 17: 235–258.

Stöehr, Walter B. (1974), Interurban Systems and Regional Economic Development, *Resource Paper* No. 26, Washington D.C.: The Association of American Geographers.

Taurianinen, J. and Young, Frank kW. (1976), The impact of urban-industrial development on agricultural incomes and productivity in Finland, *Land Economics*, 52 (2): 192–206.

Taylor, Griffth (1947), *Urban Geography*, London: Methuen.

Thomas, M. D. (1972), Growth pole theory: an examination of some of its basic concepts, in Hansen (ed.), *Growth Centers in Regional Economic Development*, New York: The Free Press, pp. 50–81.

Tilly, Charles (1974), *An Urban World*, Boston: Little Brown and Company, Inc.

Todd, D. and Yi-chung Hsueh (1990), New port developments and balanced regional growth: a Taiwan example, *Geoforum*, 21 (4): 421–433.

Todd, D. and Yi-chung Hsueh (1988), Taiwan: some spatial implications of rapid economic development, *Geoforum*, 19 (2): 133–145.

Todd, D. (1983), Observations on the relevance of the industrial-urban hypothesis for a rural development, *Geoforum*, 14 (1): 45–54.

Tsai, Hsung-Hsiung (1980), Urban growth and the changes of spatial structure in Taiwan, *Conference on Urban Growth and Economic Development in the Pacific Region* (2), Taipei: The Institute of Economics, Academic Sinica.

Tuan, Yi-Fu (1977), *Space and Place*, Minneapolis: The University of Minnesota Press.

United Nations (2019),World Urbanization Prospects 2018

Vanderkamp, J. (1970), The effect of out-migration on regional development, *Canadian Journal of Economics*, 3: 541–549.

Williamson, J. G. (1965), Regional inequality and process of national development: a description of the patterns, *Economic Development and Cultural Changes*,13(4).

餐桌上的地理課

陳曉玲、林峻有 / 編著

水果王國彷彿是小型的聯合國聚會！

抓住味蕾的香料是掀起歷史波浪的源頭！

我生產糧食，可是我卻吃不到？

甜味的攝取與奴隸制度有關？

點一份地理餐，吃進美味、也吃進文化！

攝身處地
拍出地理小世界

廖偉國、陳家偉 / 編著

奔走吧！在自然的道路上，

喀嚓！拍出我的記憶版圖；

Fun 玩吧！發現大地之美，好美。

一趟趟世界冒險，練就一「手」好功夫。

旅遊道路上，走遍世界大地也玩會攝影。

自然地理學

劉鴻喜 / 著

書本以淺白方式說明地理學的涵義和地學通論的性質，
並介紹地球的運動與影響、經緯線和地圖等，
接著進入自然地理學的主軸，
次第論述了氣候、水文、地形、土壤及生物等主題，
有系統地將自然地理學的知識一一呈現，
引領讀者進入富麗壯觀的地理天地。

地圖學原理

潘桂成 / 著

地圖是依據嚴謹的數學法則，將地表上的人文、自然景觀，
透過科學及美學的綜合彙編，以圖像詮釋人對環境的觀感與判斷，
引導讀圖者更直接而深刻的認識這個世界。
科技日新月異，地圖的運用層面相當廣泛，
舉凡軍事國防、經濟建設、學術研究、教學方法、日常生活等不
同面向，都與地圖有著密不可分的關係。

國家圖書館出版品預行編目資料

都市地理學／薛益忠著.－－二版一刷.－－臺北市:
三民，2022
面；　公分

ISBN 978-957-14-7478-6（平裝）
1. 都市地理學

545.1　　　　　　　　　　　　111009481

都市地理學

作　　　者	薛益忠
發 行 人	劉振強
出 版 者	三民書局股份有限公司
地　　　址	臺北市復興北路 386 號 (復北門市)
	臺北市重慶南路一段 61 號 (重南門市)
電　　　話	(02)25006600
網　　　址	三民網路書店 https://www.sanmin.com.tw
出版日期	初版一刷 2006 年 8 月
	初版二刷 2013 年 4 月
	二版一刷 2022 年 8 月
書籍編號	S660450
I S B N	978-957-14-7478-6